E. S. v. Kamphoevener
Der weiße Scheich

E. S. v. Kamphoevener

DER WEISSE SCHEICH

Im Auftrag hergestellte Sonderausgabe

Umschlag von Ferdinand Kessler

Erster Teil

Der Weiße Scheich

1

Beirut! Welch goldener Name! Wie herrlich ist die stolze Syrerstadt, wie reich ihr Hafen, wie groß und gewaltig der hohe Libanon, der Djebel Liban, der seine Schneefelder im leuchtenden Mittelmeer spiegelt. Die fernen Meere sind der stolzen Berytos Gefährten, in ihre Gewässer kommen die großen Schiffe von überallher, bringen Waren, bringen Menschen, und es strömt und wimmelt durcheinander vom reichen, freien, großen Leben! Wie viele sind es, die am Hafen von all diesem Getriebe leben ... Männer, ja; aber weiß einer, wie viele junge Knaben sich dort umtreiben?
Flink sind sie, gewandt und wendig, schlüpfen zwischen den Beinen der Männer durch und erhaschen manche Beute des Verdienstes. Niemand weiß, wer sie sind, woher sie kommen, wie sie heißen; all ihr Gesippe sind die, die gleich ihnen am Hafen leben und heranwachsen, und sie alle wissen, daß es große Männer gibt im Orient, die so wie sie begannen – wer weiß, könnte nich einem jeden von ihnen ein Gleiches geschehen? Also schauen, daß man der Schnellste ist, der Wendigste, vielleicht gelingt es? Vielleicht kommt ein Reicher, ein Mächtiger von der See her und sucht des jungen Knaben Dienste, vielleicht auch kommt ein Mächtiger aus der Wüste her, von den Ufern des Euphrat auch, und zahlt gut.
Die Wüste, ja! Die große, seltsame syrische Wüste, in der noch so manche Geheimnisse leben, so manche Seltsamkeiten zu Hause sind und deren Fürsten mit dem Abendlande nichts zu tun haben wollen. Welch eine Stadt, dieses uralte Beirut! Auf der einen Seite das Meer, auf der anderen die Wüste, und der Libanon mit seinen Hügeln voll Maulbeerbäumen, Olivenbäumen und Weinreben, welch ein Reichtum, welche Schönheit!
Saïd, einer der Knaben, die am Hafen lebten und sich noch kleiner machten, als sie schon waren, um nicht von den großen Männern, den Lastträgern oder Fremdenführern fortgestoßen zu werden, war

sehr stolz, denn er hatte einen Namen. Woher er ihn hatte, wußte er nicht, nur erinnerte er sich dunkel, daß er einmal so gerufen worden war, und das genügte ihm. Nicht Vater, nicht Mutter, nicht Bruder besaß er, nichts als seinen Willen, etwas zu erreichen, nannte er sein eigen. Hunger hatte er oftmals, aber wenn die Sonne nicht zu heiß war, sondern nur freundlich wärmte, dann tat Hunger nicht so weh, und etwas Wasser, das den Durst stillte, bekam man immer aus einer mildtätigen Hand gereicht.

Saïd stahl nicht, er betrog nicht, weil er es dumm fand, Dinge zu tun, für die man unweigerlich doch bestraft wurde, irgendwann einmal, und er mochte es lieber, wenn er immer wieder herbeigerufen wurde zu irgendeinem Botengange, und sogar die großen Männer sagten: »Nimm den kleinen Saïd, Herr, du kannst dich ihm anvertrauen.«

Das war schön zu hören für den kleinen Mann, und er fühlte sich stolz als künftiger Fremdenführer, ja, wer konnte wissen als was noch?

All das ist gut und geht lange so weiter, wenn man gesund bleibt, wenn es einem nicht geschieht, daß einen eine giftige Fliege sticht oder man etwas Verdorbenes gegessen hat. Solange Saïd gesund war, und das Glück hatte er bisher sein ganzes kurzes Leben lang gehabt, ging alles prachtvoll voran. Dann aber packte es ihn, und er wurde schnell so schwach und matt, daß er nicht einmal mehr unter den Bogen der Hafenmole kriechen konnte, wo er sonst die Nächte zu verbringen pflegte. Niemand kümmerte sich um ihn, nur wenn er jemandem im Wege lag, bekam er einen Tritt, der mehr oder weniger hart war, je nachdem der Fuß mit einem europäischen oder einem orientalischen Schuh bekleidet war; die orientalischen waren weich und geschmeidig, hart die Absätze der anderen.

Das geht nicht so weiter, dachte sich der kleine Knaben, und da fiel ihm ein, wo er vielleicht Ruhe fände und niemand ihn treten würde, bis er wieder richtig aufrecht gehen konnte. Die stillen Straßen Beiruts waren es, an die er dachte, die, in denen sich die großen Häuser der syrischen Grundbesitzer befanden, die Konaks in ihrer stolzen Abgeschlossenheit, vor denen es kaum Verkehr gab, weil die großen Herren ihre Geschäfte in den modernen Stadtvierteln abzuwickeln pflegten und ihre Familien still und zurückgezogen, noch nach altorientalischer Art, abgeschlossen lebten.

An diese Ruhe dachte Saïd mit Sehnsucht; er war auch sicher, daß es

dort Torbögen geben würde, in denen Dienerschaft zu finden war, und so würde ihm Hilfe zuteil werden. Als die Sonne sich am Abend zu senken begann, unternahm Saïd seine große Wanderung.
Er tastete sich in seiner Schwäche an den Zäunen, den Hauswänden, den Toren entlang und konnte so ein gutes Stück vorwärts kommen. Aber der Durst, ach, der schreckliche, der peinigende Durst! Nicht einmal einen Wasserträger traf er auf dieser mühseligen Wanderung an, der ihm sicher einen Trunk geschenkt haben würde. Und plötzlich ging es nicht mehr weiter. Ein Schwindel packte ihn, und der kleine Knabe sank hilflos zusammen. Zwar half ihm das Glück, vielmehr das, was er das Kismet nannte, noch derart, daß er an einem Tore niedersank, das ihm Schutz und Ruhe gewährte. Er ruhte auch eine Weile, hob aber bald wieder den Kopf, um nach Hilfe Ausschau zu halten. Noch war er nicht entmutigt, noch glaubte er fest, daß der Freund der Armen, der Prophet, diesem seinem kleinen Bruder helfen würde.
Wieder richtete er sich mühsam auf und begann nun vorwärts zu kriechen, wie es sooft die Eidechsen in der Sonne auf heißer Mauer taten. Da sah er nicht weit von sich, nahe einer der kleinen Türen, die sich in den großen Torbögen befinden, einen Mann am Boden hokken, der langsam die Perlen des Tesbieh durch die Finger gleiten ließ. »Freund und Helfer«, flüsterte Saïd vor sich hin, »du trogst nicht, hier ist der Erretter ...«
Langsam, ganz langsam kroch nun das kleine Wesen weiter, nahm die letzte Kraft zusammen, kam nahe an den hockenden Mann heran, hob sich auf den Ellenbogen mühsam hoch und zupfte ihn am Hosenbein, denn höher konnte der kleine Saïd nicht mehr reichen. Der Mann, aus seiner Beschaulichkeit herausgerissen, erschrak heftig und machte eine Bewegung mit seinem Fuß, die den Kleinen am Kopf traf. Lautlos sank Saïd nieder, lag im Staub und rührte sich nicht. Der Mann sah mit sprachlosem Staunen auf das Häufchen Mensch vor sich nieder, steckte dann hastig sein Tesbieh fort, bückte sich tief und hob den Knaben auf; danach sagte er leise, besorgt: »Aman, Tschódschuk, was ist dir? Was habe ich getan? Und ich kann nicht fort, muß warten, bis der Herr kommt. Laß mich dich halten. So – schlaf da ein wenig – armes kleines Geschöpf des Erbarmens, ruhe bei mir.«
Hassan, der Diener des Abdallah, saß dort vor seines Herrn Konak, weil er sofort Nachricht geben sollte, wenn Hufschlag hörbar würde,

der das Nahen von Abdallahs Bruder kündete. Denn es drängte Hassans Herrn, von dieser Ankunft so rechtzeitig zu erfahren, daß er davon nicht überrascht werden konnte.
Nun aber kroch ein kleines, müdes Wesen, das am Ende aller Dinge angelangt zu sein schien, durch den weichen, warmen Sand bis zum Tore von Abdallahs Konak, und als die Hufschläge der nahenden Reiter wirklich hörbar wurden, da vermochte es Hassan nicht, seinen Auftrag gemäß die befohlene Meldung zu erstatten, weil er ein mattes Kind im Arme hielt. Wie konnte er es niederlegen und sich selbst überlassen? Niemals durfte ein Sohn des Propheten dergleichen wagen, wenn anders er noch auf Hilfe vom Freunde der Armen und Hilflosen hoffte.
So kam es, daß Hilel ibn Hussein, des Abdallah gefürchteter Bruder, vor dem geschlossenen Tore des Konaks einen Mann stehen sah, der ein scheinbar schlafendes Kind im Arme hielt und hilflos zu ihm aufschaute. Hinter Hilel hielten seine Gefolgsmänner, und alles blickte für kurze Zeit schweigend auf das seltsame Bild. Dann aber bemerkte Hilel die völlige Erschöpfung in der Haltung des Kindes, schwang sich vom Pferde, ehe ihm noch jemand zu Hilfe eilen konnte, kam zu Hassan, fragte leise: »Ist es dein Kind? Ist es krank?«
Hassan schaute in das ruhige Gesicht dessen, den sie Hilel, den Gerechten, nannten und da fürchteten, wo Gerechtigkeit ein Schreckgespenst ist, und er sagte vertrauensvoll beruhigt: »Nein, Herr, es ist nicht mein Kind. Ich wartete hier, um dir die Tore zu öffnen, da kam der Knabe wie eine Schlange dahergekrochen, griff mich am Fuß, ich erschrak, stieß ihn wohl versehentlich ein wenig, und er fiel zusammen wie eine matte Welle, die am Sande vergeht. Ich konnte ihn nicht liegenlassen, so vermochte ich dir die Tore nicht zu öffnen, vergib mir, Herr.«
»Es ist recht, was du tatest; dem Müden soll geholfen werden. Wie heißt du, Freund?«
»Hassan, Herr.«
»So höre, Hassan: trage den Kleinen hinein in den Konak und siehe, was ihm fehlt; hat er Durst, so gib ihm langsam zu trinken; einige Früchte nur für den Hunger, und da er im Staube kroch, der Arme, so lasse ihm ein Bad bereiten, sobald er sich ein wenig erholt hat. Meine Diener werden mir das Tor öffnen. Ich werde dich bei meinem Bruder entschuldigen, du tu, wie ich dir sagte, und melde mir dann,

was mit dem Kleinen ward. Er hat ein Antlitz, das mir gefällt. Wer weiß, warum er an dieser Pforte mich erwartete, ist es nicht so, Freund?«
»So ist es, Herr – Kismet. Ich tue, wie du befahlst.«
Damit ging Hassan, vorsichtig seine leichte Last tragend, durch die kleine Pforte in den Konak, und die Diener Hilels öffneten die großen Tore, um die Pferde einzulassen.
Abdallah aber, gewiß, daß sein Befehl befolgt werden würde und das Nahen seines Bruders ihm rechtzeitig gemeldet werde, saß ahnungslos in dem großen, kühlen Saale seines Hauses auf den Bodenkissen, umgeben von Männern, mit denen er eifrig zu beraten schien und von denen einige nicht ganz so selbstverständlich die Hockhaltung, das Sitzen auf den Absätzen, beherrschten, wie es dem Orientalen natürlich erscheint.
Weder Abdallah ibn Hussein noch die Männer um ihn wußten, daß der Mann, gegen den ihre Beratungen gerichtet waren, sich nicht nur bereits im Hause befand, nein, unter dem Vorhang stand, welcher den Saal gegen die übrigen Räume abschloß.
Denn in diesem Augenblick, als Hilel den Vorhang heben wollte, um seine Anwesenheit durch einen höflichen Gruß, wie solches üblich ist, zu verraten, hörte er seinen Bruder etwas sagen, das ihn an die Stelle bannte und ihn veranlaßte, die Falten des Vorhanges wieder zusammenfallen zu lassen. So verborgen, hörte der älteste Sohn des Scheichs der Beni Hussein, was sein jüngerer Bruder plante.
Abdallah sagte halblaut, in reinem Französisch sprechend: »Was den von mir zu zahlenden Anteil angeht, so erwarte ich schon heute meinen Bruder, der mir eine größere Summe bringen wird; ich ließ meinen Vater, den ehrwürdigen Scheich wissen, daß ich das Geld zum Ankauf eines edlen Zuchtpferdes benötigte, das ich seinem Stall zuleiten wolle. Für Pferde ist bei den Beni Hussein immer Geld da; so zweifle ich nicht, daß mein Bruder Hilel mir die geforderte Summe heute bringt.«
Die Stimme eines für Hilel unsichtbaren Mannes, der Aussprache nach ein gebürtiger Franzose, antwortete lachend: »Der Witz ist gut, Abdallah Bey, für Ankauf eines Pferdes!«
Und allgemeines Lachen einte sich mit dem des Sprechers. »Sie haben recht, Courteaux, es ist ein guter Witz«, sagte Abdallah, »und ich freue mich, ihn machen zu können. Denn wenn man bedenkt, welche

Verluste an gutem Gelde das Halten unserer berühmten Pferde bedeutet, welche Summen besonders uns verlorengingen dadurch, daß Catoul niemals zum Decken vergeben wird – ja, es ist ein Witz, wenn ich mir Geld bringen lasse, damit ich dieses unser Wunderpferd über See schaffe und es auf den Rennplätzen Frankreichs für mich ein Vermögen erwerben lasse; ein köstlicher Witz ist, daß die Beni Hussein diesen Transport bezahen, ohne es zu ahnen!« Und wieder erhob sich allgemeines Gelächter.

Der Lauscher hinter dem Vorhang erstarrte vor Schreck, Entsetzen und maßlosem Erstaunen. Gewiß, Abdallah, sein Bruder, war stets anders gewesen als alle Beni Hussein, von denen man wußte; er neigte zu den Sitten der Ferenghi, trug deren Kleidung und lebte fern vom Stamm in der Stadt in einem Konak, der anders eingerichtet war als sonst im Orient üblich. Er reiste oftmals nach Frankreich, hatte Verkehr in den Häusern der Fremden und zeigte sich auf den Straßen Bagdads in Begleitung von fremdländischen Frauen, hatte auch bisher jede Eheschließung nach islamischer Sitte verweigert.

Alles das wußte man, und jedesmal wenn Hilel den Scheich, ihren Vater, auf die Gefahren solchen Lebenswandels des Bruders hingewiesen, ihm dargelegt hatte, daß es nicht gut sei, von den Sitten der Väter abzuweichen, so hatte der ehrwürdige Scheich, Mohamad al Fasal, stets ruhig und ein wenig lächelnd erwidert: »Laß ihn, mein Sohn; dein Bruder liebt die Pferde, und wenn ein Araber die Pferde liebt, so kann ihm keine andere Leidenschaft etwas anhaben. Dein Bruder wird sich wandeln und mit der Zeit aus der würdelosen Stadt, wo die Fremden herrschen, zu uns in die geheiligte Wüste zurückkehren. Lasse ihm Zeit.«

Und nun dies! Nun mußte Hilel hören, daß ein Sohn der Beni Hussein es fertigbrachte, einen Anschlag auszuhecken, der ihrer aller kostbarsten Besitz, Catoul, das mondweiße Pferd, das schon das fünfte seines Stammes war, an die Fremden ausliefern würde! Es war unfaßbar, war fast unglaublich! Wenn ein Späher es ihm berichtet haben würde, hätte Hilel es nicht nur für Verleumdung gehalten, sondern den Berichter auch noch strafen lassen. Was tun? Wie sich nun verhalten? Unmöglich, den Bruder, der gleich ihm ein Fürst unter den Beni Hussein war, vor jenen Fremden dort zu erniedrigen durch Vorhaltungen. Unmöglich auch, im Zustand der Erregung und des Zornes sich zum Reden hinreißen zu lassen, das verletzte die Würde, die immer zu wahren war. Zudem auch noch unmöglich, einzugestehen, daß er, Hilel, sich zum Lauschen erniedrigt hatte, sei es auch um des Schutzes von Catoul willen geschehen. Nein, hier gab es nur eines: sich unbemerkt entfernen und die Dienerschaft verpflichten, nichts von seiner Anwesenheit zu verraten.

So raffte Hilel seine Gewänder zusammen, damit das Rauschen der Seide ihn nicht verrate, und schritt auf den weichen Schuhen, die man im Hause zu tragen pflegte, unhörbaren Schrittes davon, um durch die anderen Gemächer hindurchgehend wieder den Ausgang zu erreichen. Als er den Vorhang des letzten Gemaches hob, das unmittelbar auf den Vorraum führte, stand unerwartet der Diener Hassan vor ihm.

Hilel hatte in der Erregung, die ihn innerlich erfaßte, den Diener Hassan und das Kind aus dem Staube völlig vergessen. Jetzt kam ihm das Erinnern, und er schämte sich seiner Gleichgültigkeit fremdem Schicksal gegenüber. Wie konnte er jemals ein würdiger Nachfolger seines Vaters, des Großen Weißen Scheichs, werden, wenn er nicht die Geschicke der anderen über seine eigenen Sorgen stellte, mochte es sich auch nur um ein Kind aus dem Staub und Elend handeln und im anderen Falle um Catoul! So besann er sich beschämt und fragte schnell: »Nun, Hassan, was ist mit dem Kind? Gehen wir, daß ich es sehe.«

Aber Hassan rührte sich nicht von der Stelle. Er hatte sich zwar aus der Verbeugung aufgerichtet, wich aber nicht zur Seite, um den Gebieter vorbeizulassen. Erstaunt betrachtete Hilel den Mann vor sich, sagte befremdet und etwas unwillig: »Warum läßt du mich nicht vorbei, Hassan? Ist dem Kinde etwas geschehen? Starb es, und ich soll es nicht sehen? Rede!«

»Vergib deinem Diener, Herr, aber es ist wirklich etwas Seltsames geschehen. Erlaube mir, es zu berichten, ehe du weitergehst.«

Ein wenig ungeduldig sagte Hilel nochmals: »So rede endlich!«

»Ja, Herr, ich rede. Entsinnst du dich, Herr, daß, als du mir befahlst, das Kind in das Haus zu tragen, du sagtest: Niemand wisse, warum dich das Kind an dieser Pforte erwarte, und ich zur Antwort gab – Kismet. Weiß du es noch, Herr?«

Der Mann sprach so eindringlich, so ernsthaft, daß Hilel alle Ungeduld vergaß und aufmerksam wurde; er erwiderte schnell: »Ich entsinne mich. Was ist damit?«

»Nun, Herr, wie du befahlst, haben wir das Kind gebadet, und es hat . . .«
Hassan kam ganz nahe zu Hilel heran, sagte ihm leise, kaum flüsternd, ins Gesicht: »Es hat auf der Brust unser Stammeszeichen, das der Beni Hussein, Herr!«
Die beiden Männer starrten sich sprachlos an, beide gleichermaßen beeindruckt, beide ein wenig überschauert von einem unerklärlichen Gefühl. Hilel faßte sich zuerst, aber auch ihm gehorchte die Stimme nicht ganz, und er hauchte nur: »In Wahrheit, Kismet! So gehen wir schnell.«
Und sie schritten lautlos und eilig durch die weiten Gänge dahin zu dem Teil des großen Konaks, der die Dienerschaftswohnungen enthielt. Hilel war noch niemals in diesen Räumen gewesen, und er machte Hassan ein Zeichen, voranzugehen; der Diener führte ihn schließlich zu einem großen Raume, der am Innenhofe gelegen war und wo sich die Schlafstellen der Diener befanden; denn es gab in diesem Hause nicht eine einzige weibliche Dienerin, da der Herr selbst nicht verehelicht war. So sah Hilel nur einen Haufen Männer an der Schmalseite des Raumes versammelt, die alle einen ihm noch unsichtbaren Gegenstand in ihrer Mitte zu betrachten schienen. Hassan sagte laut: »Habt acht, der Herr ist hier.«
Und sogleich wandten sich alle Diener um, verneigten sich und blieben wartend in dieser demütigen Haltung stehen. Hilel kam schnell vorbei und sah, daß man auf den Boden einige Kissen gelegt hatte, darüber helle weiche Wolltücher gebreitet waren, die sich linder als Seide dem Körper anschmiegen und auf deren Herstellung die Frauen der Nomaden mit Recht stolz sind. Auf diesem weichen Lager ruhte ein kleiner Knabe, der wohl sieben oder acht Jahre alt sein mochte und dessen mageres Körperchen von einer goldfarbenen Bräune war, so etwa wie eine ganz reife Banane; der Kleine lag ganz ruhig und schaute mit erwartungsvollem Lächeln zu dem Manne auf, der sich über ihn beugte und aus dessen seidenen Gewändern ein leichter Duft von Sandelholz aufstieg.
Hilel lächelte, strich über das feuchte Haupt des Kleinen und sagte leise: »Nein, im Paradies bist du nicht, da ist es noch viel, viel schöner. Aber ich glaube, mein Kind, du bist daheim.«
Und Hilel legte seine schmale Reiterhand auf die Brust des Knaben, auf der deutlich das eingebrannte Zeichen der Beni Hussein zu sehen

war, ein Zeichen, das zwei verschlungene Leinen zeigte, die soviel wie Zügel sein sollten und bei deren Einbrennen am siebenten Lebenstage die Worte gesprochen wurden:

»Sohn der Beni Hussein, sei ein Reiter, der Pferde zügelt und seine eigenen Begierden auch. Sei treu, Ibn Beni Hussein.«

Erstaunt fragte Saïd und griff zugleich nach der Hand, die seine Brust berührte: »Daheim? Was ist das, Herr?«
Ein Murmeln wurde bei dieser ergreifenden Frage hörbar, und die Diener, die alle das gleiche Zeichen auf der Brust trugen wie der Knabe, der im Staub dahergekrochen gekommen war, traten näher. Hilel strich über die Narben auf der Kinderbrust, beugte sich noch tiefer und öffnete die Gewänder über seiner eigenen Brust. »Sieh her, mein Kind, siehst du wohl, es sind die gleichen Zeichen wie bei dir; an der Stelle, wo sie sich befinden, diese unsere Stammeszeichen, wachsen auf der Brust des Mannes keine Haare, und so erkennt man sie ein Leben lang, diese Zügel der Beni Hussein, die auch du auf der Haut trägst und die niemand aufweist, der nicht unseres Stammes ist. Sagt ihm, was sie bedeuten, meine Brüder und Freunde, aber langsam und alle zugleich mit mir! Hör gut zu, kleiner Bruder!« – und die Männerstimmen begannen alle feierlich gemeinsam den uralten Spruch der Beni Hussein zu sprechen, daß es klang wie das Orgeln des Windes im niederen Palmgesträuch, ehe die Sonne aufgeht.
Mit großen Augen, die sich langsam mit Tränen füllten, lauschte der Knabe, richtete sich auf an der Hand Hilels, der seine Brust wieder verhüllt hatte, und versuchte leise die Worte zu wiederholen. Dann versteckte er sich in den duftenden Gewändern des Mannes neben ihm, und sein ganzer kleiner Körper bebte. Er stammelte vor sich hin: »Die sind alle gekennzeichnet wie ich? Es bedeutet – Brüder?«
Die Antwort kam von allen Seiten. »Brüder, ja, Brüder!« klang es von bärtigen Mündern, und freundliche Blicke sahen auf das nackte kleine Geschöpf in des Gebieters Armen. Plötzlich aber geschah etwas Seltsames. Der kleine Knabe machte sich frei, stand genesen da und fragte mit einem Jubel in der Stimme, die alle aufhorchen ließ: »Wenn es Zügel gibt, dann gibt es Pferde! Wenn es Pferde gibt, darf ich dann darauf sitzen, Brüder?«
Da brach ein Lachen los, und jeder drängte herbei, dem kleinen Bru-

der nahe zu kommen, während verschiedene Stimmen riefen: »Ein Beni Hussein ... Maschallah!«

Auch Hilel hatte mitlachen müssen, nun aber gebot er Schweigen, ließ sich auf den Boden nieder, hielt den Kleinen umfangen und fragte ruhig: »Sage uns nun, wie du heißt, woher du kommst, was du tatest und warum du nicht weißt, was ›daheim‹ bedeutet. Rede, kleiner Bruder; wir hören.« Der Kleine sah für eines Herzschlags Dauer dem Manne, der ihn umschlossen hielt, in die Augen und sagte dann ruhig und klar:

»Ich heiße Saïd. Ich komme von der Straße, von draußen. Ich habe nie einen Menschen für mich gehabt; ich habe gebettelt und Aufträge ausgeführt; ich habe in Torbögen geschlafen, bis man mich forttrat; wir sind viele, die so leben hier in der Stadt. Ich kroch zuerst, und da war eine Frau, die gab mir zu essen; dann konnte ich gehen, und ich sah sie nicht mehr; sie war es, die mich Saïd rief. Ich weiß sonst nichts, nur daß ich jetzt lange nichts mehr aß und niemand mir einen Trunk gab. Auch erkrankte ich, dann kroch ich wieder und bat den Freund und Helfer bei mir zu sein, und er brachte mich hier ins Djhennet zu den Brüdern und zu dir, zu dir!«

Als er diese Worte sagte, wandte sich Saïd ganz Hilel zu und verkroch sich wieder in dessen duftende Gewänder.

Die Männer warteten schweigend, was der Herr nun tun und entscheiden würde. Die kleine Geschichte, die Saïd erzählt hatte, war so außergewöhnlich nicht, nur ihr Abschluß war mehr als seltsam, war eben Kismet.

Hilel schaute auf. »Hassan, komm her«, sagte er. Hassan kam, stand wartend. »Du hast Saïd gefunden, Hassan, du sollst bei ihm bleiben, sollst mit ihm und uns zusammen zurückreiten zu den Zelten. Ist es dir recht, Hassan?« Ein Strahlen breitete sich auf des Dieners Zügen aus, der rief: »Du fragst noch, Herr? Du reichst einem Durstenden Wasser und fragst, ob er trinken will? Fort aus dieser elenden Stadt, zurück zu unsern Zelten, unsrer freien Wüste, unsren Pferden, und du fragst noch, Herr, ob ich will? Gesegnet sei die Stunde, da die kleine Schlange zu mir kroch, gesegnet, der dich gesendet, kleiner Bruder!«

Und Hassan ergriff die Hände des kleinen Saïd, führte sie an die Stirn, sich dadurch zum Diener des Knaben bekennend.

Hilel ließ den Kleinen los, Saïd rief erschreckt: »Du gehst? Du

schickst mich fort?!«
Lächelnd wandte sich Hilel ihm zu, sagte liebevoll, denn schon hatte er das Kind ins Herz geschlossen:
»Aber nein, wir reiten alle zusammen; du darfst auf meinem Pferd mit mir sitzen, willst du?« Jubelnd bejahte Saïd.
Hilel wandte sich an die Diener, sagte ernst: »Sorgt jetzt, daß irgendeine Kleidung für den kleinen Bruder beschafft wird und habt gut acht, was ich sage: Mein Bruder Abdallah darf nicht erfahren, daß ich hier war. Keiner sah mich, keiner weiß etwas. Schwört ihr?«
Jeder der Diener entblößte die Brust und legte die Finger der Linken auf das Stammeszeichen – die Linke, denn sie war die Zügelhand.
»Wir schwören«, sagten sie leise, und Hilel wußte, daß nichts ihnen das Geheimnis entreißen würde, das sie auf diese Art zu halten versprachen. Er hatte damit recht, aber etwas wußte er nicht, weil dergleichen niemals vor ihn gebracht worden wäre; daß unter den Dienern sich einer befand, der auf kein Stammeszeichen schwor, weil er keines besaß; es war das ein kleiner, dunkelhaariger Mann in europäischer Kleidung, mit bleicher Hautfarbe, einer scharf gebogenen Nase und einem schmalen, knochigen Kopf, Artin, ein Armenier, den Abdallah einmal aus Marseille mitgeführt hatte und der seinem Herrn um des Vorteils willen ganz ergeben war.
Die Beni Hussein hatten an diesen von ihnen immer beiseite geschobenen kleinen Mann und an seine Anwesenheit nicht gedacht. Er aber, mit besonderer Klugheit begabt, ließ niemals merken, wie sehr er sie alle mißachtete, und hielt sich wie immer im Hintergrunde. Auch jetzt ließ er sich nicht blicken, blieb vielmehr verborgen, bis die Unruhe des Aufbruches vorbei war. Dann schlich er auf leisen Sohlen durch die weiten Gemächer des Konaks hin zu dem Raum, wo er seinen Herrn wußte, und er kam gerade recht, um den Vorhang zu heben für die das Haus verlassenden Gäste.
Abdallah bemerkte den Armenier und machte ihm ein Zeichen mitten in die Abschiedsverbeugungen hinein, kaum sichtbar, aber von Artin sogleich verstanden. Dann schlug Abdallah auf ein großes Kupferbekken, und Diener eilten herbei, um den fremden Gästen des Herrn beim Verlassen des Konaks Ehre zu erweisen.
Artin verbarg sich indessen, wie es vor ihm Hilel getan hatte, in den Falten des Vorhangs und wartete, bis der letzte Gast und der letzte Diener verschwunden waren; dann eilte er zu Abdallah hin, der ihn

mitten im Raum stehend ungeduldig erwartete.
»Was ist's, was hast du mir zu melden?« fragte er auf französisch.
Der Armenier antwortete in der gleichen Sprache, hastig, aber genau:
»Monsieur, Ihr Bruder war hier! Ja, war hier und ritt wieder fort, vor kurzem. Es hat sich etwas ereignet, das mein Herr wissen muß, wie ich glaube . . .«, und Artin schilderte genau, was um den kleinen Knaben geschehen war und wie Hilel die Dienerschaft verpflichtet hatte, nichts von seiner Anwesenheit zu verraten. »Wenn ich irrte, es nun selbst Monsieur zu sagen, ich, der ich nicht wie die anderen geschworen habe, so sei mir verziehen, es geschah aus Ergebenheit.«
Abdallah war während dieses Berichtes mit allen Zeichen der Erregung in dem großen Raume auf und ab gegangen, blieb nun vor dem kleinen Armenier stehen, sah ihn forschend an. »Du sagtest Ergebenheit, Artin; wieweit würde sie für mich gehen, diese Ergebenheit?«
»Sehr weit, Monsieur, wenn auch nicht bis zum Tode.«
Abdallah mußte trotz seiner Besorgtheit um das Mißlingen seines Planes über diese für den Mann aus Marseille so bezeichnende Antwort lachen.
»Ich liebe deine Ehrlichkeit, Artin, und ich versichere dir, daß dein Sterben nicht mit in Rechnung gestellt ist bei dem Auftrag, den ich dir jetzt geben will.«
»Dann sind wir einig, und Monsieur kann über mich verfügen.«
»Gut. Suche also zuerst zu erfahren, ob die Sache mit dem Knaben ehrlich zuging oder von irgend jemandem eingeleitet wurde, der damit etwas bezweckt, auch wer es ist, und was er will. Finde heraus, ob mein Bruder etwas weiß von der Verhandlung, die ich heute hier hatte, und wenn dem so ist, ob er gegen mich arbeiten wird. Ich will auch wissen, was mit diesem Knaben weiterhin geschieht und warum mir mein Diener Hassan genommen wurde. Alles dieses mußt du sogleich auskundschaften, denn die ganze Sache eilt sehr, aber schon sehr.«
Artin sah seinen Herrn etwas zweifelnd an, fragte dann scheinbar harmlos: »Monsieur verzeihen; damit ich alle diese Dinge erkunde, müßte ich doch hinaus in die Wüste. Und Monsieur weiß, daß ich nie ein Pferd besteigen werde, koste es, was es wolle! Wie komme ich hin? Und wenn ich dort bin – Hassan kennt mich –, was kann ich da erreichen? Monsieur bedenke das alles gut.«
Abdallah sah sich die kleine Seltsamkeit etwas erstaunt an, die ruhig

erklärte, niemals ein Pferd zu besteigen; dem leidenschaftlichen Pferdeliebhaber war dergleichen völlig unverständlich. Dann sagte er nach kurzem Überlegen: »Du kannst mit dem Auto eines meiner Freunde hinausgebracht werden, und wir müssen für eine geeignete Verkleidung sorgen, das werden wir noch erwägen. In jedem Fall halte dich bereit und sprich möglichst wenig mit den anderen Dienern.«

»Das tue ich sonst auch nicht, Monsieur, da ich ihre Sprache nicht spreche, wenn ich sie auch verstehe. Aber ich hätte eine Bitte: Dürfte ich nicht die persönliche Bedienung von Monsieur übernehmen? Diese Leute hier wissen doch nichts von der Kleidung eines gepflegten europäischen Herrn wie Monsieur! – Wir aber in Marseille, wir wußten etwas davon, wir schon! Würde sich Monsieur mir anvertrauen?«

Artin sagte das mit einem besonderen Aufblick zu dem schlanken, jungen Mann, der ihn überragte, und in den dunklen Augen des Armeniers lag eine Frage, die sich auf mehr als Kleidung bezog, ebenso wie der letzte Satz seiner Frage einen deutlichen Doppelsinn enthalten hatte. Ob Abdallah es merkte, ob nicht, ist schwer zu sagen, denn der Orientale versteht es meisterhaft, seine Gedanken und Gefühle zu verbergen. Wie dem auch sei, der große Herr sagte nachlässig, gewährend: »Es ist gut, ich werde Ali mitteilen lassen, daß du von jetzt an mein Leibdiener bist. Und da wir uns auf diese Art öfters sehen werden, können wir alles Weitere noch in Ruhe besprechen. Gehe jetzt, Artin, und sei bedankt.«

Eine entlassende Handbewegung, eine stumme Verbeugung, doch unter den halbgeschlossenen Lidern des Armeniers traf noch ein Blick Abdallah Beni Hussein, woraus zu lesen gewesen wäre, daß diese scheinbar so lässig geschlossene Vereinbarung bedeutungsvoller war, als beide Partner bereit gewesen wären, einzustehen.

2

Die Beni Hussein ritten von Beirut aus südlich in Richtung gegen Tiberias, bogen scharf um die Spitze des Sees Genezareth und erreichten, sich östlich haltend und Damaskus vermeidend, die weite Ebene zu Füßen des Djebel el Scharik, der vom Norden grüßte. Über die

französische Ölleitung hinaus, in dem Dreieck zwischen Palmyra und Medjadin, befand sich die seit Generationen vom Stamm der Beni Hussein besiedelte Gegend.
Im Arme von Hilel geborgen, der den Knaben rechts vor sich nahe dem Sattelknauf hielt, genoß Saïd diesen ersten Ritt seines Lebens mit einer Versenkung des Entzückens, die auch später niemals mehr ganz erreicht ward. Das ihm bisher unbekannte Gefühl der Geborgenheit, des Zugehörens zu anderen, die schon jetzt fast an Schwärmerei grenzende Begeisterung für den Mann, der ihn hielt, die Bewegung des edlen Tieres, auf dessen Rücken sie dahinflogen, all das verband sich für Saïd zu einem unvergeßlichen, unübertrefflichen Erlebnis.
Zuerst ritten sie am Ufer entlang, und dieses Meer, das für Saïd bisher so etwas wie Heimat bedeutete, schien den Kleinen noch grüßen zu wollen, denn es warf einige weiche Wellen ans Ufer, die die Füße von Hilels Pferd benetzten und es erschreckt zur Seite springen ließen. Saïd lachte und rief: »Es will uns halten, das Wasser – aber ich reite fort!«
Jubelnd klang es, und Hilel sah herab auf das Kind in seinem Arm, das nur Freude, nicht Angst zu kennen schien. Danach verstummte dann Saïd, und die immer tiefer sinkende Dunkelheit schien ihn einzuschläfern; er drückte sich fester in den haltenden Arm und wußte nichts von der Landschaft, die sie durcheilten, wußte auch nichts von der erstaunlichen Sicherheit, mit der in der weglosen Umwelt diese Wüstensöhne die Richtung einhielten. Die Sterne, sie sind es, nach denen man sich umschaut, wenn man sich der Wüste nähert, und die kurze Dämmerung des Ostens läßt sie bald nach dem Untergang der Sonne sichtbar werden. Unvermeidlich bleibt es nach wie vor, in der Nacht zu reiten; denn es ist für Mensch und Tier unmöglich, die Glut des Tages zu ertragen. Zwar schützen die Turbanhüllen ein wenig, doch bereitet das blendende Licht Qualen, und der immer wandernde Sand der Wüstendünen macht bald das Atmen schwer.
In der Nacht aber, mit dem Wegweiser des Sternenlaufes, ist das Wüstenreiten eine Freude und ein Entzücken. Ermüdungslos, mit dem langen, gleichmäßigen schwingenden Galopp des arabischen Edelpferdes, wird man dahingetragen durch eine Weite, die grenzenlos zu sein scheint.
Während dieses Traumrittes erwachte Saïd hie und da, fühlte aber immer noch den haltenden Arm des Mannes, der ihm schon jetzt als der

Inbegriff alles Herrlichen erschien, und ließ sich wieder zurücksinken in die tiefe Ruhe vollkommenen Glücks. Der Mann, der den so seltsam auf seinem Wege aufgetauchten Knaben hielt, dieser Hilel, ein gläubiger Muslim, konnte nicht anders als annehmen, daß ihm dieses seinem Stamme zugehörige Kind von einem Schicksal gesandt worden war, einem Kismet, das in seinen Absichten zu erkennen er sich noch bemühen mußte. Jetzt aber war alles dunkel in seinem Sinn, wie der Weg, den sie ritten, aber auch wie dieser, der an den Sternen kenntlich wurde, würden sich die Zeichen bald enthüllen, die sie führten.

Und schon hier, in dieser ersten Nacht, schon auf dem Wege zum Heim der Beni Hussein kam dem Sohn des Scheichs Mohamad al Fasal der Gedanke, ob es nicht möglich wäre, daß dieser Knabe ihnen geschickt sei, um irgend etwas zu tun, das mit Catoul im Zusamenhang stände, Catoul, den Abdallah so schmählich zu verraten sich anschickte.

Wunderbar, höchst wunderbar das Ganze! Sollte dieses kleine Wesen in seinem Arm, das weniger wog als ein junges Lamm, dem Stamme deshalb zurückgegeben sein, damit es den geheiligten Besitz der Beni Hussein vor Verrat bewahre, das mondweiße Pferd, das den Scheich trug und gleich ihm der Weiße Scheich genannt wurde?

Auch Hilel erwachte wie aus einem Traum, als die ersten blassen Schimmer des nahenden Morgens die Spitzen des Djebel el Scharik beleuchteten und sie schon die Zelte der Beni Hussein als hockende Schatten erkennen konnten. Bereits hatten die Wachen das nahe Aufschlagen vieler Pferdehufe vernommen, und der Ruf erklang weithin hörbar: »Kommt Freund?«

Antwort kam sogleich: »Beni Hussein!«

Da begann sich das Zeltlager zu regen, und die Pferde, die wußten, sie waren bald in ihren weiten kühlen Ställen, beschleunigten den Lauf. Hilel beugte sich tief zu dem schlafenden Kinde herab, sagte leise: »Erwache, kleiner Bruder, wir sind angelangt.«

Saïd blickte in das nun schon vertraute Antlitz. »Muß ich fort von dir?«

Was soll ich erwidern, dachte der Mann, Wahrheit oder Lüge? So lächelte er nur, und Saïd hielt das für eine Verneinung. Schon eilten auch die Diener herbei und nahmen dem Herrn das Kind ab, ohne irgendein Erstaunen zu zeigen; wie es dem Herrn beliebte, was es auch

sei, war recht.
»Bringt ihn in den Vorraum des Scheichs, gebt ihm einige Früchte zu essen und hütet ihn, bis ich komme. Du geh mit ihnen, Saïd, und sei ohne Sorge, ich komme dich bald holen. Meldet dem Scheich, sein Sohn eile zu ihm.« Hilel stieg ab und sah sich um, atmete wie befreit die kühle Nachtluft der Wüste ein und schritt langsam dem großen Zelt des Scheichs zu.
Das bleiche Vormorgenlicht ließ ihn die vertraute Umwelt erkennen, und er schaute einen Augenblick zu dem niederen hölzernen Minarett auf, das über das Gebetsgebäude aufragte. Er lächelte ein wenig vor sich hin, als er daran dachte, mit welchem Eifer sein ehrwürdiger Vater sich bemüht hatte, eine genaue Nachahmung der ersten kleinen Moschee zu schaffen, die damals der Prophet Mohammed unmittelbar nach seiner Flucht aus Mekka in Medina zusammen mit den Gläubigen, die ihm gefolgt waren, selbst erbaute. Die Überlieferung wußte nahezu von jeder Handreichung zu berichten, die damals geschehen war, bis das hölzerne Gebäude niedrig und bescheiden dastand, einen weiten Hof bildend, auf den die Wohnungen dieser ersten Muslime mündeten. Ebenso war auch hier alles erbaut worden, nur mit dem großen Unterschied, daß die einzelnen Räume nach dem Innenhof zu geschlossen waren und die Zugänge an der Außenseite lagen, um solcherart die Stallungen für die kostbarsten Pferde zu bilden.
Catoul allein, der weiße Renner, hatte eine besondere Behausung: ein Zelt, das an jenes des Scheichs grenzte, so daß auch in der Nacht das Pferd, das nur der Scheich selbst reiten durfte, seinem Herrn ohne fremde Hife erreichbar blieb.
Wie waren sie bekannt, die zwei, im ganzen Wüstenbereich, der immer in Weiß gekleidete alte Scheich und sein weißes Tier, an dem auch Sattel und Zaumzeug aus weichstem weißen Ziegenleder bestand. Wie waren sie bekannt, wie verehrt und wie gefürchtet von jenen, die als Räuber und Diebe in Zelten aus schwarzem Ziegenfell hausten, die Männer des Ali Muled, die Linkshänder. Sie hatte man bisher am meisten verachtet. Was aber jetzt, da der eigene Sohn des Scheichs das geheiligte Pferd verriet?
Unter solchen Gedanken hatte Hilel das Zelt des Scheichs erreicht; die Klappe wurde hochgehoben, denn auch der leiseste Schritt im Wüstensande hätte den Wüstensohn gewarnt, und ein Diener trat mit

tiefer Verneigung zur Seite. Aber das ehrerbietige Schweigen, das hier in der Nähe des Scheichs zu herrschen pflegte, wurde unterbrochen durch den Ruf einer hellen Kinderstimme:
»O sieh nur, Herr, geliebter Herr, sieh mich nur an!« rief Saïd und sprang vom Boden auf, wo er mit zwei Dienern zusammen gehockt hatte, vor sich eine große Schüssel mit Früchten aller Art. Bei dem Anblick, der sich ihm bot, mußte Hilel trotz seiner trüben Stimmung lachen, hatte man doch dem kleinen Knaben, der irgendwie warm eingehüllt worden war für den Ritt durch die kalte Nacht des Südens, nun einen Kaftan umgehängt, der viel zu groß und weit für ihn war und überall um ihn herum schleifte, während die Ärmel auf beiden Seiten den Boden berührten. Selbst die ernsten Diener mußten lachen, wenn sie es auch leise taten, und ein alter Mann, der älteste Pfleger des Pferdes Catoul, Achmed, sagte leise:
»Gesegnet diese kleine Herzensfreude, die du uns heute nacht brachtest, Herr! Und sahest du schon?«
Dabei wies er auf das Stammeszeichen, dessen Narben sich auf der Kinderbrust abzeichneten.
»Ich sah, Achmed, und darum brachte ich unseren kleinen Bruder her zu uns«, sagte Hilel.
Saïd aber war damit nicht zufrieden, es war ihm eine zu lahme Erklärung seines Hierseins, wie er meinte, und er fügte an: »Der geliebte Herr brachte mich zu vielen Brüdern ins Djhennet«, griff nach Hilels Hand und drückte sie auf die Brust über den Stammesnarben.
Die große Kinderliebe der Orientalen verbot es, den Kleinen lächerlich zu finden, und so sagten sie nur: »Maschallah«, was soviel wie »mit Gottes Segen« bedeutet, und holten ihn zu der Fruchtschale zurück. »Ich kehre wieder«, sagte Hilel im Fortgehen und stellte bei sich mit Verwunderung fest, wie sehr und schnell ihm der kleine, heimatlose Knabe ans Herz gewachsen war. Als er sich dem Innenraum des Zeltes näherte, wurde auch dort der Vorhang sogleich gehoben; ein Diener verbeugte sich schweigend und trat zurück. Hilel blieb am Eingang stehen und wartete ehrerbietig, bis ihm der Scheich, sein Vater, das Näherkommen erlauben würde. Schon klang die tiefe, ruhige Stimme des alten Scheichs: »Tritt näher, mein Sohn, und dein Eintritt sei gesegnet. Friede sei mit dir.«
»Und mit dir, Herr«, erwiderte der Sitte gemäß Hilel, ging zum Sitz des Vaters, nahm dessen Hand, küßte sie und führte sie an die Stirn.

»Setze dich, mein Sohn, und berichte mir. Auch wüßte ich gern, wie es möglich ist, daß ich aus dem Vorraum eine Kinderstimme rufen hörte. Wessen Stimme ist es? Ich bin erstaunt, mein Sohn, daß solches jetzt zur Nacht nach deiner Rückkehr geschah. Sprich!«
Das war ein deutlicher Befehl, und Hilel gehorchte sofort, ist doch im Orient die unbedingte Ehrfurcht vor dem Vater, dem Alter und dem Gehorsam eine Selbstverständlichkeit, auch wenn der Sohn schon längst die Mannesreife erreichte.
»Vergib, Herr, wenn durch die Kinderstimme deine Ruhe ehrfurchtslos gestört wurde«, aber der Scheich unterbrach durch eine gebietende Handbewegung des Sohnes Worte; ruhig sagte er: »Nicht die Kinderstimme war ehrfurchtslos, denn Kindern ist manches erlaubt, und sie sind oftmals Freudenbringer, auch wissen sie nicht viel von Ehrfurcht, mehr von Vertrauen und Liebe. Nein, mein Sohn, das war es nicht, was ich tadelte – es war, daß du mich vorher nicht wissen ließest, was dieses bedeutet.«
»Herr«, sagte Hilel mit einer verborgenen Freudigkeit in der Stimme, »ich habe dir Seltsames zu berichten und konnte es eher nicht tun, da ich selbst nichts davon wußte. Ich kam sogleich zu dir, Herr, ohne auch nur die Wegkleidung zu wechseln, wie du siehst, aber für den Kleinen wußte ich, als ich abstieg, keinen anderen sicheren Ort als dort in deiner Nähe.«
»Was du da sagst, ist schon seltsam genug, mein Sohn; warum bedurfte es eines sicheren Ortes in meiner Nähe für das Kind?«
»Weil das Kind ein Bote des Kismets ist, Herr, und wir es hüten müssen wie ein kostbares Gut. Vernimm und wolle verstehen, was geschah: Ich kam, wie du befohlen hattest, mit dem Gelde, das du mir für ihn gabst, zu Abdallah ... Nein, ich sollte sagen, vor den Konak von Abdallah, und wollte einreiten, fand aber die Tore verschlossen.«
Voll höchsten Staunens fragte der Scheich: »Die Tore verschlossen, da du erwartet wurdest?«
»So war es, Herr. Ein Wächter war dort aufgestellt, vor den verschlossenen Toren, bedenke, Herr, der sogleich von meinem Kommen seinem Herrn, meinem Bruder, Nachricht geben sollte.«
»Ich verstehe immer weniger. Was hat das zu bedeuten?«
»Das verstand ich auch nicht, Herr und Vater, aber meine Aufmerksamkeit wurde dadurch abgelenkt, daß der zum Wächter bestellte Diener ein Kind in den Armen hielt, das so erschöpft aussah, daß

man es für gestorben hätte halten können. Ich stieg ab und betrachtete es genau, gab dann Anweisung, es zu speisen, es zu baden – achte wohl auf! –, es zu baden, Herr!«
Erstaunt sah der Scheich den Sohn an, sagte ratlos: »Nun, was ist daran? Badet man nicht immer die Erschöpften?«
»Gewiß Herr, aber hier ist doch etwas Besonderes daran, wolle es nicht vergessen. Ich ließ mir dann von meinen Dienern die Tore öffnen, und auf diese Art wurde es für Abdallah unmöglich zu wissen, daß ich bereits im Hause sei, verstehst du, Herr?«
»Nein, ich verstehe immer weniger, und ich muß dich bitten, mein Sohn, mich nicht länger mit diesen Reden hinzuhalten, vielmehr von dem Kismet und dem Kinde zu berichten.«
»Vergib mir, Herr, ich bin schon dabei, es zu tun. Abdallah also wußte von nichts, und ich schritt durch die leeren Räume.«
»Geleitete dich denn kein Diener, wie es sich geziemt?«
»Nein, Herr, die Diener waren alle mit dem Kinde beschäftigt.«
»Alle Diener mit diesem einen Kinde?«
»Du sagst es, Herr, und auch das ist gewiß seltsam. So gelangte ich ungehört zu dem großen letzten Raume, hob soeben den Vorhang, um einzutreten, jedoch ich hörte, ich hörte . . .«
Hier stockte Hilels Rede völlig, und er sah mit einem Ausdruck tiefer Liebe zu dem alten Manne hin, der ihm Inbegriff alles Ehrfurchtgebietenden war. Einen Schritt trat er vor und machte die uralte Bewegung der letzten Ergebenheit. Er legte die Stirn für eines Herzschlags Dauer auf die linke Schulter des Scheichs. Der wandte den Kopf zu seinem Sohne, sagte leise und ergriffen: »Was tust du, mein Kind? Was ist dir? Sprich zu mir!«
Es klang wie eine angstvolle Bitte, denn das Benehmen dieses sonst so stillen, jungen Mannes begann den Scheich zu beunruhigen. Hilel faßte sich, sagte schnell und kaum hörbar:
»Herr, ich vernahm hinter diesem elenden Vorhang, den ich sogleich wieder fallen ließ, wie Abdallah mit einigen Freunden darüber verhandelte, Catoul nach Frankreich zu verschiffen, um durch ihn viel Geld auf den Rennplätzen zu verdienen und ihn auch zur Zucht gegen Bezahlung zu verwenden. Für die Verschiffung Catouls, so hörte ich, war das Geld bestimmt, das ich ihm bringen sollte. Abdallah lachte darüber, daß wir es sein würden, die ahnungslos das Fortbringen Catouls bezahlten.«

Hilel hielt inne. Er hatte während dieser Worte mit keinem Blick zum Scheich aufgeschaut, denn es geziemt sich nicht, die Demütigung oder den Schmerz eines anderen Mannes auf dessen Zügen zu erkennen. Unter den gesenkten Lidern hervor aber bemerkte er, wie der Scheich aufgesprungen war mit jener Geschmeidigkeit, die sich der Muslim bis ins hohe Alter bewahrt, hat er doch fünfmal im Sonnenlauf das Gebet zu verrichten von klein auf, bei dessen Ausübung das tiefe Niederbeugen und das stützenlose Aufrichten Gebot sind. So also war das Aufrichten des alten Reiters, des Scheichs Mohamad al Fasal, ein einzig gleitender Hochsprung, und er stand vor seinem Sohne, packte ihn schmerzhaft an der Schulter und hauchte tonlos:
»Catoul verraten? Uns verraten? Das wollte Abdallah?«
»Er will es noch, Herr, glaubt er sich doch unentdeckt.«
»Unentdeckt? Gingst du nicht zu ihm ... Nein, du sagtest, es seien Fremde dort gewesen, so konntest du nicht vor ihnen den Bruder beschämen. Was aber tatest du, mein Sohn?«
»Ich wandte mich ab, denn ich war furchtbar erregt und wollte erst ruhiger werden.«
»Du tatest recht. Und dann?«
»Dann, Herr, begegnete mir das Kismet.«
»Was, um der Güte Allahs willen, meinst du nur immer mit dem Kismet? Und Catoul verraten, Abdallah ein Verräter, du aber sprichst von Kismet! Oh, sei mir Geduld beschieden!«
»Ich beschwöre dich, Herr, errege dich nicht, höre mich weiter an. Als ich dort im Vorraum anlangte, stand vor mir der Diener, welcher am Tore Wächter gewesen war, er heißt Hassan, und sagte mir, der Knabe, den sie gebadet hätten, trage unser Stammeszeichen auf der Brust. Kismet, Herr. Ich staunte und ging, um das Kind zu betrachten. Es ist der Knabe, der dort draußen im Vorraum redet von Djhennet. Sein Name ist Saïd. Willst du ihn sehen, Herr?«
Voll Spannung hing jetzt Hilels Blick am Gesicht des Vaters, denn er hatte mit Absicht unmittelbar nach der schlimmen Nachricht über den verräterischen Bruder so viel über das Kind gesprochen, um den Sinn des Vaters abzulenken. War es gelungen? Würde der Knabe die Güte dieses ehrwürdigen Mannes zu spüren bekommen oder nur der Fürsorge der Dienerschaft überwiesen werden? Alles hing davon ab, ob der Scheich das Wirken des Kismets ebenso stark empfand, wie das Hilel von Anfang an getan hatte. Jetzt hob der alte Mann das

starke dunkle Leuchten seiner Augen zum Sohne, lächelte ein wenig und sagte leise:
»Du warst mir immer ein guter Sohn, mein Kind, und ein gläubiger Muslim bist du auch. Dir soll nicht die Schuld deines Bruders ein Schatten werden, und darüber werden wir später reden, wie es sich gebührt. Für jetzt... Bringe mir den Kleinen, der vom Djhennet redet! Wie meint er das, sage!«
Hilel strahlte auf, sagte halb lachend: »Er meint, er sei bei uns im Paradiese – doch wird er dir alles selbst erzählen, Herr. Ich hole ihn.«
Mit zwei schnellen Schritten war Hilel am Vorhang, hob ihn ein wenig, rief leise: »Saïd, komm her zu mir!«
Ein Ruf wie ein kleiner froher Vogelruf antwortete ihm, dann klang die helle Kinderstimme jubelnd auf: »Ich komme, Herr, geliebter Herr! Aber dieses Gewand! Man kann nicht laufen damit, vergib mir, Herr, aber ich komme.«
Hilel hielt den Vorhang auf, damit das kleine Wesen hindurchschlüpfen konnte, sagte gar nichts, beobachtete nur. Er fand, man könne mehr über ein junges Geschöpf lernen; auch vielleicht von ihm lernen, wenn man es frei handeln ließ und ihm keine Anweisungen gäbe. Ihm aber lag daran, zu wissen, wie die ehrwürdige Erscheinung des großen alten Mannes, der sein Vater war, auf den kleinen Knaben aus dem Hafenelend von Beirut wirken würde.
Saïd lief eilig herbei und blieb stehen. Er schaute regungslos zu dem Scheich auf, dessen weiße Gewänder im milden Kerzenlicht des hohen Zeltes zu leuchten schienen. Dann sah er auf das eigene schleifende Gewand herab, blickte kurz fragend zu Hilel hin, warf die Kleidung ab, die ihn behinderte, tat einige Schritte auf den Scheich zu, und nackt, wie ihn die noch unbekannte Mutter geboren hatte, warf er sich der Länge nach der hohen weißen Gestalt zu Füßen. Still blieb es noch einige Augenblicke lang, während Hilel einen tiefen Seufzer der Befriedigung tat und der Scheich mit einem seltsamen Ausdruck auf das kleine Häufchen Mensch zu seinen Füßen blickte. Was würde er tun? Wie dieser Demut begegnen? Der Sohn sah gespannt zu, wartete nahezu atemlos.
Dann geschah es. Der Scheich Mohamad al Fasal bückte sich, hob das nackte Leben hoch und hielt den Knaben in seinen Armen. Er sah den mageren kleinen Körper an, strich mit der freien Hand über die Brust, auf der die Stammesnarben deutlich sichtbar waren, und sagte

mit leiser, weicher Stimme: »Wie heißt du, mein kleiner Sohn?«
Verwirrt schaute Saïd in das schöne, das edle Antlitz des Wüstenfürsten, stammelte kaum hörbar: »Ich, ich heiße Saïd. Du sagtest Sohn zu mir, Sohn?«
»Ich sagte Sohn, Saïd, dieses Zeichen auf deiner Brust macht dich zu meinem Sohne.«
Der Knabe schaute auf seine Brust, betastete sie, sagte dann, immer noch leise, wie suchend: »Sei es gesegnet, dieses Zeichen. Erst gab es mir Brüder, jetzt sagst du, hoher Herr, Sohn zu mir. Ach, Djhennet ...« und das heimatlose Kind des Elends legte seinen Kopf an die Schulter des Scheichs der Beni Hussein, lag erst reglos, bewegte sich dann ein wenig, als suche es noch eine bessere Stellung, tat einige tiefe Atemzüge vollkommener Beruhigung und – schlief ein.
Der Scheich sah auf den Kopf hinunter, der in tiefstem Vertrauen auf seiner Schulter ruhte, und durch seinen Sinn huschte der Gedanke, wie lange es her gewesen war, seit ein Kinderkopf so ruhte, ein Kinderkörper sich so an ihn schmiegte. Er flüsterte:
»Wie schnell er einschlief. Brachte ich ihm die Ruhe?«
Hilel trat unhörbar näher, und eine starke Rührung überkam ihn.
»Du, Herr, und die Worte, die du sprachst. Er war ganz heimatlos, mußt du verstehen, nun ruht er wohl zum erstenmal in seinem Leben; mir scheint, er lebte bisher von den Abfällen am Hafen.«
»Wie konnte das nur geschehen, da er doch unser Zeichen auf der Brust trägt? Begreifst du das, mein Sohn? Und sie nur, sein Haar scheint mir heller zu sein als das unsere; da es nicht geschoren ist und sich lockt, kann man es erkennen. Sieh nur, Hilel, es scheint zu glänzen, ist es nicht so?«
»So ist es, Herr. Seltsam, wie dieses Kind es versteht, einem das Herz mit seinen kleinen Händen anzurühren. Und eine Freude an Pferden! Du glaubst nicht, Herr, wie glücklich er auf dem Ritt hierher war. Keine Angst, nur Lust am Reiten hatte er.«
»Sprich leise, er wacht sonst auf. Siehst du, er ist eben ein Beni Hussein. Aber nun müssen wir herausfinden, was es mit ihm auf sich hat und wie es geschehen konnte, daß einer der unseren in das Elend von Beirut, dieser verfluchten Fremdenstadt, getrieben wurde. Hilel, mein Sohn, beginne gleich nachzuforschen.«
»Das werde ich tun, Herr. Aber inzwischen, wohin mit ihm?«
»Ja, du sagst es, wohin mit ihm? Lasse ihn in meiner Nähe, ich

möchte mit ihm sprechen am Tage. Ein Diener könnte – draußen im Vorraum hinter dem Vorhang, wo es zum Stall von Catoul geht... Was meinst du, mein Sohn?«
»Ich führte jenen Torwächter mit, den Hassan, von dem ich dir sprach, Herr; er soll Saïd bedienen, dachte ich, so es dir recht wäre. Und die Nähe von Catoul wird Freude für den Knaben sein.«
»So ist es. Wie du bin ich zu dem Schluß gekommen, daß hier ein Geheimnis besonderer Art uns zu deuten gegeben ward. Wäre dieses Kind nicht gewesen, hätte es dich nicht am Eingang des unguten Hauses aufgehalten... Nicht zu erdenken, was geschehen wäre – es friert mich wie nach dem Shimoum, bedenke ich es!«
Kein Wort wurde mehr zwischen ihnen gesprochen von Abdallah, nichts weiter erwähnt von dessen bösen Plänen, als nur eben das, was der Scheich sagte, als er Hilel den Knaben in die Arme legte und noch ein leises Segenswort für die kurze Nachtruhe anfügte. Hilel verstand, daß sein Bruder von nun an fast ein Ausgestoßener sein würde, wußte er doch ebenso wie jeder Beni Hussein, daß Catoul ihnen mehr war als nur ein edles Pferd, deren sie viele besaßen, und daß jede Handlung gegen dieses fünfte seiner Art, das gleich seinen Vorfahren jeweils nur den Scheich seines Stammes trug, als ein Verrat am Stamme selbst erschien.
Ebenso bedeutungsvoll wie das Schweigen der zwei Männer über die Tat Abdallahs war es aber auch, daß man den kleinen Elendsknaben aus dem Hafen von Beirut im Vorraum zum Stalle des fast geheiligten Catoul schlafen ließ, in nächster Nähe des Großen Weißen Scheichs.

3

Von Beirut nach Damaskus braucht die Bahn nur kurze Zeit, und in Damaskus am Bahnhof befinden sich zahlreiche Autos, die den Reisenden zur Verfügung stehen. Artin Mikuniyan stieg aus einem frühen Morgenzuge aus und sah sich nach Art eines Herrn, der es nicht eilig hat, gemächlich nach allen Seiten um, um dabei seine Zigarette zu rauchen. Er war nach europäischer Art gekleidet, »fein«, wenn auch sehr auffällig und schreiend, und zu allem anderen trug er außer einer roten Krawatte auch noch eine große rote Blume im Knopfloch. An dieser geruchlosen Granatblüte roch er mit scheinbarer Versen-

kung und tat dieses so lange, bis ein Levantiner auf ihn zugeschlendert kam, dessen Tarbusch bessere Zeiten gesehen hatte. Der Levantiner bat Artin um Feuer für seine Zigarette und bediente sich als Sprache jenes Wortgemisches, das an der Mittelmeerküste Französisch genannt wird. Während er einige flüchtige Züge aus seiner Zigarette tat, sagte er halblaut: »Ich hätte einen guten Wagen mit breiten Sandreifen, der sich eignen würde zu einer Fahrt in Richtung der Ölleitung, falls Monsieur Lust hat.«
Artin nickte und murmelte: »Lust schon; Geld nicht.«
Der Levantiner lächelte und zeigte seine nikotinverfärbten Zähne. »Geld ist in diesem besonderen Falle nicht vonnöten, denn es ist im Überfluß vorhanden.«
»Worauf warten wir dann?« fragte Artin Mikuniyan hochmütig, ganz der Diener eines großen Herrn, der anderen befiehlt.
»Nimm meine Handtasche und gehen wir.«
Der Levantiner nahm wortlos die neben Artin stehende Tasche auf und schlenderte voran in Richtung auf die vielen parkenden Autos hin. Sehr zufrieden, daß die von Abdallahs französischem Freund, Monsieur Courteaux, getroffenen Vorbereitungen sich so vortrefflich bewährten, ging Artin hinter dem Levantiner her und warf die nunmehr als Erkennungszeichen nutzlos gewordene rote Blume achtlos in den Staub. Er war sehr glücklich, denn nichts lag diesem Sohne der Mittelmeerhäfen besser, als die Hände bis hinauf zum Ellenbogen in Verrat und Hinterlist zu tauchen, vorausgesetzt, daß sich diese Dinge gut und reichlich bezahlt machten. Und was war einträglicher, als Geschäfte mit Pferden, zumal wenn hinter den Absichten und Plänen reiche Orientalen standen?
Behaglich zurückgelehnt im großen Auto, das dieser Courteaux von einem Geschäftsfreunde in Damaskus bestellt hatte, überflog Artin in Gedanken den ganzen ausgezeichneten Plan, den wohl auch er nicht hätte besser ersinnen können, meinte er. Denn anstatt sich, wie es im ersten Schreck die Absicht gewesen war, in einer schließlich doch entdeckten Verkleidung zu den Beni Hussein zu begeben, anstatt dort zumal deshalb ganz nutzlos zu sein, weil man sich nicht verständigen konnte, hatte Abdallah mit meisterhafter Schnelligkeit der Entschlüsse den richtigen Weg gefunden, um des Erfolges sicher zu sein. Es galt, den Feind von der Flanke her anzugreifen, ihn ganz unbemerkt zu umgehen und, wenn er sich noch keiner bösen Möglichkeit

versah, schon alles erreicht zu haben. Mit anderen Worten: hin zu den Ziegenzeltlern, den Linkshändern, hin zu Ali Muled, ihrem Anführer, dem geschworenen Feinde, dem Erbgegner der Beni Hussein.
Es war alles kindisch einfach, wie es immer große Ideen sind, so dachte der kleine Armenier Artin Mikuniyan, und er mußte noch in der Erinnerung lächeln, als er sich vergegenwärtigte, mit welchem Widerstreben ihm Abdallah mitgeteilt hatte, daß er bereits durch allerlei Botschaften der Djebelli belästigt worden sei, seit er nicht bei seinem Stamme, sondern in Beirut wohnte.
Damals sei es auch gewesen, daß der Armenier seine große Eingebung hatte, oder doch das, was er so nannte. »Und warum will dann Monsieur sich nicht mit diesen Djebelli in Verbindung setzen? Sie würden doch sogleich verstehen, was Monsieur beabsichtigt, nämlich den Ruhm dieses Wunderpferdes zu vermehren. – So ist es doch?«
Auf diese Art war es Artin dann gelungen, Abdallah zu überzeugen. Und nun war er hier, um als Bote des großen arabischen Herrn ein wichtiges Angebot dieser Gesellschaft von Räubern zu überbringen. Kaum daß eine Woche vergangen war seit jenem Kommen Hilels nach Beirut und der törichten Sache mit dem Bettlerjungen, wurde er jetzt bequem und großartig zu den Ziegenzeltlern gefahren. Was störte es ihn, daß die Bezeichnung »Linkshänder« ihren Ursprung darin hatte, daß seit Generationen das Gesetz der Wüste an den Angehörigen des Stammes vollzogen worden war, jenes Gesetz, das den Verlust der rechten Hand des Diebes vorschreibt. Was störte es eine kleine Hafenratte, die nur dann Diebstahl beklagenswert fand, wenn er schlecht ausgeführt wurde, und bei allen Verbrechen lediglich die Geschicklichkeit ihrer »Arbeit« würdigte, aber keine innerliche Abwehr gegen sie besaß.
Dieser Stamm der »Linkshänder«, zu dem das Wüstenauto den Armenier brachte, hatte einstmals auch einen großen Namen gehabt; er war am Fuße des Djebel el Scharik angesiedelt gewesen und wurde Ehali Djebelli genannt, die Bewohner des Berges. Dann geschah es, vor etwa vier Generationen, daß ihr Führer, ein großer Reiter und Krieger, von seinem Halbbruder hinterrücks getötet wurde und der Mörder den ganzen Stamm aufreizte zu einem Beutezug gegen die Beni Hussein.
Der Plan mißlang, die Ehali Djebelli unterlagen, und an ihnen wurde das Gesetz der Wüste vollzogen in der Art, daß nach dem Anführer

jeder zehnte waffentragende Mann enthauptet wurde. Darauf ließ man die übrigen zu ihren Lagern zurückkehren.
Aber es waren von da an nicht mehr die gleichen Djebelli. Zu bitter war die Niederlage gewesen, zu hart erschien ihnen die Strafe.
So wurde es zu einer Art geweihter Überlieferung unter ihnen, die Beni Hussein zu schädigen, wo immer das möglich wäre. Was aber war leichter als Diebstahl von Pferden und Kamelen? Was auch selbstverständlicher als Bestrafung dieses schwersten Verbrechens des Wüstensohnes, wann immer die Beni Hussein einen Djebelli fingen? Und so folgte der Verlust der rechten Hand. »Was tut's?« sagten bitter und wild die Djebelli, »zum Reiten bedarf man nur der Linken!«
Und reiten konnten sie, die wilden Djebelli! Sah man auch von weitem schon an den Zelten von schwarzem Ziegenfell, daß es sich um einen Stamm der Verfemten handle, die Pferde, die aus ihrer Zucht hervorgingen, waren doch wundervoll, besonders auch deshalb, weil sie von leuchtend schwarzer Farbe waren. Seit die Beni Hussein die weißen Tiere züchteten, in jahrzehntelanger Auswahl sie immer fehlerloser hervorbringend, taten die Djebelli das gleiche mit den ihren in der entgegengesetzten Farbe.
Das war so allgemein bekannt, daß sich sogar ein Spruch dazu, oder wenn man will darüber, gebildet hatte, der besagte: »Allahs Güte liebt nicht Schwarz oder Weiß nur, nicht Böse oder Gute nur: Seine Milde will eines mit dem anderen vereinen. Immer mag es ihm gelungen sein, nur nicht bei den Beni und den Djebelli. Trotzdem, ihr Brüder: Gepriesen sei Allah!«
Solcherart also war der Stamm, zu dem der »bevollmächtigte armenische Bote« Abdallahs ibn Fasal, des Sohnes der Beni Hussein, sich begab, und das Ergebnis war so einzigartig, daß Ali Muled, der Djebelli el Djebel, der Berg der Bergigen, sich veranlaßt sah, mit seinen verschiedenen Hauptanführern darüber zu beraten.
Während sich das Auto mit dem Armenier durch den Sand und die Dünen den Weg bahnte, mit den breiten Reifen mühsam dahermahlend, saßen die Männer der Djebelli zusammen im größten der dunklen Ziegenfellzelte, dem Ali Muleds, tranken aus ihren winzigen Täßchen den Kaweh und rauchten den Tjibuk. Es waren verwegene Gestalten mit scharfgeschnittenen Raubvogelgesichtern, den blitzenden Augen der unerschrockenen Draufgänger, den sehnigen Gestalten derer, die weder Ermüdung noch Gefahr kennen. Sie hockten mit ge-

Seehund

treibt sich im Wasser durch seitliches Schlängeln mit den hinteren Flossenfüßen voran

kreuzten Beinen auf dem Boden, der auch mit dunklen Fellen bedeckt war, und warteten schweigend, mit der ruhevollen Geduld des Orientalen auf das, was Ali Muled ihnen zu sagen habe. Dieser selbst, ein noch jugendlicher Mann, sog gedankenvoll an seinem Tjibuk und sagte endlich mit leiser, ausdrucksloser Stimme, so als spräche er nur vor sich hin:

»Da kommt jetzt ein Bote von Abdallah ibn Fasal; verflucht sei sein Name ...« Murmelnd wiederholten die Männer den Fluch, und dann erst fuhr Ali Muled zu sprechen fort: »Kommt dieser Bote und will, so wurde mir bestellt, mit uns verhandeln über ...«

Ali Muled, geübt darin, andre zu beeinflussen, ein Beherrscher der Fähigkeit, Spannung zu erzeugen, stockte und tat einige Züge aus seinem Tjibuk, bis es keinen der Männer gab, der nicht erwartungsvoll auf ihn schaute. Obgleich er die Lider gesenkt hielt, schien Ali Muled doch alles zu sehen, und erst nachdem er der allgemeinen Aufmerksamkeit sicher war, sagte er leise, eindrucksvoll, das Wort wie einen Ball von sich schleudernd: »... über Catoul!«

Das wirkte, als sei soeben ein Schuß abgegeben worden. Die Männer rauchten nicht mehr, sie starrten regungslos den Djebelli el Djebel an und wagten kaum zu atmen.

Catoul! Inbegriff alles dessen, was zu bekämpfen und zu fürchten war, soweit es für einen Djebelli überhaupt Furcht geben konnte! Catoul, der, gleichen Namens, gleicher Farbe, schon ihre Väter und Großväter geängstigt hatte. Catoul, auf dessen mondfarbenen Rükken, ganz in Weiß gekleidet, der Scheich der Beni Hussein schon zu Zeiten der Väter, einem Lichtgeist gleich, durch die Wüstennacht ritt, von Haß und Bangen verfolgt, doch niemals noch dem tödlichen Stahl zum Opfer gefallen. Catoul, der Gerechtigkeit und Strafe bedeutete, in dem das Gesetz der Wüste lebte. Über Catoul sollte der Sohn des Scheichs der Beni Hussein mit ihnen verhandeln wollen? Unglaublich! Unfaßlich!

»Was heißt das, Herr, verhandeln über Catoul?« fragte endlich, das lastende Schweigen brechend, der älteste der Männer. Ali Muled sah auf, sah seine Männer, die die Befehlsgewalt der Djebelli ausübten, der Reihe nach an und sagte dann leise: »Es heißt, daß ein Beni Hussein ein Verworfener wurde, denn er will, mit unserer Hilfe, Catoul stehlen!«

Groß ist die Ruhe des Orientalen, stark seine Fähigkeit, sich zu be-

herrschen – aber hier war es damit zu Ende. Diese Männer, die Linkshänder, die den Makel des Pferdediebes als Erbe mit sich schleppten, diese, die von je nur den Haß gegen die Beni Hussein kannten, wußten auch, hatten es vielfach erfahren, daß diese gerecht, ehrlich und stark waren und ihr Scheich ein Recht besaß, im Wüstenbereich Gerechtigkeit zu üben, weil er an sich und den Seinen sie am strengsten befolgte. Und jetzt, ja – jetzt stürzte ein Beni Hussein etwas, das die Djebelli zwar gehaßt, aber auch hochgehalten hatten: die weiße Kraft der Beni Hussein.
Sie sprangen auf, sie sprachen laut, sie redeten durcheinander, und keiner verstand den anderen. Langsam hatte sich auch Ali Muled erhoben, betrachtete seine Männer prüfend, wartete eine Weile, hob dann die Hand gebieterisch, und wie es diese Bewegung immer vermocht hatte, Ruhe zu stiften, so gelang es auch jetzt. Die Männer schwiegen und schauten erwartungsvoll auf Ali Muled.
»Hört mir zu und beachtet, was ich sage: Ich werden diesen Boten anhören und du, Achmed Bekir, du wirst mir nachher deinen Sohn Schükri hersenden, der in Damaskus in die Schule ging und Französisch spricht; er soll mir übersetzen, was der Bote zu sagen hat, denn mir wurde mitgeteilt, er kenne unsre Sprache nicht. Um so besser! Laßt es einen Fremden sein, der diese schändlichen Dinge verkündet, keinen, der gleich uns redet. Ich werde mir alles anhören und euch danach berichten. Für den Boten soll außerhalb unseres Kreises ein kleines Zelt errichtet werden, es bestehe aber aus Seide, wie die Fremden es lieben, das genügt für ihn. Man soll ihm auch die Speisen dorthin bringen und sie ihn allein verzehren lassen. Es ist zu bedauern, daß unsere Überlieferung uns zwingt, auch solch elendes Gewürm als Gast zu ehren, denkt ihr nicht auch so, meine Brüder?«
Schweigend und regungslos hatten die Männer zugehört, schweigend neigten sie jetzt die Köpfe und wollten sich stumm entfernen. Einer aber, der Jüngste unter ihnen, blieb stehen und sagte aus tiefster Seele noch einmal: »Fluch über Abdallah ibn Fasal – nicht aber über Catoul.« Das war für einen Djebelli ein unerhörtes Wort, doch erhob sich kein Widerspruch, als solcherart zum erstenmal in diesem Stamme gegen das abergläubisch umbangte Pferd kein Fluch ausgesprochen wurde.
Dieses war die Stimmung des Zeltlagers, in welches der kleine Armenier Artin Mikuniyan in seinem staubbedeckten Auto einfuhr. Er war

inzwischen reichlich müde und auch ein wenig ängstlich geworden, denn er hatte überlegt, daß es doch kein geringes Wagnis sei, so allein sich in das Lager eines Stammes zu begeben, von dem es hieß, seine Mitglieder seien alle Räuber und Mörder. Nun aber war kein Zurück mehr möglich, und ihm blieb nichts übrig, als für das versprochene Tagesgeld, das hier seinen einzigen Trost bildete, seinen Auftrag auszuführen. Und so stieg er denn trüber Ahnungen voll aus dem Wüstenauto und stand ratlos wartend nahe den dunklen Zelten da.
Der levantinische Chauffeur, gleichfalls verstaubt und müde, gesellte sich zu ihm und fragte verdrießlich: »Was wird jetzt?«
Achselzuckend schwieg Artin, atmete aber auf, als er endlich ein lebendes Wesen auf sich zukommen sah. Nachlässigen Schrittes kam ein junger Mann daher, dessen offener leichter Burnus wie eine Fahne hinter ihm wehte. Er machte nur ein ganz flüchtiges Zeichen, das man vielleicht bei gutem Willen für einen Gruß hätte halten können, und sagte in leidlich gutem Französisch, das er, wie bekannt, auf der Schule in Damaskus gelernt hatte: »Bonsoir, Monsieur. Sie sollen kommen und ihre Botschaft ausrichten. Man erwartet Sie. Dieser da, mit seinem Wagen, kann sich dort hinten einen Platz suchen und im Wagen die Nacht verbringen, die Pferdediener werden ihn versorgen; bei Morgengrauen fahren Sie dann wieder mit ihm ab. Kommen Sie.«
Und Schükri, der Sohn des Achmed Bekir, schlenderte achtlos vor diesem elenden Boten her, von dessen Auftrag ihm sein Vater berichtet hatte und den er verachtete als das letzte der niederen Geschöpfe. Seltsam, mehr als seltsam war es: Hier gab es einen Stamm der Pferdediebe, als solcher weitaus bekannt; hier gab es die mißachteten Linkshänder – aber dennoch; daß es möglich wurde für den Sohn der Beni Hussein, Catoul verkaufen zu wollen – das – nein, das vermochten sie nicht zu verstehen! Sie selbst hätten das tiefschwarze Pferd Scherif, das sie als einen Talismann verehrten, um keinen Preis hergegeben; auch der Letzte ihres Stammes, der niederste Diener würde sich, um Scherif zu retten, freudig haben töten lassen. Wie konnte es also geschehen, daß ein Beni Hussein Catoul verriet? Von dieser unausdenkbaren, niederen Tat fiel der schmutzige, der vernichtende Schatten auf den Boten, der davon zu ihnen reden sollte; und als Schükri jetzt dem Armenier voranging, zog er seinen wieder hinter ihm her flatternden Burnus fest um sich, damit nicht ein Zipfel des leichten Gewebes den Fremden berühre, der sich zu solcher Schänd-

lichkeit, vermutlich für hohe Bezahlung, hergab.
Als sie am Zelte von Ali Muled angelangt waren, fand es der junge Schükri für richtig, auch nicht die leiseste Höfleichkeit zu zeigen, vielmehr als erster den Wohnraum des Djebelli Djebel zu betreten. Mit einer Fingerspitze hielt er den Vorhang am Zelt hoch, um den Fremden einzulassen, trat schnell zur Seite und verbeugte sich vor dem Stammesoberen mit einem gemurmelten: »Hier ist der Mann, wie du befahlst, Herr.«
Mikuniyan, gewöhnt an verschiedene schattendunkle Verhandlungen, ließ sich nicht beirren, trat vielmehr auf den Mann zu, der dort am Boden saß, grüßte mit seinem Strohhut, den er in der Hand hielt, wie mit einer Fahne und sagte lächelnd: »Bonsoir, Monsieur, va bien?«
»Der Fremde fragt, ob es dem Herrn gut geht«, übersetzte mit starrem Gesicht der junge Schükri. Ohne zu lächeln, antwortete Ali Muled: »Frage ihn, was er will.«
Schükri tat es. Artin bemerkte erstaunt, er glaube, das wisse man doch schon? Schükri darauf: Trotzdem solle er es deutlich sagen. Aha, dachte der Armenier, die sind schlau und wollen es ganz genau zu hören bekommen; sollen sie. So sagte er sehr deutlich, etwas lauter sprechend als gewöhnlich, denn alle diejenigen, die sich sprachlich nicht verständigen können, pflegen lautmäßig zu übertreiben:
»Ich komme im Auftrag von Abdallah Bey Beni Hussein, um zu fragen, ob die Herren hier daran interessiert wären, dem Wunderpferd Catoul zu einer großen Karriere zu verhelfen. Es handelt sich darum, daß zwar Abdallah Bey das finanzielle Risiko tragen wird, aber die Herren, die hier nahe dem Lager der Beni Hussein sich befinden, uns das Pferd beschaffen müßten. Selbstverständlich gegen entsprechende Vergütung. Von hier würden wir es dann holen lassen.«
Schükri hatte während der Worte des Armeniers, an der Zeltwand lehnend, mit seinem Tesbieh gespielt und zeigte ein sehr gelangweiltes Gesicht. Als der Redestrom versiegte, sagte Schükri halblaut und nahezu undeutlich: »Er widerholt nur die Gemeinheiten. Wir sollen das Pferd beschaffen, sie wollen zahlen und es holen.«
Ali Muled, der sich eine Zigarette drehte, fragte, ohne aufzusehen: »Sagt er etwas darüber, wozu das geschehen soll?«
»Ja, Herr; er redet töricht davon, daß das Pferd sich auszeichnen solle, man nennt das Karriere in ihrer Sprache.«
Das ihm vertraute Wort vernahm Mikuniyan, fiel hastig ein und rief

eifrig: »Große Karriere, bei Rennen und – Zucht, große!«
Ali Muled sagte, vor sich hin murmelnd und nun rauchend: »Lächerlich! Welch größeren Ruhm könnte es geben für den, dessen Namen wir nicht nennen, als er selbst zu sein. Sage diesem Fremden, Schükri, er solle dir, und nur dir, die gebotenen Preise nennen. Ich habe alles gehört und will ihn nicht mehr sehen. Nimm ihn fort, er verunreinigt mir die Luft. Morgen, mit der Dämmerung, soll er reisen. Gehe, Schükri, und ich danke dir.«
Schükri steckte sein Tesbieh ein, verbeugte sich vor Ali Muled, machte dem Armenier ein Zeichen und ging zum Zelteingang.
Aber so schnell und leicht ließ sich der gewandte kleine Mann nicht abspeisen; er hatte mit dem untrüglichen Fingerspitzengefühl der Hafenratte erfaßt, wie man zu seinem Auftrag stand, und warf plötzlich, so als schleudre er eine Bombe, eine Zahl in die Luft, eine hohe Zahl, die Zahl einer Summe, welchen den, der sie erhielt, beinahe zu einem reichen Mann machen würde. Die Bombe schlug ein. Schükri ließ den schon gehobenen Vorhang wieder fallen, Ali Muled schaute zum erstenmal auf und verriet Anteilnahme.
»Frage ihn, woher sein Herr das viele Geld nehmen will, wissen wir doch, daß er selbst nicht reich ist und nur von seines Vaters Wohlwollen lebt. Frage, Schükri.«
Schükri machte es einfach; er sagte lässig: »Welche Garantie?«
Jetzt war Artin auf vertrautem Boden. Er zog aus der Brusttasche seines Rockes ein Schriftstück hervor, auf welchem eine Anzahl Namen verzeichnet standen, mit angefügten Zahlen. »Dieses ist die Abschrift der Zeichnungsliste für das Unternehmen. Ihr Chef kann sich überzeugen, daß Namen dabei sind, die sichere Garantie für Zahlungsfähigkeit bieten, das heißt, wenn Sie mit den Bankhäusern von Beirut vertraut sind?«
Der Blick, der ringsum das dunkle Zelt aus Ziegenfell streifte, war nicht gerade schmeichelhaft für die Djebelli, aber das focht die zwei Männer wenig an. »Schau es dir an, Schükri, behalte das Papier und besprich dich mit deinen Freunden in Damaskus darüber. Am besten, du fährst mit diesem hier in der Frühe fort, befragst dich dort, und der Mann soll in deiner Nähe bleiben in Damas. Am Abend kehrst du dann mit einem Wagen deiner Freunde hierher zurück, und wir werden beraten. Diese Summe würde es uns ermöglichen, neue Stallungen zu bauen und neue Herden zu erwerben. Ich habe kein Recht,

darüber allein zu entscheiden. Am morgigen Abend werden wir beraten, wenn du zurückkommst; inzwischen gehe mit dem Manne und sage es ihm. Er muß in Damas warten auf Entscheid.«
Schükri verbeugte sich, murmelte das übliche »Du befahlst, Herr«, hob nunmehr den Vorhang und machte eine Gebärde, als scheuche er einen Hund hinaus. Artin störte das nicht, denn er wußte genau, daß diese Männer durchaus nicht gegen sein Angebot waren. Als er auf dem Wege zu dem kleinen Zelte, das er allein bewohnen sollte, von Schükri erfuhr, was beschlossen worden war, zeigte er sich ganz einverstanden, denn ein Aufenthalt in Damaskus, wo er sich zum Geschäftsfreunde des Monsieur Courteaux begeben konnte, kam ihm sehr gelegen. Wer weiß, vielleicht ergaben sich da sogar neue Verbindungen, einträglichere als die bisherigen, denn im Grunde seines Denkens hielt der Armenier nicht viel von Abdallahs Geschäftsfähigkeiten, wenigstens nicht als Gewinnchance für die Dauer.
Er freute sich, soweit gut abgeschnitten zu haben, ahnte aber nicht im entferntesten, wie groß sein Erfolg sein sollte. Denn der junge Schükri, der in Damaskus erzogen worden war und, wie bekannt, das Französische beherrschte, erdachte sich in dieser Nacht einen Plan, der als Basis die goldene Sicherheit des Angebots hatte, das der Bote aus Beirut brachte – aber als Ziel die völlige Freiheit eines reichen jungen Mannes, der prächtig in Beirut oder Marseille leben könnte und sich nicht länger in der Wüste herumlangweilen müßte. Und in nichts dachte Schükri daran, daß ihm vorläufig noch seine rechte Hand gehörte.

4

Schon eine Woche lang befand sich Saïd bei den Beni Hussein, aber das Wunderbare an dieser Tatsache war ihm noch nicht verblaßt. Niemals würde er vergessen, wie es war, als er aus seinem Schlaf erwachte und schnuppernd die Nase hob, um den Geruch zu erkennen, den er um sich spürte. Dann hatte er leise vor sich hin gesagt: »Pferde!« und war zugleich schon hochgesprungen. Eine beruhigende Stimme, die ihm bekannt vorkam, hatte sich hören lassen, und Hassan, jener, der ihm am Tage vorher als Erretter erschien, hatte gesagt: »Ruhig, kleiner Bruder, ganz ruhig! Ja, es sind Pferde, vielmehr ein einziges, ein herrliches Pferd ist's, dem du nahe bist; dort hinter jenem Vorhang, mußt du wissen, steht Catoul.«

Catoul? Das hatte damals noch nicht viel für Saïd bedeutet, aber als er gebadet und gekleidet war, mit einem wunderschönen kleinen Kaftan angetan, wie er dergleichen noch niemals besessen hatte, da wurde er zu Catoul geführt, und er stand und schaute das schöne Tier an, als könne er sich davon nicht losreißen.

Und dann war es so weitergegangen mit den erstaunlichen Geschehnissen: Dann war er geholt worden, um mit dem schönen alten weißen Mann zu sprechen, und Achmed, der Pfleger von Catoul, war ausgesandt worden, um einen jungen Reiter und ein ruhiges Pferd zu holen, denn Saïd, der kleine Findling, sollte erst einmal beweisen, ob er wirklich Reiterblut in den Adern hätte oder nicht. Der junge Reiter, der ihn auf diesem ersten Ritt begleitete, war nach einer Stunde völlig atemlos, den Knaben, wie einen Sack über die Schulter geworfen, tragend, wieder im Zelte vor Catouls Stall erschienen, hatte lachend seinen »Sack« auf die Kissen des Bodens geworfen und erkärt: »Das ist kein Knabe, das ist ein junger Sheitan! Mit ihm zusammen zu reiten ist, als wolle man den Sand einfangen, die Wolken aufhalten oder eines rinnenden Wassertropfens Herr werden! Maschallah, er ist auf dem Rücken eines Pferdes geboren und mit Stutenmilch aufgezogen worden! Er hing auf dem Pferd, als sei er dort angewachsen, am Hals, am Kopf, was weiß ich? Der brave Marik hat alles getan, um das Geschöpf abzuschütteln, das sich an ihn klammerte; aber es gelang ihm nicht, und endlich hat er sich ergeben und ist gelaufen, wie ich nicht glaubte, daß er noch laufen könne! Der da, der kleine Sheitan, hat sich mit den Zehen, oder was weiß ich, an irgend etwas am Sattel angeklammert und hat gelacht und gerufen, daß man einen Alten zu einem Knaben hätte machen können, so war das. Uff, ich kann kaum noch!«

So hatte dieser Ferid berichtet, und das wollte etwas heißen, denn er galt als verwegenster Reiter und hatte über den Befehl furchtbar geflucht, der ihn verpflichtete, mit einem Kinde zu reiten. Nach dieser Erfahrung bat er dann, man möge es ihm doch gewähren, diesen jungen Teufel zu einem wirklichen Reiter zu erziehen, wie es sich für einen Beni Hussein zieme, und das war ihm zugesagt worden. Die Glückseligkeit von Saïd war unbeschreiblich, denn das Reiterblut ließ es ihm als das Herrlichste erscheinen, was einem beschieden sein

konnte, auf dem Pferderücken dahinzujagen.
Und sie kamen vor jedem Sonnenaufgang bis an die kühlen Wellen des Euphrat heran; Ferid und sein kleiner Reitschüler kreuzten Kamelkarawanen, trafen auch Raupenschlepper, beladen mit allerlei Fremdvolk, ritten jedoch immer nur in einer Richtung, niemals dorthin, wo die Hänge des Libanon sichtbar waren und mit ihrem reichen Baumbestand lockten.
»Dorthin darf sich kein Beni Hussein begeben, kleiner Bruder«, sagte Ferid erklärend. »Denn dort hausen die Djebelli, und sie sind unsere und unserer Pferde Feinde.«
Und dann bekam Saïd die Geschichte der Linkshänder zu hören und zugleich auch die schöne Saga von Catoul und seinen Vorfahren, den gleichen weißen Hengsten.
»Solange die Beni Hussein einen Catoul besitzen, solange haben sie auch einen großen Scheich, heißt es, und solange können ihnen die Djebelli nichts anhaben. Unser aller Aufgabe ist es darum, den edlen Catoul zu hüten gleich unserer Stammesehre, vergiß es niemals, kleiner Bruder, so du den Willen hast, ein guter Beni Hussein zu werden.«
So redete Ferid, denn inzwischen hatte es sich längst herumgesprochen, auf welche Art der kleine Saïd gefunden worden war, und außerdem hatte Hilel Anweisungen gegeben, überall im Zeltlager zu erfragen, ob irgend jemand etwas wisse von einem verlorengegangenen Kinde des Stammes.
Auf Saïds Kopf waren die lockigen Haare nun schon so lang geworden, daß ihre Farbe deutlich kenntlich wurde, dieses dunkle, rötlich schillernde Braun, das so viel heller glänzte als sonst die Haare der Beni Hussein. Hilel hatte Anweisung gegeben, dem Knaben nicht wie üblich die Haare zu scheren und ihn außerdem ohne Kopfbedeckung herumreiten zu lassen, denn er hoffte auf diese Art, mittels der auffallenden Haarfarbe, irgendwann etwas über die Eltern des Kleinen zu erfahren.
Und damit hatte er sich nicht geirrt. Denn es geschah, daß Ferid und Saïd am sechsten Tage seines Aufenthaltes beim Morgenritt nahe dem Zuge der Frauen vorbeikamen, die, den Wasserkrug auf dem Kopf tragend, vom Euphrat her zum Lager zurückkehrten. Ferid und Saïd verhielten ihre Pferde, und Saïd schaute gebannt auf das Schauspiel des ruhigen Schreitens der verschleierten Frauen. Zwar war es ihm

nichts Neues, diese Art des Tragens der gefüllten Krüge zu sehen, aber zu so vielen Frauen und wie bei einem ganz langsamen Schreiten des Tanzes, das hatte er noch nicht gesehen. Gewohnt, alles, was er dachte und fühlte in diesem herrlichen neuen Leben, als Jubel und Jauchzen von sich zu geben, stieß er jetzt wieder einen seiner hellen Vogelschreie aus und rief: »Sieh nur, Ferid, wie schön sie gehen. Und man sieht kaum die Spur ihrer Füße im Sande!«
Im gleichen Augenblicke, da die helle Kinderstimme erscholl, stockte der Fuß einer der schreitenden Frauen unmittelbar vor den beiden Reitern, und zum maßlosen Staunen von Saïd sank sie, tief verschleiert wie sie war, einem Bündel von Stoffen vergleichbar, vor die Füße der Pferde nieder.
»Zurück, Saïd, zurück, daß die Hufe sie nicht treffen. – Zurück!« rief Ferid.
Sehr verwirrt gehorchte Saïd, wollte dann absteigen, wurde aber von seinem Reitlehrer streng angerufen: »Rühre dich nicht! Es geziemt sich nicht für uns, die Frauen zu belästigen, indem wir uns unter sie mischen. Ich werde rufen, aber nicht hinschauen; weißt du nicht, daß man Frauen beleidigt, indem man sie bemerkt?«
Saïd wußte es nicht. Woher auch sollte er die feinen Sitten gelernt haben, da er bisher nur den Hafen von Beirut als Heimat gekannt hatte? So verhielt er sich ruhig und hörte Ferid rufen: »Ihr Frauen, vergebt, daß wir eine von euch erschreckten, ohne es zu wollen. Vermögen wir zu helfen, falls diese dort, unsere Schwester, Schaden nahm, so laßt es uns wissen; sie könnte dann auf eines der Pferde gelegt und so heimgebracht werden.«
Ferid und Saïd warteten schweigend, dann bemerkten sie, ohne doch genau hinzuschauen, wie die Gestürzte von den anderen Frauen aufgerichtet, gestützt und gehalten wurde. Noch etwas schwankend stand sie dort, da sagte Saïd halblaut zu Ferid: »Würdest du sie bitten, mir zu erlauben, schnell zum Wasser hinunterzulaufen und ihren Krug neu zu füllen? Das kostbare Wasser floß in den Sand, und ich bin schuld, daß es geschah, mein Rufen hat sie erschreckt. Bitte, bitte, frage sie, willst du?«
Ferid sah mit einem seltsamen Ausdruck auf den Knaben, denn es ist ungewöhnlich, daß ein Kindergemüt soviel Verstehen zeigt und schnell zur Hilfe bereit ist. Er nickte nur mit dem Kopf und rief: »Ihr Frauen, dieser mein kleiner Bruder bittet euch, ihm zu erlauben, den

geleerten Krug am Wasser neu zu füllen, da er schuldlos schuldig wurde an diesem Mißgeschick. Darf er zu euch kommen und den Krug holen?«
Da streckte die Frau, die gestürzt war, die Arme aus und rief mit starker, warmer Stimme: »Ja, er komme, der gesegnete Knabe komme!«
Kaum waren die Worte verhallt, als Saïd auch schon mit seiner wieselhaften Gewandtheit vom Pferde herabgeglitten war, mit einigen Sprüngen den im Sande liegenden schlanken, hochhalsigen Krug erreichte und, getreu den soeben erhaltenen Lehren, ohne die Frauen anzuschauen, zum Ufer des Euphrat lief.
Die Frau, für die er diesen Dienst verrichtete, stand jetzt aufrecht und sah ihm reglos eine Weile nach. Dann kam sie nahe zu Ferid heran, der unbeweglich auf seinem Pferde saß, Saïds Tier am Zügel haltend. Mit verschleiertem gesenktem Kopf neben den Tieren stehend, fragte sie halblaut: »Wolle mir aus Freundlichkeit sagen, Ferid ibn Osmann, wer ist der Knabe?«
Ohne die Fragerin anzuschauen oder auch nur so zu tun, als kenne er sie, obgleich er genau wußte, mit wem er sprach, sagte Ferid:
»Er ist ein Findling aus dem Hafen von Beirut, mit unserem Stammeszeichen auf der Brust und sehr geliebt von unserm Herrn Hilel, o Hanoum.«
»Ein Findling aus Beirut. – Ya Allah!« murmelte die Frau vor sich hin, »und das Stammeszeichen und die Haare, die goldenen Haare! Ya Allah!«
Die Frau schlug die Hände über ihren Kopf, daß ihre vielen Armreifen klirrten, und ging schwankenden Schrittes zu ihren Gefährtinnen zurück.
Schon wurde das Kommen des Knaben hörbar, und im Laufen rief er: »War ich schnell? Hier hast du!«
Er erinnerte sich der Farbe des Schleiers der Frau, eines tiefen Dunkelblau, und so lief er mit dem Kruge auf sie zu.
Sie aber hockte sich auf den Boden nieder, um mit dem kleinen Mann auf gleicher Höhe zu sein, und wie sie es tat, schlug sie den weiten tiefblauen Schleier zurück, der sie bis zur Hüfte umhüllt hatte. Saïd stand mit dem großen Krug in der Hand und sah in ein starkes, sehr schönes Frauengesicht, in das tief die Zeichen des erlittenen Leides eingegraben waren. Aber alles, was der Knabe zu bemerken vermochte, war der Blick, mit dem die Frau ihn ansah, ein Blick, wie er

ihm noch niemals in seinem Leben begegnet war. Und dann schlangen sich zwei Arme um ihn und um den Wasserkrug zugleich, und eine erstickte Stimme murmelte:
»Saïd, mein kleiner Saïd! Das goldene Haar! Saïd!«
Er war ein wenig erschreckt, wie es Knaben sind, wenn ihnen irgendein Gefühl begegnet, doch der Ausdruck der Augen, die auf ihn schauten, war solcherart, daß ihm die Furcht verging und auch die Abwehr. »Woher weißt du meinen Namen?« fragte er erstaunt.
Aber die Frau war viel zu erregt, um sinngemäß antworten zu können, und zudem begannen nun einige der Gefährtinnen, die ihre Krüge im Sande abgestellt hatten, sie mit allerlei Ermahnungen zu bestürmen und sie sicher, aber vorsichtig, von dem Knaben fortzuziehen, dem schon der Wasserkrug fortgenommen worden war. Auch rief jetzt Ferid, dem diese Schaustellung mehr als peinlich war, im strengsten Tone seinen jungen Schützling herbei, und ohne auf dessen Fragen weiter einzugehen, gab er ihrem Ritte wieder die Richtung auf den Euphrat zu.
Saïd aber sah sich noch einmal um und konnte den Zug der Frauen wieder in Bewegung beobachten; er nahm sich vor, daheim im Zelte des Scheichs, Hassan nach der Bedeutung des seltsamen Geschehens zu befragen, denn dieser getreue Mann, der ganz zu ihm gehörte, wußte ihm immer über alles Auskunft zu geben. So ließ der Knabe schon jetzt eine der Haupteigenschaften des Orientalen erkennen: das geduldige Wartenkönnen. Häufig und immer wieder ist zu beobachten, wie die Überlegenheit dem Europäer gegenüber in dieser Eigenschaft des Wartenkönnens beruht, dem niemals Übereilen, dem geringen Fragen. Auch die Fähigkeit der Ruhehaltung des Körpers, des Verharrens in einer Stellung, nährt und züchtet diese Geduld, welche Kraft und Ausdauer gewährt und erhält.
Wenn auch Saïd diese Eigenschaften seines Stammes noch nicht vollkommen beherrschte, wie es seinem Alter gemäß selbstverständlich war, so erwarb er sich doch durch sein wortloses Warten auf die Deutung seines Erlebnisses mit der Frau vom Wasserkrug das uneingeschränkte Lob des alten Scheichs. Denn es war noch keine halbe Stunde nach der Rückkehr von jenem Ritt vergangen, als schon Ferid das ganze Geschehen Hilel berichtet hatte, von dem jeder im Lager wußte, daß er nach der Herkunft des Knaben suche. »Es war Sadlyn Hanoum, Herr«, sagte Ferid mit voller Überzeugung, »ich kenne sie

an ihrem blauen Schleier – ist sie doch die einzige, die niemals einen schwarzen trug.«
»Sadlyn Hanoum«, wiederholte Hilel gedankenvoll und holte nach und nach aus seinem Gedächtnis alles hervor, was sich um diesen Namen einstmals an seltsamen Berichten gerankt hatte. »Ich erinnere mich, daß es vor einigen Jahren hieß, sie habe . . .«
»Du erlaubst, Herr«, fiel Ferid ein, »es sind, ich habe es mir unterdessen ausgerechnet, genau acht Jahre her, nach unserer Berechnung, aber weniger nach der der Ferenghi, und der Mann hieß, ich habe auch diesen Namen in meinem Denken wiedergefunden – Galyb.«
»Du hast recht, Ferid; er hieß Galyb ibn Taalad, und er kam aus dem Gebiet um Bagdad, um uns Pferde zu verkaufen. Er war es, der diese uns fremde Haarfarbe hatte, und sie sagten später, er sein in seinem Bereich ein großer Fürst gewesen. Wie aber, Ferid, war das mit Sadlyn, der Tochter des Nassr ibn Mabruk?«
»Ich habe in meinem Harem nachgefragt, Herr, vergib die Erwähnung, aber Frauen wissen dergleichen immer besser als wir. Auch hatte sich das eigenartige Geschehen in der kurzen Zeit bereits herumgesprochen, denn Sadlyn blieb allen Frauen immer schon eine Seltsamkeit, auch als sie klein war, da sie von einem starken Freiheitswunsche erfüllt war, sagen sie. Ihr Vater Nassr plante, sie an einen reichen Mann aus Damas zu verheiraten, sie aber liebte unser Leben hier und wollte nicht in die Stadt . . .«
»Sie hatte recht. Das Leben in der Stadt ist Verlorenheit.«
»So ist es, Herr. Nun also, als dieser Galyb zu uns kam, ist es geschehen, daß er sie sah, auch bei diesem Wasserholen, wie wir es heute erlebten, und die Schamlose hat ihm wohl ihr Antlitz gezeigt. Dann wurden die Dinge, wie sie immer und überall sind, nur daß in seiner Weisheit und Erbarmung der Imam die zwei vermählte. Er war es auch, der dem Kind unser Stammeszeichen einbrannte, ehe es der Vater heimlich mit sich nahm nach Beirut. Von da an hat man weder von ihm noch von dem Kinde etwas gehört. Sadlyn aber hat seitdem wie abwesend unter den Frauen gelebt, da Allah gnädig ihren Sinn mit einem Schleier verhüllte, so daß sie sich ihres Schmerzes nicht voll bewußt wurde.«
Ferid schwieg und schaute erwartungsvoll auf Hilel. Wie würde dieser Gerechte nun entscheiden? »Du weißt nicht den Vatersnamen des Galyb, Ferid?«

»Nein, Herr, aber nanntest du ihn nicht soeben?«
»Welche Verwirrung in mir! In Wahrheit, ich sagte Galyb ibn Taalad. Wenn dieser Mann damals wirklich Pferde von uns gekauft hat, so werden wir das Weitere herausfinden, dessen bin ich gewiß.«
»Und dann ihm den Knaben Saïd geben, Herr?«
»Aman, Ferid, mein Bruder, welche schlimme Aussicht! Es würde mich viel kosten, den Kleinen herzugeben, sehr viel!«
»Uns allen, Herr. Er hat heimgefunden. Er gehört zu uns. Und er gehört zu unsren Pferden.«
»Du sagtest es, er gehört zu uns. Und ich glaube, er hängt an mir.« Hilel fügte das ganze leise an, denn es geziemt sich nicht für einen Mann, das geheimste Fühlen des Herzens zu enthüllen, aber der drohende Verlust des Knaben hatte ihn erschreckt und ängstigte ihn sehr. Er faßte eilends einen Entschluß, welcher die noch herrschende Ungewißheit überbrücken sollte, und sagte schnell:
»Ferid, schaffe mir diese Sadlyn Hanoum her; ich will sie sprechen; eile dich, ich bitte.«
Ferid verbeugte sich stumm und ging, um seinen Auftrag auszuführen. Ehe er jedoch dazu kam, erhob sich vor dem Zelte Unruhe, und beim Hinaustreten sah Ferid einige Männer, die bemüht waren, eine sich heftig wehrende Frau vom Eingang des Zeltes zu vertreiben. Ferid erkannte einen wehenden tiefblauen Schleier, und er mußte ein wenig lächeln, denn ganz so schnell hatte er sich die Erledigung seines Auftrages nicht gedacht.
Die sich erregt gebärdenden Diener rief er laut an: »Laßt sie Brüder; der Gebieter Hilel befiehlt die Frau zu sich. Komm mit mir, Sadlyn Hanoum.«
Die dunkle warme Stimme sagte ruhig und entschieden: »Habe ich es nicht gewußt! Er ist der Gerechte. Ihr Toren wolltet mich halten. Geradeso könnte man das rinnende Wasser in der Hand halten wollen, daß es einen anderen Weg einschlage. Gehen wir Ferid.«
So wurde Sadlyn als Siegerin vor Hilel den Gerechten geführt. Was aber hier vor sich ging, war ein ganz außergewöhnliches Geschehen. Es darf nicht vergessen werden, daß in jenen islamischen Gemeinschaften, die noch nach der Tradition leben, die Frau völlig in das Dämmerdunkel des Familienlebens verbannt ist. Die Bezeichnung Harem, welche Familie, Frauengemach bedeutet, umfaßt alle weiblichen Angehörigen des Mannes und ist eine Abgeschlossenheit, zu der

nur der Vater, der Sohn, der Bruder Zutritt hat. Doch wird jede Frau auch als »Harem« schlechthin bezeichnet, in gleicher Art wie im mittelalterlichen Deutschland die Frau auch »Frauenzimmer« genannt wurde, ebenso wie der Raum, in dem sie sich aufhielt. Dieser Harem nun hatte keine Rechte, keine Daseinsform nach außen hin, solange er, das heißt sie, noch einer traditionsgebundenen Gemeinschaft angehörte. Daß eine Frau vor den Stammesoberherrn geführt wurde, war so außergewöhnlich, daß es nicht wundernehmen darf, wenn schon jetzt, gleich nach Ferids Worten, daß Sadlyn vor Hilel gebracht werden solle, sich vor dem Zelte des Gerechten mehr und mehr Stammesbrüder einfanden und daß ein leises Hin und Her von Bemerkungen stattfand.
Hilel, der älteste Sohn des Scheichs, hatte seit seiner Jünglingszeit sein eigenes Zelt mit den für die Dienerschaft bestimmten Räumen unmittelbar daneben. Die Durchgänge von einem Zelt zum anderen, hergestellt aus festen Geweben, bildeten einen großen Wohnraum, in dem alles begrenzt enthalten war, was eines Wüstenfürsten Behausung zu umschließen hatte. Als in all diesen Dienerschaftsräumen bekannt wurde, der Gebieter habe eine Frau vor sich befohlen, füllten sich die Gänge, welche die Zelte verbanden, allsogleich mit flüsternder Dienerschaft, denn dergleichen war noch niemals geschehen.
Dieses nun war es, was die lauschenden Diener hörten: Sie vernahmen ein leises Rauschen und wußten, jetzt hatte sich die Frau zu Füßen des Gebieters niedergebeugt und mit ihrer Stirn seine Füße berührt als Zeichen des Gehorsams und der vollkommenen Ergebenheit.
Dann wurde Hilels Stimme vernehmbar, die ruhig sagte: »Gegrüßt, Sadlyn, Tochter des Nassr ibn Mabruk; richte dich auf und rede.«
Hilel sah bisher vor sich nur einen Haufen von Stoffen, überschattet und bedeckt durch einen tiefblauen Schleier von der Farbe der Abendwolken. Nun richtete sich der Haufen Stoffe zur Stellung des Sitzens auf, und unter dem Schleier hervor ertönte die dunkle Stimme, welche Saïd noch im Ohr klang, der im Zelte des Weißen Scheichs die Tugend der Geduld übte.
»Herr«, sagte die Frau, deren Antlitz für Hilel unsichtbar blieb, »ich habe dir von einem Unrecht zu berichten, das ich beging und das ich nun vor dich, den Gerechten, bringe. Es ist dieses: Vor vielen Jahren und reichen Mondwechseln, als ich noch jung und voll Torheit war,

kam zu uns ein Mann, auf dessen Haupt, wenn er den Turban ein wenig lüftete, Haar zu sehen war, das dem Laub der roten Bäume glich, die am Djebel el Scharik stehen. Er sah mich, weil der Wind meinen Schleier lüftete, zur Morgenstunde, als ich Wasser holte am Ufer des Euphrat. Er liebte mich, ich liebte ihn. Der Imam, dessen Name gesegnet sei . . .«

Die Frau stockte, denn es klang halblaut und verhalten von überall her: »Gesegnet sei sein Name.«

Sie sah sich um, schien in sich zu erschauern wie ein Baum im Abendwinde.

Hilel aber sagte ruhig: »Sprich weiter, Sadlyn.«

»Ich gehorche, Herr. Der Imam, sagte ich, machte uns mit seinen Worten zu Mann und Weib, was wir im Angesichte der Liebe schon lange waren, und als mein Knabe geboren wurde, gab er ihm den Namen Saïd und brannte ihm am siebenten Tage das Stammeszeichen ein.«

»Warum, Sadlyn, tat der Imam das, da doch der Vater, wie ich deinen Worten nach verstehe, nicht unseres Stammes war?«

»Er tat es, weil ich ihn darum bat.«

Es entstand eine Bewegung, unkennbar woher, denn die in den Gängen standen, hatten sich gerührt, als vom Stammeszeichen die Rede war. Hilel beugte sich vor, fragte nochmals die vor ihm hockende Frau sehr eindringlich: »Warum batest du den Imam darum, Sadlyn?«

Die Frau richtete sich auf, und die stolze Haltung des Kopfes war zu erkennen. »Weil ich unsren Stamm liebe, und weil es mir ein erschrekkender Gedanke war, mein Kind könne etwas anderes sein als ein Beni Hussein.«

Die Bewegung hinter den Zeltwänden wurde stärker, und wieder wandte die Frau den Kopf dorthin. Hilel aber rief ihre Aufmerksamkeit gebieterisch zurück: »Sadlyn, Tochter des Nassr ibn Mabruk, wenn du so denkst, wie konntest du dann einen Fremdstämmigen lieben? Sage es mir und bedenke wohl, was du antwortest, denn aus diesem deinem Fehler wurde Leid, wurde Qual und Verlassenheit! Bedenke, Sadlyn, bedenke!«

Hilel war aufgestanden und sah auf die Frau hinab, die wieder tief zu seinen Füßen zusammengesunken war. Sie begann sich leise hin und her zu wiegen, wie es Ausdruck des Leides ist. »Ich weiß es, Herr, ich weiß es«, klagte sie, »und seit ich die schrecklichen Worte hörte vom

Findling am Hafen in Beirut, lebe ich nicht mehr. Bisher war es nur Kummer, weil ich glaubte, meines Knaben Vater, dessen Name verflucht sei ...« Wieder kam das gemurmelte Echo wie das Rauschen des Schilfes am Euphrat: »Dessen Name verflucht sei ...«
Sadlyn horchte auf, wartete, fuhr dann zu sprechen fort: »Dieser Galyb ibn Taalad habe den Knaben mir darum heimlich fortgenommen, daß er nicht unter fremden Stammesbrüdern aufwachse, vielmehr bei ihm und den Seinen bleibe. So glaubte ich, als er mich verließ und mir das Kind heimlich raubte. Nun aber weiß ich, o Herr, Herr! Nun weiß ich, daß er sein Kind verstieß, es dem Elend preisgab ... Verflucht, sei sein Name!«
Die Frau sank jetzt ganz in sich zusammen und lauschte gespannt dem Echo ihres Fluches in den Zeltwänden.
Doch alle schwiegen. Hilel stand und blickte auf die Vernichtete, sagte leise, als spräche er zu sich selbst: »Was nur tun? Wie nur gerecht bestimmen?«
Da wurde ihm unerwartet Hilfe. Der Vorhang zum Innenzelt wurde gehoben, und vor dem Sohne stand der alte Scheich. Er streifte mit einem Blick das nun reglose Bündel Stoff am Boden, trat zu Hilel, der sich tief verneigte, legte ihm die Hand auf die Schulter und sagte: »Warum, mein Sohn, hältst du hier Gericht und vernichtest diese, da sie schon genug büßte? Weißt du nicht, daß in meinem Zelt Saïd wie ein kleines Steinbild sitzt, nichts fragt, aber alles weiß? Willst du dich vermessen, hier Gerechtigkeit zu üben, und vergissest der Liebe?«
Hilel sah seinen Vater an, beugte sich tief, tief auf dessen Schulter und bot alle Manneskraft auf, um seine Rührung zu überwinden. Die Frau hatte sich langsam vom Boden erhoben, stand vor dem Scheich, streckte die Hände aus, stammelte unter ihrem Schleier hervor: »Herr ... Herr ...?«
»Komm, meine Tochter«, sagte der alte Scheich, »verhülle dich gut, denn es sind viele Männer unterwegs, komm mit mir ...«
»Herr?« stammelte sie nochmals.
»Fürchte dich nicht, meine Tochter, komm mit mir! Nein, nicht hinter mir, gehe an meiner Seite! Du gabst dem Stamme ein Kind, das des Stammes wert ist. Geh neben mir, Sadlyn, meine Tochter.«
Da fielen das jahrelange Leid und die jahrelange Sorge von Sadlyn ab, und sie ging stolzen Schrittes, erhobenen Hauptes neben dem großen alten Mann her. Das war der Ehrenweg ihres Lebens.

Beim Zelte des Scheichs stand wartend Hassan am Eingang. Der Scheich lächelte und sagte halblaut: »Wir gehen hinein, bringe ihn sogleich zu uns.«
Hassan strahlte auf. »Ich fliege, Herr. Er sitzt und rührt sich nicht. Mir greift er ans Herz – ich fliege!«
Und wirklich lief er wie getrieben davon. Der Scheich geleitete Sadlyn zu seinem inneren Zeltraum und stand neben ihr stumm wartend dort. Dann vernahmen sie eilende leichte Schritte; eine kleine Hand hob den Innenvorhang, eine Kinderstimme sagte leise: »Du hast befohlen?« und dann nichts mehr, dann stand Saïd und starrte auf die Frau, wußte nicht, daß er sprach, hauchte vor sich hin: »Der blaue Schleier.«
Die Frau machte eine ungestüme Bewegung vorwärts, aber der alte Scheich hielt sie am Arm zurück, sagte ernsthaft und feierlich: »Diese ist deine Mutter, Saïd, mein Sohn, ehre und liebe sie!«
Dann wandte er sich ab. Der blaue Schleier schloß sich um Saïd und nichts, kein Menschenlaut war mehr zu hören. Wer weiß, vielleicht sangen irgendwo die Engel?

5

In Damaskus angelangt, gab Schükri seine bisherige ablehnende Haltung dem Armenier gegenüber auf und wurde ganz zum europäischen Weltmann, will sagen, zu dem, was er dafür hielt. Er hatte sich inzwischen überlegt, daß es mehr als töricht sein würde, mit diesem Agenten des großen Abdallah auf schlechtem Fuß zu stehen, denn schließlich und endlich würden sie sich über eine Teilung einigen müssen. Die ganze Summe konnte er niemals bekommen, das war klar; er mußte vielmehr damit rechnen, auch noch Schweigegelder an die Djebelli zu zahlen, deren einige, wenn es soweit war, er in seine Absichten einzuweihen gezwungen sein würde. So zog Schükri gewissermaßen zusammen mit dem Burnus auch die moralische Entrüstung des Wüstenmannes aus, stellte sich vielmehr sehr freundschaftlich zu dem kleinen armenischen Levantiner.
Artin hatte ihm zwar gesagt, er werde sich sofort mit Monsieur Legrand, dem Geschäftsfreund des Freundes von Abdallah, in Verbindung setzen, aber das wußte Schükri äußerst geschickt hinauszuschie-

ben. Als sie den Wagen verlassen hatten, verfolgt von einigen wenig schmeichelhaften Bemerkungen seitens des Chauffeurs, der auf einen Bakschisch gerechnet hatte und keinen bekam, über ihre Herkunft, ihren Stammbaum und jene Stelle, wo sie einstmals enden würden, legte Schükri seinen Arm in den des Armeniers und sagte, große Zufriedenheit zur Schau tragend:

»Ah, Monsieur, wie freue ich mich, in der Stadt zu sein! Sie glauben nicht, wie ich unter dem Leben in der Wüste leide. Ich muß Sie auch noch bitten, zu entschuldigen, daß ich so unfreundlich zu Ihnen war im Lager. Ich mußte es sein, ja, es noch ganz besonders stark zeigen, um keinen Verdacht bei dem Chef zu erregen, denn er kann sehr unangenehm werden, wenn er annimmt, man sei ihm nicht ganz gehorsam. Auch im Wagen konnte ich mich noch nicht anders verhalten, denn sogar dieser fluchende Fahrer hätte uns noch verraten können. Monsieur verzeiht mir und erweist mir die Ehre, sein Mitarbeiter zu sein?«

Mikuniyan, der allerlei gewohnt war in Hinsicht auf Betrug, Verstellung und Heuchelei, sah den Araber doch erstaunt an, antwortete aber sofort zustimmend; seine Tüchtigkeit in Geschäften bestand hauptsächlich in seiner blitzartigen Schnelligkeit der Umstellung und dem entsprechenden Erfassen einer neuen Gelegenheit. Jetzt bemerkte er lächelnd, wobei seine tabakfarbenen Zähne geradezu erschreckend anzusehen waren: »Aber wie denn nicht, Monsieur! Niemand versteht besser als ich die unangenehme Lage, in die man versetzt werden kann, wenn man einem Chef zu Gefallen sein muß. Reden wir nicht mehr davon. Wo sehen wir uns wieder? Ich will jetzt zu Monsieur Legrand geben, um mit ihm alles zu besprechen.«

Schükri drückte den Arm, den er noch immer hielt, fest an sich und sagte beschwörend: »Ich bitte Sie, Monsieur, tun Sie das nicht, ehe wir uns nicht verstanden haben. Was macht eine Stunde mehr oder weniger aus? Kommen Sie erst mit mir in ein Café, und ich werde mir erlauben, Ihnen einige Gedanken darzulegen, die mir auf der Fahrt gekommen sind. Wollen Sie, Monsieur? Ich trage Ihnen gern Ihr Köfferchen. Hier gleich links. Es wird Ihnen gefallen, man kann auch ein schönes Spiel dort machen.«

So umschmeichelt und andauernd mit der Anrede »Monsieur« beehrt, gab Artin nach und ließ sich zu dem Café führen.

Schükri bestellte mit großer Geste Kaffee, Raki und schwarze Oliven

und erklärte dem angenehm überraschten Armenier, er sei ein Gast und bleibe es auch für die Zeit, da sie hier in Damaskus zusammenblieben: »Denn ich muß doch meine Unhöflichkeit im Lager wiedergutmachen, Monsieur.« Nunmehr war Mikuniyan aber bereits sehr gespannt, welche Art von Zusammenarbeit der Araber denn anstrebe. Was mochte das sein, das er solcher Ausgaben für wert hielt. Er hatte nicht lange zu warten auf die Erklärung. Kaum hatte der des Alkohols ungewohnte Muslim die stark milchige Flüssigkeit geleert, die der Raki mit Wasser bildete, als er schon vertraulich wurde, ganz nahe rückte, und flüsternd begann:
»Sie müssen verstehen, lieber Freund, die Sache um dieses Pferd Catoul bietet allerlei Schwierigkeiten, die so leicht nicht zu überwinden sind. Auch darf ich Ihnen anvertrauen, daß selbst die hohe, von Ihnen den Djebelli als Entgelt für ihre Mithilfe gebotene Summe kaum Lokkung genug wäre. Denn warum? Die Verachtung, die dem ganzen Stamm entgegengebracht wird für einen Pferdediebstahl solchen Ausmaßes, würde die größten Unbequemlichkeiten zur Folge haben und kaum zu bezahlen sein. Also ...«
»Nun denn, was also?« fragte Artin gespannt, als Schükri stockte.
»Ja, also habe ich mir gedacht – ich mache die Sache allein! Will sagen mit Ihnen und Abdallah Bey. Der Stamm bleibt verschont, und ich, nun, ich könnte ja später schließlich nach Marseille oder Paris fahren und dort ein menschenwürdiges Dasein führen mit all dem Gelde. Was meinen sie dazu, Monsieur?«
Artin war an vieles gewöhnt, aber diese beispiellose Frechheit überstieg ihm doch alles Dagewesene. Gänzlich aus der Fassung gebracht, starrte er den jungen Araber an und stotterte endlich: »... Aber, aber wie könnten Sie denn das alles allein machen? Unmöglich, mon cher!«
Schükri lachte auf und dachte dabei bei sich, wie dumm doch diese Ferenghi alle waren, auch wenn sie so gerissen zu sein schienen wie der verschlagene kleine Armenier. Lachend sagte er: »Warum unmöglich? Man muß nur an der schwächsten Stelle beginnen. Auch der schwerste Fels läßt sich bewegen, wenn die Hebelkraft richtig angesetzt wird. Sagen Sie mir erst, wie hoch würde mein Anteil an der genannten Summe sein, wenn ich, ich allein, Ihnen das Pferd verschaffe, innerhalb von zehn Tagen etwa? Wie hoch? Sagen Sie!«
Schnell überschlug sich Artin die Teilungsmöglichkeit der in Frage

stehenden Summe, denn es war ihm nunmehr klargeworden, daß bei dem Vorschlag des Arabers auch er, Artin, wesentlich mehr verdienen würde, als ihm bisher versprochen worden war. Hastig sagte er: »Ein Viertel für mich, zwei für Sie. Ist's recht?«

»Und für wen das vierte Viertel?« fragte mißtrauisch Schükri.

Artin lächelte, sagte leise und vertraulich: »Das müssen wir vorläufig noch in Reserve halten, cher ami, denn wir werden viele Gelder für Bakschisch brauchen, ganz gleich, wie Sie es zu machen gedenken. Doch darüber später. Jetzt nennen Sie mir Ihren Plan.«

Kurz nur war das Zögern des Arabers, dann sagte er sich, bei solchen Abmachungen sei stets ein Risiko mit in Kauf zu nehmen, und schließlich konnte man, wenn es nötig würde, allerlei scharfe Druckmittel gebrauchen. So entschloß er sich, Antwort zu geben; er zündete sich eine neu gedrehte Zigarette an und sagte lässig:

»Das Ganze ist lächerlich einfach. Sie wissen doch, daß die Beni Hussein einen Bettlerjungen aus Beirut bei sich haben?«

Erstaunt sah ihn Artin an. »Das weiß ich. Was geht das uns an?«

»Sie wissen also nicht, daß der Bettlerjunge inzwischen der Liebling des alten Scheichs geworden ist und in unmittelbarer Nähe des Pferdes Catoul seine Schlafstelle hat?«

»Nein, das wußte ich nicht, und es interessiert mich auch nicht. Woher sind denn Sie so genau im Bilde? Ich dachte, Ihr Stamm hat mit dem anderen keine Verbindung?«

Mit deutlichem Ausdruck des Mitleids für seine geringe Denkfähigkeit sah Schükri den Armenier an.

»Es ist doch selbstverständlich, daß wir alles von den Beni Hussein wissen müssen, eben weil sie unsere Feinde sind. Wie sollten wir uns sonst vor ihnen schützen können? Wir haben zwei junge Kundschafter, die nichts anderes tun, als für uns alles zu erforschen, was drüben bei den Beni geschieht. Und daher wissen wir auch dieses.«

»Gut, das verstehe ich. Aber was geht das mich an?«

»Monsieur, Monsieur, bedenken Sie doch! Ein Bettlerjunge aus dem Hafen von Beirut, eine Verworfenheit der Straße, ein Auswurf der Menschheit! Und wird plötzlich in das Leben der reichen Beni versetzt, schläft im Vorraum des Scheichs nahe bei Catoul – welche Gelegenheit für uns, Monsieur!«

»Sie meinen – er könnte ...? Aber wie an ihn gelangen, ohne uns zu verraten? Wie alt ist denn dieser Junge? Ich sah ihn nur flüchtig, als er

im Hause von Abdallah war, es muß wohl der gleiche sein.«
Nun wurde Schükri neugierig und ließ sich das damalige Geschehen auf das genaueste berichten. Bewundernd rief er aus:
»Maschallah, welch ein geschickter Junge! Ohnmacht, Genesung, Einschleichen und das Zeichen auf der Brust, wohl auch künstlich hergestellt, nehme ich an, ai! ai! Welch ein Knabe! Er ist unsere Möglichkeit, und ich bin nun noch sicherer als vorher, daß uns alles gelingen wird. Hören Sie, Monsieur, wie ich es mir erdachte: Ich fahre mit Ihnen nach Beirut und suche im Hafen unter dem dortigen Auswurf einen, der diesen neuen Liebling der Beni kennt. Ihm werde ich dann schon klarzumachen wissen, was er zu tun hat, und ich bringe ihn dann hierher zurück. Danach richten wir es ein, daß er bei den Beni auftaucht als Armer, Elender und die Hilfe seines früheren Gefährten erfleht. Der wird darauf sogleich verstehen, worum es geht, und sich gerne an dem Plan beteiligen, zumal er ja nach allem, was Sie erzählen, ein Meister der Verstellung sein muß. Auf diese Weise bekommen wir das Pferd, nur so! Was sagen Sie, mon ami, ist das ein Plan? He?«
Wirklich sah Artin mit ehrlicher Bewunderung auf den Araber, und das hatte die kleine Hafenratte bisher noch nie getan, war sich vielmehr immer als der Klügste und Überlegene vorgekommen.
»Das ist wirklich ein großartiger Plan«, rief er ganz begeistert aus. »Wir werden auf diese Art auch schnell zum Ziel gelangen. Wissen Sie was, mon ami? Ich fahre mit Ihnen nach Beirut gleich in der Frühe und werde Abdallah Bey so bearbeiten, daß er uns die Summe übergibt. Sie müssen dort dann später als Abgesandter der Djebelli auftreten, und auf diese Art haben wir die Sache ganz allein in der Hand. Einverstanden?«
Nun war es an Schükri, begeistert zu sein, und es wurde beschlossen, die neue Freundschaft durch einen festlichen Abschluß des Tages zu feiern.
Am nächsten Morgen fuhren die beiden wie vereinbart nach Beirut, und Schükri erklärte, zum Hafen gehen zu wollen, um den Versuch zu machen, schon jetzt einen für seinen Plan geeigneten Buben zu entdecken. Falls er zur Nacht nicht zurückkehre, fügte er hinzu, solle sich der »cher ami« keine Gedanken machen; er werde schon rechtzeitig wieder zur Stelle sein, eile es ihm doch mehr als er sagen könne, die ganze Sache bald erledigt zu wissen.
So kam es, daß zu einer Stunde, als das Hafenleben schon erloschen

war, nur einige Matrosen von ihren Schiffen an Land ruderten, um noch etwas in der Stadt spazierenzugehen, ein Mann dahergeschlendert kam, der über der europäischen Kleidung einen dunklen Burnus trug, dessen Kapuze den Tarbusch verbarg. Er bildete so eine völlig unauffällige Erscheinung, die zudem ohne jedes Interesse für jenes Gesindel war, das noch herumhockte, ein kleines Spiel mit den Topuk, den Knöchelchen, wagend, ehe sie ihre Schlafstellen in Torbögen oder verfallenen Häusern weiter draußen, im Armenviertel, aufsuchten.

Schükri blieb hie und da neben den Spielenden stehen, und es zuckte ihm in den Fingern, mitzumachen, war es ihm doch als Knabe das schönste Vergnügen gewesen, mit den Knöchelchen zu würfeln und zu wetten. Aber niemand sprach zu ihm, und auch er blieb still. Er wußte nicht so recht, wie er zu seinem Ziel gelangen sollte.

Da kam ihm ein Zufall zu Hilfe. Wieder stand er bei einer der kleinen Gruppen, die mit Leidenschaft warfen, zählten, riefen, wieder warfen, wieder zählten, und plötzlich erhob sich aus der Mitte der Knaben hoch und leidenschaftlich ein Schrei: »Omer betrügt, laßt Omer nicht fort!«

Im nächsten Augenblick mußte es nun geschehen, dachte Schükri, daß einer der Knaben fliehend davonlief, als habe ihn der Wind fortgeblasen. Doch er irrte sich; ein Knabe stand ruhig auf, leerte den Beutel aus, den er im Hosenbund eingeklemmt hatte, schüttelte den Inhalt mit einer wegwerfenden Gebärde auf den Boden zwischen die anderen Knaben aus, und einige Kupfermünzen fielen herab. Der stehende Knabe machte eine verächtliche Gebärde, wandte sich schweigend ab und ging, ohne sich weiter um die Gefährten und ihr Durcheinanderrufen zu kümmern, seiner Wege.

»Der ist es!« schoß es Schükri durch den Sinn, und er machte sich daran, dem Fortgehenden zu folgen. Dieser kümmerte sich scheinbar gar nicht um den, dessen Schritte er zweifellos hinter sich hörte, ging um den nächsten Haufen aufgestapelter Ölfässer herum, blieb stehen, ließ den Mann herankommen, lächelte, öffnete den Mund und spuckte eine Handvoll Silbermünzen in die vorgehaltene Hand. »Wie sind sie leicht zu täuschen!« sagte er halblaut und lachte ein wenig. »Du wolltest etwas von mir, Herr? Welche Art Dienstleistung suchst du zu so später Stunde?«

Schükri war nicht leicht in Erstaunen zu versetzen, aber jetzt stand er

doch reglos und sah diesen jungen Betrüger bewundernd an. Darum also das schweigende Davongehen, das so viel »Würde« zu verraten schien, darum das stumme Opfern der Kupfermünzen, weil der lügnerische Mund voll von Silber war! Ja, das war der Knabe, nur dieser hier würde das leisten, was von ihm erwartet wurde.
»Komme mit mir, Omer, setzen wir uns an irgendeiner Stelle nieder, wo man uns nicht hören kann! Führe mich du.«
Der Knabe wandte sich ohne ein Wort ab, ging einige Schritte, kam zur niederen Mauer, die eine schmale Hafennebenstelle einsäumte, zeigte darauf, sagte halblaut: »Hier hört uns niemand, Herr«, setzte sich und wartete wieder schweigend, bis ihm gesagt werden würde, was man von ihm wollte. Aber schon der Anfang dessen, was der Mann im Burnus vorbrachte, setzte Omer in Erstaunen.
»Du kennst einen Knaben, der hier am Hafen lebte, names Saïd?«
Omer richtete sich auf, sah unter halbgeschlossenen Lidern hervor den Mann an. »Ich kenne, nein, ich kannte diesen Heuchler, diesen elenden Lügner, der frommer tat als ein Mewlewi. Was ist mit ihm?«
»Es gilt, ihm einen Streich zu spielen, und dieser Streich wird gut bezahlt.« Der Knabe Omer zeigte jetzt Aufmerksamkeit.
»So starb der Elende nicht? Als ich ihn zuletzt sah, kroch er wie ein Hund im Staube! Recht geschah ihm.«
Schükri sah auf den schlanken Knaben neben sich, in dessen jungem Sinn soviel Bosheit steckte, und war ein wenig verwundert; aber er ließ nichts davon merken, sagte vielmehr ruhig und gelassen: »Er starb nicht. Er fand reiche Freunde und lebt fast als ein großer Herr in der Wüste. Ich will dich dorthin bringen, Omer, und du sollst ihn für viel Geld, das dir dann gehört, dazu verleiten, ein Pferd zu stehlen. Willst du?«
Nun geschah etwas Merkwürdiges: Der Knabe, der jeder Art von unsauberen Tat fraglos zugestimmt hätte, dieser arabische Betteljunge niederster Art, stand plötzlich aufrecht da, sagte entsetzt: »Ein Pferd stehlen? Aman, Efendi, das ist schlimmer als Mord!«
Lange dauerte es dann, bis es Schükri gelang, eine scheinbar wahrheitsgetreue Geschichte zu erzählen, wonach ihm das Pferd gehöre und daß es nur darum ginge, es zurückzuholen von denen, die es zuerst gestohlen hatten.
»Und das sind die Leute, bei denen Saïd ist? Und er würde zulassen, daß das Pferd wieder zu dir zurückgelangte, Herr?«

»Er am meisten, Omer, hat er doch das Pferd auch zu hüten.«
Eine kleine Weile noch schwieg Omer, sah vor sich hin, schien das Für und Wider zu überlegen. Endlich hob er den Blick, fragte: »Wieviel gibst du mir dafür?« Schükri nannte eine Summe, die er für sehr hoch hielt, angesichts des nackten Buben in seinem schäbigen Hüfttuch vor ihm. Aber Omer schüttelte den Kopf.
»Zuwenig, Herr, viel zu wenig. Bedenke, du mußt mir den Makel bezahlen, der an mir haften wird, den Makel des Pferdediebes. Ich kann nicht jedem, der mich dann anspuckt, erzählen, wie es sich in Wahrheit verhielt. Ich bin gezeichnet für immer. Das verlangt eine Summe, die es mir erlaubt, von hier fortzuziehen und in ein Land zu reisen, wo man nichts weiß von dieser meiner Schande. So muß ich nach Ferenghistan. Das Doppelte, Herr, und ich tue es!«
Schükri blieb nur übrig zuzustimmen, und so wurde ein Bund geschlossen zwischen zweien, die sich zwar nicht ebenbürtig waren, da der eine von hoher, der andere von niederer Geburt, aber beide dennoch schon Linkshänder waren, obgleich sie die rechte Hand noch besaßen.

6

Saïd war ein guter Schwimmer wie alle Knaben, die unmittelbar am Meer aufwachsen und um die Dampfer herumschwimmen und wendig wie die Tümmler nach Münzen tauchen, die ihnen von den lachenden Reisenden zugeworfen werden. Jetzt, da er in der Wüste lebte, erinnerte er sich oft an das Hochgefühl, das ihn durchströmte, wenn er dann hochkam und die Lungen wieder mit der guten, der köstlich warmen Himmelsluft füllte. Leben, helles frohes Leben, ich atme dich ein! So etwa klang es dann in ihm. Und jetzt? Fast zuviel war es dieses hellen, frohen Lebens, das er einatmete. Denn noch hatte er das gewaltige Wunder nicht zu fassen vermocht: Er hatte eine Mutter! Das war so ungeheuerlich, daß man Tage brauchte, ehe man sich nur an den Gedanken gewöhnen konnte. Er hatte ein Heim, einen schönen alten Mann, der zu ihm »mein Sohn« sagte, einen anderen, den immer noch Geliebtesten Hilel, der ihn »kleiner Bruder« nannte, und eine Mutter, unter deren blauem Schleier alle Wunderblumen blühten.

Der kleine Knabe, der noch niemals in seinem Leben eine Zärtlichkeit erfahren hatte, auch jetzt nicht vom Scheich oder Hilel, entdeckte eine ganz neue Welt unter diesem kleinen Schleier. Da klang eine tiefe warme Stimme, die unvorstellbar schöne Namen für ihn wußte; da neigte sich ein weicher Mund auf sein Gesicht, und Saïd erlebte, was es ist, einen Kuß von der Mutter zu bekommen. Da strich eine schmale Hand über seinen Kopf, und Lippen murmelten etwas von goldenen Haaren. Und ach, wie es duftete unter diesem blauen Schleier! Nun ja, Wunderblumen! Völlig verwirrt, ganz verstummt war der sonst so gesprächige Saïd, tief in sich versonnen. Wie von Glück umflutet, konnte er lange regungslos sitzen und sich so stark leben fühlen, daß es ihn fast schmerzte. Saß er so still in ihrer Nähe, fragte Sadlyn nicht, was ihm sei, wußte sie doch selbst kaum den Strom des Glückes in sich zu dämmen.

Der Scheich hatte ihr ein kleines Zelt in der Nähe dessen, wo Saïd wohnte, errichten lassen, hatte ihr eine Dienerin beigestellt und sie als seinen Gast erklärt. Die mißachtete Frau, die ihrer Sinne nicht ganz mächtig gewesen war, verschwand völlig, und an ihrer Stelle gab es eine stolze, stille Herrin, von deren einst so traurigen Zügen das Lächeln niemals ganz wich und die in ruhiger Haltung die zahlreichen Besuche der anderen Frauen empfing, die alle nun plötzlich erklärten, sie stets geliebt zu haben. Sie saß dann am Boden und hatte vor sich ein goldfarbenes Schleiergewebe ausgespannt zwischen niederen Holzpflöcken; neben ihr und um sie war es bunt von Seidenfäden, Goldgespinst und leichten Wollen, mit denen Sadlyn unermüdlich in das Schleiergewebe Blumen und Blüten einstickte, die sich zwischen Geäst hindruchrankten. Das fertige Gewebe sollte eine Gabe für den Scheich sein und an eine der Zeltwände das Blühen und Sprießen zaubern, das es hier in der so geliebten Wüste nicht gab.

Es war eine Zeit des stillen Glücks und der Herzensfreude für alle; der einzige, der nicht ganz daran teilnahm, war Hilel, der sich beiseite geschoben glaubte und nicht wußte, daß Saïd ihm unveränderlich und innig ergeben blieb, was Seltsames ihm auch begegnen mochte.

Zwei Wochen dieses ungetrübten Glückes wurden denen zuteil, die um Saïd herum waren. Dann geschah es. Die Morgenritte mit Ferid waren stets die gleichen geblieben, und wenn die zwei Reiter an die Stelle am Euphrat kamen, wo Saïd den blauen Schleier zum ersten Male wehen sah, dann waren seine Fragen an Ferid unermüdlich, und

sein »Weißt du noch« riß nicht ab.
Jetzt hatte der Scheich Sadlyn das Wasserholen verboten, fürchtete er doch für sie immer noch eine irgendwie geartete Verfolgung, die dann auch Saïd treffen könnte, seitens des Stammes, dem jener Galyb angehört hatte.
So ritten an diesem Tage, der drückend und drohend wirkte, als sei ein Shimoum nicht allzu fern, Ferid und sein Reitschüler wieder in Richtung auf den Euphrat zu, an dessen kühlen Ufern es jetzt eben besonders erfreulich sein mußte. Sie bemerkten zwar in der Ferne einen jener großen Raupenschlepper, die von den Veranstaltern von Rundreisen für Fremde gemietet wurden; doch hatten sie das schon oft gesehen und immer ein nahes Begegnen vermieden. Ihnen war der Einbruch der Ferenghis in ihre Wüstenfestung verhaßt.
Auch dieses Mal wollten die beiden einen weiten Bogen schlagen und dann zurückkehren zum Lager, als der Raupenschlepper sich in einer eigenartigen Weise zur Seite schob, ein wenig auch zu schwanken schien und mit einem Ruck hielt. Im nächsten Augenblick flog etwas wie ein Bündel aus dem breiten und geräumigen Führersitz heraus, und in der Wüstenstille, die nicht mehr vom lauten Motorklopfen des schweren Wagens gestört wurde, hörten die beiden Reiter deutlich die wütenden Schimpfworte des Fahrers, der sich von seinem Sitz aus durch die halbgeöffnete Tür vorbeugte und auf das Bündel im Sande hinfluchte:
»Du elendes Gebilde aus Dreck und Verworfenheit, du, dessen Vater ein Hund war und die Mutter eine Ratte, wie konntest du es wagen, dich hier unter meinem Sitz zu verbergen? Liege nun dort im Sande und sieh zu, wie du dich aus dieser Verlassenheit rettest, du Dieb und Betrüger!«
Wenn auch ein jeder Araber an die Verfluchungen und Verwünschungen gewöhnt ist, die sich immer auf die gesamten Vorfahren in bilderreicher Sprache erstreckten, so waren Ferid und Saïd doch entsetzt über die Härte und Grausamkeit des Fahrers. Wie sollten sie ahnen, daß der brave und gutmütige Ibrahim reichlich bezahlt worden war, um den kleinen Mitreisenden gerade hier aus dem Wagen zu werfen, ehe er wieder nach Damaskus zurückfuhr, und ihn dabei mit Flüchen zu bedenken. Es war Ibrahim aufgetragen worden, genau auf die beiden Reiter zu achten, die um diese Morgenstunde sich dem Euphrat zu nähern pflegten, und er hatte im Hinblick auf die gute Bezahlung

dafür seine Abfahrt aus Damaskus um zwei Stunden früher angesetzt.
Daß die Pläne unguter Menschen nicht immer ins Böse umschlagen müssen, mag daraus ersichtlich werden, daß der Raupenschlepper des Ibrahim mit seinen Gästen infolge der Vorverlegung noch rechtzeitig vor dem Ausbruch des Shimoum nach Damas zurückkehrte.
Indessen aber lag da nun das kleine Bündel Mensch im Wüstensande, hielt die Arme um den Kopf verschlungen und schien bitterlich zu weinen. Sein Schluchzen war deutlich zu vernehmen, sowie sich der Raupenschlepper etwas entfernt hatte.
Es ist eine Frage, ob dieser Kunstgriff des Schluchzens besonders glücklich war, denn die Beherrschung des Orientalen pflegt sich auch solchen Peinlichkeiten gegenüber zu behaupten, wie es beispielsweise ein Sturz in den weichen Wüstensand bedeutet. Fest steht, daß sowohl Ferid wie Saïd von diesem Schluchzen ebenso unangenehm berührt wurden, wie sie sonst Mitleid empfanden mit dem kleinen, so heftig verfluchten Bündel im Sande.
Wie dem auch sei, sie ritten beide, ohne sich zu besinnen, auf das schluchzende Bündel zu, und Saïd war mit seiner üblichen gleitenden Geschwindigkeit vom Pferde heruntergesprungen und schon am Boden neben dem Weinenden, der immer noch die Arme um den Kopf geschlungen hatte.
Von weitem, in einem der hohen Bäume des Libanon, richtete sich ein ausgezeichnetes Fernrohr, eines der teuersten und besten Geräte dieser Art, auf das Geschehen im Sande, und der Mann, der das Auge am Okular hatte, berichtete seinem neben ihm am Boden der kleinen Erhöhung hockenden Gefährten: »Es ist gelungen. Sie haben ihn mitgenommen. Bleibe du und beobachte weiter, ich gehe, es Schükri zu melden.«
Es versteht sich von selbst, daß der junge Djebelli inzwischen zum Lager zurückgekehrt war und einen Bericht erstattet hatte, der tiefe Befriedigung auslöste. Er stand nun in so hoher Gunst beim Djebelli el Djebel, daß er freie Hand zu handeln bekam. Niemand ist leichter zu betrügen als einer, der sich für überklug hält, gleich Ali Muled.
Indessen hatte Ferid den fremden Knaben auf sein Pferd gehoben, und bei dieser Gelegenheit schien dieser zum ersten Male des reglos danebenstehenden Saïd ansichtig zu werden. Mit einem gutgespielten Aufschrei rief er jetzt: »Yah Allah, welch ein glückseliges Kismet, dies

ist mein Bruder Saïd! Mein Bruder, sei gegrüßt, und sei Allah gedankt, der mich aus dieser Verlassenheit errettete und zu dir brachte. Willst du mich nicht begrüßen, Saïd? Kennst du Omer nicht mehr?«
Und zwei kleine schmutzige Hände streckten sich Saïd entgegen. Der wich einen leisen Schritt zurück, so daß die ausgestreckten Hände ihn nicht erreichten, und sagte mit flacher, halblauter Stimme: »Ich kenne dich, Omer.«
Ferid blickte erstaunt von einem zum anderen der Knaben, fragte unsicher: »So kennst du ihn wirklich, Saïd? Wir nehmen ihn mit, ist es nicht so? In der Wüste läßt man keinen einsam verkommen. Nochmals, ist es nicht so?«
Saïd, der alle ihm gewohnte Freudigkeit verloren zu haben schien, sagte leise: »So ist es; nimm ihn zu dir, Ferid, und reiten wir heim.«
Omer konnte sich nicht enthalten, giftig zu sagen: »So fein bist du geworden, Saïd, gekleidet wie ein Bey bist du und willst alte Freunde nicht mehr kennen? Ein Beni Hussein bist du geworden, heißt es; ist es so, daß sie handeln, diese Beni? Sage, Saïd?«
»Schweig jetzt du, wer du auch seist«, sagte Ferid streng zu Omer und blickte forschend zu dem Knaben auf dem Pferd neben sich, den er bisher nur lachend und froh kannte und der nun stumm und bedrückt daherritt, Omer schwieg auch, denn er sah ein, daß er, von seinem Haß verleitet, nicht klug gesprochen hatte. Nahe dem Lager ließ Saïd sein Pferd allein voranlaufen, sprang schnell am Zelte des Catoul ab, rief angstvoll: »Hassan, Hassan, wo bist du?«
Von dem Tone dieses Rufes erschreckt, kam Hassan sogleich herbeigelaufen, beugte sich zu Saïd nieder, sagte besorgt: »Was ist geschehen, kleiner Bruder? Tat dir jemand etwas?« Saïd griff nach des Dieners Hand und zog ihn mit sich in das Dämmerlicht von Catouls Stall.
»Hier hört uns niemand, Hassan; vernimm, was geschehen ist: Der böseste, der schlechteste der Knaben des Hafens, er, der ein Betrüger, ein Verräter, ein Lügner ist, Omer, der vielfach zu Verabscheuende, ist hier! Ferid bringt ihn. Eile hinaus und richte es so ein, daß er bei den Dienern, weit entfernt von uns, untergebracht wird! Ich will ihn nicht sehen, nie mehr!«
Hassan hockte sich nieder, umschloß den Knaben, der vor Erregung bebte, mit seinen Armen und sagte ernst: »Kleiner Bruder, entscheide niemals in Zorn oder Furcht oder Abscheu, es ist immer falsch. Ver-

giß nicht: Hast du einen Feind in der Nähe, so lasse ihn ganz nahe bei dir sein, immer unter deinen Augen. Auf diese Art kannst du seine Absichten erkennen und sie am Ende abwehren. Also nicht diesen bösen Knaben fortweisen, vielmehr ihn nahe halten. Aber es wird am klügsten sein, wir gehen zum Herrn Hilel, der weiß immer den besten Rat.«

»O ja, zu Hilel!« sagte Saïd ganz befreit, und sie machten sich sogleich auf den kurzen Weg. Schon war man im Lager damit beschäftigt, die Zeltstreben zu befestigen, um sich gegen den drohenden Shimoum zu sichern. Auch eine Kamelkarawane, die sich auf dem Wege von Medjadin nach Damaskus befand, war von ihrem Wege abgewichen und hatte Zuflucht zwischen den Zelten gesucht. Das Schreien der Kamele, die immer schon lange vorher das Kommen des Shimoums wissen, der starke Geruch, den sie ausströmen und den jeder Wüstensohn kennt und liebt, wandelten die stille Zeltstadt der Beni Hussein zu einem Lager, das den Anschein erweckte, soeben erst aufgeschlagen worden zu sein. Mühsam suchten sich Hassan und Saïd den Weg zwischen den Kamelen hindurch und vermieden sorgfältig ihnen nahe zu kommen, denn sie wußten nur zu gut, wie erregbar Kamele bei nahendem Shimoum sind und wie schmerzhaft ihr schnell zuschnappender Biß sein kann.

Von weitem schon sahen sie Hilel am Eingang seines Zeltes stehen; er schien der zahlreich in seiner Nähe befindlichen Dienerschaft Anweisungen zu geben wegen des Lagerns der Karawane. Zwar blickte er scheinbar gar nicht in Richtung des Knaben und seines Dieners hin, aber als Saïd in Reichweite war, streckte er die Hand aus, und des Knaben feste Finger legten sich beruhigt zwischen die seinen. Es dauerte ein Weilchen, bis Ruhe eingetreten war, dann beugte sich Hilel nieder und fragte:

»Du hast irgend etwas erlebt, Saïd? Deine Finger sind unruhig, will mir scheinen. Komm, sage mir alles. Komm mit uns, Hassan.«

Hassan lächelte, denn die Güte, die Hilel ihm bewiesen hatte, seit damals, als sie sich vor dem Tore von Abdallahs Konak trafen, beglückte ihn immer wieder aufs neue, und es war um dieser nie versagenden Güte Hilels willen, daß er Saïd ein treuer Diener wurde.

»Lasse dich nieder, Hassan«, sagte Hilel mit einer einladenden Gebärde, »und du, Saïd, komm zu mir und berichte mir, was geschah?«

Saïd stellte sich zwischen die Knie des am Boden auf seinen Fersen

sitzenden Hilel, lehnte sich an dessen Schulter, und so, aus tiefster Geborgenheit heraus, erzählte er eifrig: »Herr, als wir ritten, Ferid und ich, wurde aus einem Raupenschlepper in unserer Nähe ...«
Hilel unterbrach: »In eurer Nähe? Warum wart ihr auf dem Wege des Raupenschleppers? Das ist den Pferden nicht zuträglich, es erschreckt sie. Ferid sollte das wissen.«
»Vergib, Herr, so war es nicht; der Raupenschlepper wandte sich von seinem Wege und drehte ein wenig auf uns zu, so daß wir Mühe hatten, weit genug zurückzuweichen. Dann öffnete sich der Fahrersitz, und aus ihm wurde ein Bündel geworfen, ein Knabe, der mit vielen Flüchen bedacht wurde und liegengelassen. Der große Wagen fuhr weiter und wir ...«
»Halte ein, Saïd, darüber muß ich auch Ferid befragen ... Hole ihn, Hassan.«
Hassan entfernte sich stumm und eilend. Hilel sah dem Knaben, der sich bei ihm anlehnte, in die Augen, fragte leise und, da sie nun allein waren, einen warmen Ton anschlagend: »Sage mir, mein Saïd, was ist es, das dich an diesem Geschehen so erregt? Sage es mir, nun wir allein sind, willst du?«
Und er strich weich über das kupferglänzende Haar des Knaben, den er liebte. Saïd haschte nach der liebkosenden Hand, legte seine Wange daran und sagte stockend, noch immer zutiefst aufgewühlt: »Herr, den sie da herauswarfen, das war Omer; ich kannte ihn, denn er war einer der Knaben am Hafen. Viele waren dort diebisch, und sie haben auch oftmals gelogen, um sich etwas zu verdienen – aber dieser Omer, Herr, er war der wirkliche Böse, der Heuchlerische, der alle anderen Knaben bestahl und mit den Tupak, den Knöcheln, beim Spiel betrog und auch dem, der noch nichts verdient hatte, an einem solchen Tag alles abnahm, was er von früher noch besaß. Ich habe mich vor Omer gefürchtet, Herr, und er, wo immer er meiner habhaft werden konnte, stach mich hinterrücks mit einem spitzen Nagel, den er nur dafür bei sich trug. Und jetzt ist er hier. Und er tut, als freute er sich, aber er schimpfte zugleich auf mich. Warum wurde er aus diesem Wagen in unsrer Nähe herabgeworfen, Herr?«
Mit gläubigem Vertrauen sah Saïd zu Hilel auf, und dieser strich ihm gedankenvoll immer noch über das Haar und murmelte dabei: »Ja warum? Suchen wir. Du hast recht, Saïd, man muß zu verstehen suchen. Kommt näher, ihr zwei, komm, Hassan, komm, Ferid, laßt euch

beide nieder, raucht, ich bitte euch, und ich werde Kaweh kommen lassen.«
Hilel schlug in die Hände, ein Diener kam sogleich. Kurz nur befahl Hilel: »Kaweh, und schnell.«
Dann wandte er sich wieder den beiden Männern zu, die inzwischen einen Blick gewechselt hatten, der in Worte gefaßt etwa besagt hätte: »Welch ein Mann!« Denn wenn auch die Gleichheit aller unter dem Gesetz des Propheten ein Gebot ist, so ist es doch nicht ein jeder, der seine Diener als geehrte Gäste behandelt, wie es hier geschah. Hilel und die zwei Männer rauchten schweigend ihre geschickt gedrehten Zigaretten, bis der Kaweh in seinen winzigen Täßchen gebracht worden war, genossen dann stumm den heißen starken Trank, und endlich sagte Hilel: »Nun berichte du mir, Ferid, was es mit diesem seltsamen Geschehen auf sich hat, davon mir Saïd erzählte. Sprich, ich höre.«
Ferid ließ seine Zigarette in dem Satz des Kawehs verzischen, grüßte schnell und sagte: »Herr, es ist in Wahrheit ein seltsames Geschehen. Etwas muß daran ganz verkehrt sein, ich meine so, daß das Unterste zuoberst dabei gekehrt wurde. Denn ich habe mich besonnen und habe in meinem Gedächtnis nach dem Klang der Stimme des Mannes im Wagen gesucht – und ich fand sie, das war Ibrahim, Herr. Ich kenne ihn seit vielen Jahren, und ich weiß, er ist ein guter Mann, ein mildtätiger, ein gottesfürchtiger Mann. Ich habe es selbst erlebt, daß er einen jungen Fahrer schwer tadelte, weil dieser fluchte. Und jetzt soll ich glauben, daß dieser selbe Mann fähig ist, einen hilflosen Knaben unter bösen Flüchen mitten in der Wüste aus seinem Wagen herauszuwerfen? Ich glaube es nicht, Herr! Es steckt etwas dahinter. Auch gefällt mir dieser Omer nicht, ihm steht die Lüge auf der Stirn geschrieben. Und sieh nur, Herr, wie sich unser kleiner Bruder gewandelt hat, seit jener kam. Ihm verstummte das Lachen.«
Hilel zog Saïd unwillkürlich näher an sich, denn er spürte eine Bedrohung gegen das von ihm geliebte Kind aus diesem plötzlichen Auftauchen des Hafenbettlers. Wieso kam der Fremde her? Für diesen Auswurf des Hafens von Beirut war es doch nahezu unmöglich, aus eigenem die weite Reise zu machen und es dann zu wagen, sich hier zu zeigen. Es sei denn – ja, es sei denn ... Die zwei Männer hatten den Gebieter scharf beobachtet, denn sie wollten von seinen Zügen ablesen, was er in dieser eigenartigen Lage zu tun gedenke; als

nun die Gedankenkette abgeschlossen war, bemerkten es die zwei, und sie beugten sich vor, sagten nahezu gleichzeitig: »Nun, Herr?«
Hilel neigte sich ihnen entgegen, warf in die wartenden Blicke, die fragenden Gesichter hinein nur ein einziges Wort: »Catoul!« Die beiden Männer fuhren auf; Saïd, im Arme Hilels, sprang rückwärts, stand vor Hilel, bebte am ganzen Körper, rief: »Um Catoul?!«
»Komm wieder her, Saïd, hör zu; ich werde versuchen zu erklären, was ich meine. Aber erst sage mir, Ferid, wo ist jener Knabe jetzt? Wo hast du ihn gelassen?«
Ferid lächelte und sagte zufrieden: »Ich glaub nicht, daß er eben jetzt entkommen kann, Herr. Ich habe ihn den Pferdeknechten übergeben, und ich habe ihnen aufgetragen, ihn zu waschen und zu reiben, als sei er ein Tier, das sich im Schlamm gewälzt hatte. Auch solle man ihm die Haare scheren und den Kopf mit Teer einreiben, wegen der Läuse, vergib, Herr. Ich denke, für eine gute Stunde ist nichts von ihm zu befürchten, von dieser Hafenratte, der elenden.« Und wieder lächelte Ferid vor sich hin.
Über Hilels ernste Züge huschte auch ein Lächeln, dann stand er auf und sagte: »Trotzdem, gehen wir besser in den inneren Zeltraum, wo wir sicher sind, ungestört zu sein; kommt, meine Brüder, Saïd, komm.«
Und wieder griff Hilels Hand nach Saïds Fingern, um ihn auch auf diesem kurzen Wege sicher zu geleiten.
Es ist mit den Zelten der Wüstenbewohner, die ein stetes Lager haben, so, daß sie fester und sicherer sind als die meist leichtgebauten Holzhäuser des Orients, auch nach Belieben geräumig gestaltet werden können, kann man ihnen doch so viele Nebenräume anfügen als gerade erwünscht sind. Die Bedachung des Zeltes ist weit und breit, zwischen zehn Streben gespannt, nach außen von festem Sackleinen gebildet, innen aber, wie auch alle Wände der Zelte, mit Teppichen und Stickereien so dicht behängt, daß die Nachtkälte der Wüste nicht hindurchdringt. Der Boden ist mit leichten Brettern belegt, die wiederum mit Zeltwandstoff zuunterst bedeckt sind, darauf dann weiche, dicke Teppiche liegen. Niedere Kissen bilden Sitzplätze. Einen Vorraum hat das Zelt des Stammesgroßen, dann einen Hauptraum, und von diesem ausgehend sind Gänge angeschlossen, die zu den verschiedenen Gemächern führen, auch zu denen der Frauen, für die dann ein gesonderter Eingang vorgesehen ist.

Hilel nun führte die zwei Diener und den Knaben durch einen dieser Gänge zu seinem eigenen innersten Gemach. Er brauchte dabei die Frauengemächer nicht zu meiden, weil sein Zelt keine mehr enthielt, seit vor einem Jahre sein junges Weib dem kaum geborenen Kinde in den Tod nachfolgen mußte. In diesem seinem eigenen innersten Zeltraum fühlte Hilel sich vor Lauschern sicher, wußte er doch seine Diener ihm treu ergeben. Auch täuschte er sich darin nicht, denn wie die kleine Begebenheit um Ferid und Hassan von vorhin bewies, wußte er des einzelnen Selbstgefühl stets zu achten.
Hilel bot wieder den beiden Männern das Niedersitzen an, zog den Knaben neben sich herab und sagte ernsthaft und eindringlich: »Nun hört, was ich von dieser Sache denke: Es ist unmöglich, daß dieser Omer durch Zufall von Beirut hierher gekommen ist, stimmt ihr zu?«
»Völlig unmöglich, Herr«, sagte Ferid, der meist der schnellste mit der Zunge war, »du hast recht, es steckt mehr dahinter.«
»Gut, das also wissen wir. Ferid spricht von etwas, das dahintersteckt, ich aber meine: *Wer* steckt dahinter? Nur einer kann es sein, der weiß, daß Saïd diesen Omer kennt und daß Saïd sich hier in nächster Nähe des Catoul befindet. Demnach nur einer, der auf dem Umweg über Saïd Catouls habhaft werden will. Und wer sind sie, die seit langen Zeiten nach dem Besitz dieses unseres Stammestalismans streben, um uns zu verderben? Wer?«
Diesmal erfolgte die Antwort beider Männer zugleich und bestand nur aus einem Wort, zornig hervorgestoßen, doch mit leiser Stimme gesprochen, wie es der Mißachtung zukommt: »Djebelli«.
Saïd fuhr erschreckt zusammen beim Klang dieses ihm schon vertraut gewordenen Wortes einer schlechten Vorbedeutung, lehnte sich fester an Hilel und fragte leise: »Aber was können sie von Omer wissen? Was von mir?«
Da lächelten die beiden Diener, aber es war Hilel, der antwortete: »Von dir, mein Saïd, weiß in der Wüste jetzt ein jeder, denn bei uns reisen die Nachrichten schneller als über den Draht der Ferenghi. Und eben darum hat es jemand für wert gehalten, am Hafen von Beirut einen Knaben zu suchen, der Saïd kennt, hat sich dann den Plan erdacht, ihn hierher zu bringen zu einer Zeit, da es bekannt ist, daß Saïd und Ferid nahe am Euphrat reiten. Lange schon habe ich die Djebelli im Verdacht, daß sie einen Beobachtungsposten besitzen, von dem aus sie mit einem jener Fernsehgeräte, wie sie aus Marseille zu

uns gelangen, alles sehen, was wir tun. So weit, so gut. Hauptsache ist immer, sich ein Bild zu machen von dem, was der Feind beabsichtigt, dann hat man schon eine Möglichkeit der Gegenwehr. Überlegen wir also jetzt, wie wir sie überlisten können.«
Hilel schwieg und tat, als müsse er scharf nachdenken, verfuhr aber nur so, um zu verbergen, daß er darunter litt, annehmen zu müssen, hinter all dieser Häßlichkeit stecke sein Bruder Abdallah. Es währte noch eine Weile, ehe er sich sagen durfte, mit dieser Auffassung geirrt zu haben. Und die Zeit, bis er dieses Irrtums inne werden durfte, war für Hilel, den sie den Gerechten nannten, sehr schwer. Jetzt, da keiner der beiden Männer etwas sagte, sie nur gedankenvoll an ihren Zigaretten sogen, sah Hilel sie lächelnd an, faßte den Knaben fester, von dem er nun viel verlangen mußte, und sagte scheinbar gelassen: »Es bleibt uns nur ein Weg, ein einziger, um langsam hinter die Absichten der Feinde Catouls zu kommen: Saïd muß ein großer Freund des Omer werden.«
»Herr!« klang es in dreifachem Chor der Entrüstung, und Blicke richteten sich auf ihn, die verwirrt fragten, ob Hilel sie dennoch alle getäuscht habe. Der hob die Hand und bat:
»Meine Brüder, und du, Saïd, ich bitte euch, entsetzt euch nicht! Es ist doch ganz klar, daß nur dann, wenn Saïd so tut, als freue er sich der Anwesenheit des Omer, als wolle er nun sein Freund sein und als habe er sich ohne seine Gefährten schrecklich gelangweilt bei uns ... Nicht so dreinschauen, mein kleiner Saïd – bedenke doch dieses: Nur du, und du allein, kannst uns Catoul retten! Kannst du dafür nicht ein wenig Verstellung üben? – mir, uns allen zuliebe?«
Schon hatte sich die Verwirrung der beiden Männer in freudige Zustimmung verwandelt, und sie begannen nun ihrerseits auf Saïd einzureden, ihn mit Ratschlägen zu überhäufen, die immer wilder und unmöglicher wurden. Endlich ließen sie von Saïd ab und erlaubten auch ihm, ein Wort zu sagen. Der Knabe wandte sich von ihnen ab, drehte sich ganz zu Hilel um, sah ihn an und fragte leise: »Wäre es wirklich dir zuliebe, Herr? Und für Catoul?« Das letzte Wort war nur angehängt, und Hilel verstand den Kleinen ganz; er nahm ihn fest in den Arm, sagte ernst: »Mir zuliebe, nur mir.«
Saïd machte sich von Hilel los, wandte sich um, zeigte wieder sein frohes Gesicht und sagte entschlossen: »Wie du gesagt hast, Herr, so soll es sein. Nur wird es schwer sein, alles, was ich liebe, zu schmähen

und herabzusetzen. Aber diese Lüge wird mir verziehen werden, ist es nicht so, Herr?«
Ferid und Hassan begannen den Kleinen zu loben und zu preisen, bis Hilel Einhalt gebot und neue Anweisungen gab.

»Es wird nun nötig sein, die Wache bei Catoul zu verstärken, und darum muß Saïd einen anderen Schlafplatz erhalten, um so mehr, als auch er zu bewachen sein wird, weiß man doch nicht, was dieser Omer für Anweisungen erhielt.«
Saïd sagte betrübt: »Es war so schön in der Nähe von Catoul, und Hassan war gut zu mir. Wohin soll ich nun, Herr?«
Hilel lächelte, und das verjüngte sein ernstes Gesicht immer ganz erstaunlich. »Wie wäre es denn, wenn du bei mir wohntest, Saïd?«
Da ergoß sich ein solcher Jubel über ihn, daß Hilel Mühe hatte, seine eigene Ergriffenheit zu verbergen, und die beiden Diener standen strahlend dabei.
»Genug geredet, es gilt zu handeln. Hassan, gehe, und frage die Diener des Scheichs, ob der Ehrwürdige mich zu empfangen bereit ist.«
Hassan entfernte sich mit einem Gruß, schlug den Burnus ganz über den Kopf und hoffte, so dem Sturm trotzen zu können.
»Du, Ferid«, fuhr Hilel fort, »mußt jetzt, solange dieser Omer hier ist, der Verantwortliche sein für die Bewachung von Catoul. Suche dir drei verläßliche Gehilfen aus und seid Tag und Nacht auf der Hut; es tut mir leid, wenn ihr in dieser Zeit nicht in euren eigenen Zelten wohnen könnt, aber es läßt sich nicht ändern.«
Ferid verbeugte sich und grüßte. »Du befiehlst, Herr, es wird sein, wie du gesagt hast. Ist Catoul etwas geschehen, so weißt du, daß keiner von uns mehr am Leben ist.«
Das wurde ernst und ruhig gesagt, und Hilel wußte, es waren nicht leere Worte. Mit großen Augen sah Saïd seinen fröhlichen Reitlehrer an und begriff an dessen ruhigem Ernst, welch schwierige Aufgabe auch ihm selbst gestellt worden war. Hoher Stolz erfüllte ihn, und er gelobte sich, das in ihn gesetzte Vertrauen nicht zu enttäuschen.
Mit versandeten Gewändern, heiser hustend, stand Hassan jetzt wieder im Eingang des Innenraumes, flüsterte mit belegter Stimme, da ihm der Sandsturm den Hals verklebt hatte: »Herr, der Ehrwürdige erwartet dich.«
Hilel nickte und klatschte in die Hände. Sein Diener erschien.

»Schemsid, dieser junge Knabe wird in Zukunft bei mir wohnen, richte ihm ein Gemach, als tätest du es für meinen Sohn.«
Sah Hilel den strahlenden Blick Saïds? Sah er, wie dessen Züge sich beim Anhören dieser Worte mit einem tiefen Rot der Freude bedeckten?
»... und dieser hier, unser Bruder Hassan, gehört zu meinem Haushalt von nun an: Er ist der Diener Saïds. Richte den Raum für den Knaben in der Nähe meines Schlafraumes ein, Schemsid. Und bringe mir eine feste Djelhabieh, denn der Sturm ist stark! Suche eine kleine für Saïd, eile dich, Schemsid. Du, Hassan, gehe hin und hole alles, was dir und Saïd gehört, herüber zu mir. Indessen begeben wir uns zum Scheich, du und ich, Saïd. Gut, Schemsid, hülle Saïd ein. Komm!«
Sie traten hinaus vor den Zelteingang,und sogleich warf sich ihnen ein Stoß entgegen, als habe eine Riesenfaust sie getroffen. Der Shimoum hatte nun erst richtig Atem geholt und riß an allem Festen, verdunkelte den Himmel und pfiff mit der Kraft böser Geister daher. Es waren nur wenige Schritte vom Zelte Hilels bis zu dem des Scheichs, aber der Weg schien dennoch ein großes Wagnis zu sein. Nahezu zur Erde gebeugt schob sich Hilel vorwärts, dabei den Knaben mit einem Arm fest umschließend und ihn so mit sich ziehend. Sie hatten die Gesichter verhüllt und ließen nur ein Auge zum Herausspähen offen. Ein starker Stoß des Sandsturmes warf sie dann nahezu in den Zelteingang von des Scheichs Behausung hinein, und der Diener, der dort wartete, hatte alle Mühe, nach ihrem Eintritt den Vorhang wieder zu schließen. Aufatmend standen sie im Vorraum und ließen sich die Außengewänder abnehmen, die einen Sandregen rings verstreuten. Es dauerte ein kleines Weilchen, ehe sie sich wieder gefaßt hatten, dann sagte Hilel: »Komm, Saïd, jetzt soll der Ehrwürdige alles erfahren. Sei mutig, mein Kind, komm.«
Saïd fühlte wieder die Welle von Stolz ihn durchströmen, und so schritt er, ein entschlossener kleiner Mann, neben Hilel einher.
Hilel hatte zu diesem Besuch bei seinem Vater den kleinen Saïd hauptsächlich deshalb mitgenommen, damit es nicht möglich werde, über denjenigen zu sprechen, der vermutlich hinter dieser ganzen seltsamen Begebenheit steckte. Er trat vor den Scheich, fest entschlossen, keinen Verdacht des klugen alten Mannes gegen Abdallah aufkommen zu lassen, denn dieser Schmerz würde für den Vater allzu groß

sein. So sagte er nach den üblichen Begrüßungen und Ergebenheitsbezeugungen: »Herr, es ist etwas Seltsames geschehen, davon ich dich unterrichten muß. Ein Knabe aus dem Hafen von Beirut ist hier aufgetaucht, einer, den Saïd als böse und schlecht kennt. Wir nehmen an, er wurde hergesandt, um zu erfahren, wie es möglich werden könnte, sich Catouls zu bemächtigen. Und wir wollen versuchen, mit Hilfe Saïds, der sich scheinbar sehr freundlich zu diesem Omer genannten Knaben stellen soll, herauszufinden, warum er kam. Dieses dir mitzuteilen erschien mir als Pflicht.«

Der Scheich sah seinen Sohn erstaunt an, schwieg aber so lange, daß das Brausen des anwachsenden Shimoums deutlicher hörbar wurde. Endlich sagte er: »So willst du Saïd zur Verstellung erziehen, mein Sohn?«

Saïd sah gespannt von einem zum andern der Männer, neugierig auf das, was der bewunderte Hilel antworten würde.

»Wie soll es anders gelingen, aus dem Hafenknaben etwas herauszubekommen? Diese Zucht ist zäh und verschlagen, Herr.«

Der Scheich winkte Saïd: »Komm her zu mir, mein Sohn. Sage mir, freut es dich, diesen Auftrag auszuführen?«

Der Knabe sah in die großen dunklen Augen, die mit warmer Kraft leuchteten, und sagte, ohne zu zögern: »Nein, Herr, es freut mich nicht. Aber wenn ich den Beni Hussein dienen kann und dem Herrn Hilel und es für Catoul tue, dann will ich zu diesem Omer, vor dem mir immer gegraut hat, freundlich sein.«

Der Scheich sah auf und warf seinem Sohn einen bedeutungsvollen Blick zu. »So willst du für Hilel und Catoul und die Beni lügen und betrügen, Saïd? Hast du das schon einmal versucht?«

Saïd lächelte und sagte heiter: »Eben deshalb, weil ich es nicht kann, Herr, habe ich ja so wenig verdient am Hafen und hat mich Omer so verachtet und gepeinigt. Ich bin sehr dumm in diesen Dingen.«

»So dumm sollst du auch in diesen Dingen bleiben, mein Kind«, sagte der alte Scheich, sah zu seinem Sohn hin und meinte leise: »Man erreicht nichts Gutes mit schlechten Mitteln, mein Sohn Hilel. Aber nicht ich habe hier zu entscheiden oder zu urteilen. Dieser Knabe hat eine Mutter, Allah sei gepriesen. Mütter wissen immer den richtigen Weg.«

Der Scheich klatschte in die Hände und befahl dem eintretenden Diener: »Man hole Sadlyn Hanoum.«

Als der Diener gegangen war, flüsterte Hilel, peinlich berührt, auch ganz leise sprechend: »Herr, bedenke, Frauen können nicht schweigen.«
Der Scheich lächelte: »Diese aber kann es; sie hat es acht Jahre lang bewiesen.«
Da wurde auch schon der Zeltvorhang zurückgeschlagen, und tief verschleiert trat Sadlyn ein. Saïd, zwar daran gewöhnt, vor dem Scheich Zurückhaltung zu üben, vermochte hier doch nichts anderes zu tun, als mit einem leisen Jubelruf auf die Mutter zuzueilen. Sadlyn neigte sich zu ihrem Sohn nieder, und Hilel sah entzückt die edle Beugung des Körpers unter dem blauen Schleier, so zärtlich, so würdig zugleich. Sie wehrte leise ihrem Sohne, glitt vor dem Scheich hin, ließ sich nieder und beugte sich tief herab, beinahe berührte ihre Stirn den Boden. Ihre dunkle warme Stimme sagte halblaut: »Du hast befohlen, Herr...«
Der Scheich beugte sich ein wenig vor: »Friede sei mir dir, meine Tochter. Ich ließ dich herführen, weil ich dir eine Frage stellen will, geht es doch um Saïd.«
Ein leichter Schreck schien die Frau erzittern zu lassen, und angstvoll fragte sie: »Um Saïd? Soll er – hat man...?!«
»Nein, nein«, beruhigte der Scheich, »es ist so ernsthaft nicht, meine Tochter. Du sollst mir nur eine kleine Schwierigkeit lösen helfen. Sieh, meine Tochter, es hat sich ergeben, daß Saïd dem Stamm einen Dienst erweisen könnte, wenn er sich einem bösen Wesen gegenüber als Freund gebärdet, um dessen Absichten kennenzulernen, die den Beni unzuträglich sind. Ich frage mich so: Soll er um einer guten Sache willen lügen und betrügen? Was ist dein Gedanke dazu, meine Tochter Sadlyn?«
Der alte und der junge Mann warteten gespannt; Saïd hatte sich an seine vor dem Scheich kniende Mutter gelehnt und harrte aus dieser geschützten Stellung heraus geduldig der Entscheidungen.
Sadlyn fragte: »Was ist das für ein böses Wesen, Herr? Mann, Frau oder Knabe?«
»Ein Knabe aus dem Hafenviertel, Saïd kennt ihn von dorther.«
Da geschah etwas Niegewesenes: Sadlyn schlug, alles vergessend außer ihrem Sohne, den verhüllenden Schleier zurück, wandte sich ganz dem Knaben zu und fragte eindringlich: »Saïd, mein Kind, war dieser Knabe am Hafen dein Freund?«

»Nein, Anam, er war mein Feind und hat mich oft gepeinigt.«
»Und tut jetzt, als sei er dein Freund gewesen?«
»So ist es, Anam.«
Mit einem Lächeln wandte sich Sadlyn jetzt an den Scheich; der hatte seinem Sohne, der alter Gewohnheit gemäß beim Zurückschlagen des Schleiers zurückgewichen war, ein Zeichen gemacht, nicht auf das ungewöhnliche Geschehen zu achten, wußte er doch, daß die Frau vor ihm sich selbst ganz vergaß, nur an ihres Kindes Wohl und Wehe dachte. So ward Hilel vergönnt, das unverhüllte Antlitz einer Frau zu sehen, die keine Sklavin war und zudem die Mutter seines geliebten Saïd. Forschend ruhte sein Blick auf diesen Zügen, suchend nach einer Ähnlichkeit mit dem Knaben, und als sich die Frau lächelnd an den Scheich wandte, erkannte er die verwandten Züge an Mutter und Sohn.
Es war dasselbe von ihm geliebte Lächeln des Knaben, es war der gleiche Ausdruck freier Heiterkeit, der ihn bei Saïd schon entzückt hatte. Die dunkle warme Stimme, die er schon von der ersten an ihn gerichteten Bitte der Frau her kannte, sagte jetzt: »Herr, lasse ihn beweisen, daß er klüger ist als der böse Knabe: lasse ihn zeigen, daß er List anwenden kann für eine gute Sache. Ist es nicht im Kampfe so, daß der Sieg oftmals nur durch List erfochten werden kann? Und nennt man das dann Lüge und Betrug?«
Hier konnte sich Hilel nicht mehr beherrschen. Er brach in lachenden Beifall aus, sagte: »Aferim, wie recht du hast, meine Schwester! Und auch du, Herr, hattest recht, denn wieder hat eine Frau bewiesen, daß ihr einfacher Sinn klüger ist als die verschlungene Klugheit der Männer. Sei bedankt, Sadlyn!«
Als er sie anredete, wurde sich Sadlyn mit Schrecken bewußt, daß sich außer dem alten Scheich noch ein Mann im Zelt befand; sie murmelte ein Wort der Entschuldigung und zog den blauen Schleier wieder um sich, wobei ihr Saïd eifrig behilflich war. Aber soviel Zeit war dennoch geblieben, daß beide, Mann und Frau, Hilel und Sadlyn, einen Blick hatten tauschen können. Dann erhob sie sich, fragte, ob der Scheich noch Befehle für sie habe, und wollte etwas hastig davongehen. »Der Shimoum, meine Tochter, wird dir lästig fallen; lasse meinen Sohn dich hinüberbegleiten, sein Arm wird dich halten, wenn der böse Wind dich stößt. Gehe, Hilel, mein Sohn, und nimm Saïd auch mit. Da wir uns nun einig sind, lasse dir gutes Gelingen wün-

schen, mein Kind – und dir, mein Sohn!«
Stummes Grüßen, tiefes Verneigen, und sie waren draußen im sausenden Sandsturm.
Der Scheich blieb in tiefem Sinnen zurück; seinen scharfen Augen entging nicht leicht etwas, und so hatte er den Blick bemerkt, den die zwei getauscht hatten, die Mutter Saïds, und der, der den Kleinen liebte, Hilel. Dieser, sein Sohn, war ihm schon oft Gegenstand der Sorge gewesen, denn er hatte bereits als ganz junger Mann sich gegen die Sitte der Muslime gesträubt, mehrere Frauen in seinem Hause zu haben.
»Laß mich, mein Vater, so lange allein bleiben, bis ich ein Weib finde, das mir gefällt.« Das aber war so einfach nicht, da keine Möglichkeit für den Mann im Orient bestand, die ihm Erwählte vor der Hochzeit zu sehen. Seltsamerweise war aber auch damals ein Shimoum der Vermittler gewesen, denn er hatte der jungen Leila den Schleier fortgerissen. Hilel sah sie, liebte sie, und so wurde sie sein Weib. Mehr als ein Jahr war vergangen, seit Leila starb, und wieder hatte Hilel seitdem die gleichen Worte gesprochen wie ehemals. Sollte es das Kismet wollen, auch jetzt durch einen Shimoum wieder zu helfen und Saïd neben einer Mutter nunmehr einen richtigen Vater zu geben?
»Allah Kerim«, sagte fromm der alte Scheich und gab sich ganz in die Hand des Barmherzigen.

7

Die Stallburschen saßen in jenem Teil des Stalles beisammen, von wo sie Omer beobachten konnten, kam er ihnen doch sehr verdächtig vor, denn er war offensichtlich von schlechter städtischer Art. Jetzt trat Ferid zu den Stallburschen, sprach leise zu ihnen, schaute flüchtig zu Omer hinüber, und auch die anderen Männer blickten zu ihm hin, schienen Anweisungen zu bekommen und nickten dann verständnisvoll, worauf Ferid mit dreien von ihnen fortging.
Die Zurückbleibenden flüsterten untereinander, denn Ferid hatte sie beauftragt, ein Auge auf den kleinen Saïd zu haben, der in Erledigung eines Auftrages vom Gebieter alsbald kommen würde, sich mit Omer zu besprechen. Seine letzten Worte waren gewesen: »Laßt euch nicht täuschen, wenn Saïd freundlich zu dem Hafenknaben ist.

Er handelt, wie ich euch sage, im Auftrage des Herrn. Achtet ein wenig auf ihn.«

Also hatten sie doch recht gehabt, gegen den fremden Knaben mißtrauisch zu sein, sagten sie untereinander und schworen sich zu, ihn nicht aus den Augen zu lassen.

Still und unauffällig kam jetzt Saïd daher, und nur der Shimoum gestaltete seinen Eintritt etwas stürmisch. Die Pferdepfleger ließen ihn schweigend vorbei, und Omer richtete sich erstaunt aus seiner hokkenden Stellung auf. Saïd kam? Was bedeutete das? Sollte es wirklich möglich sein, wie jener Schükri Bey gesagt hatte, daß Saïd besondere Pläne in sich hege und sein damaliges Kriechen im Staube, das Omer immer wieder erwähnt hatte, auch nur ein gewolltes Schauspiel gewesen war? Sollte es denkbar sein, daß er diesen Saïd so weit unterschätzt hatte? Nun, man würde ja sehen, wie er sich verhielt.

Saïd überwand seine Scheu und seinen Widerwillen beim Anblick des verhaßten früheren Gefährten, kam lächelnd herbei und sagte mit teilnehmender Miene: »Armer Omer, was haben sie denn mit dir gemacht? Auch gebadet und geschoren? Sind sie nicht eine harte und gefühllose Gesellschaft, diese Pferdeleute?«

Omer traute seinen Ohren kaum. Also hatte er falsch gesehen bisher – so war er doch wirklicher Bruder und Helfer, dieser Saïd!

»Mein Bruder und mein Freund, wie gut, dich so sprechen zu hören!« sagte er und meinte es ausnahmsweise ehrlich. »Ich hatte schon früher gefürchtet, du wärest zornig über mein Kommen.«

Saïd gab sich Mühe zu lächeln und sagte halblaut: »Sprich nur leise, man könnte uns belauschen. Ich zeigte mit Absicht bei deinem Kommen keine Freude, denn sie wollen nicht, daß ich mit früheren Gefährten spreche. Da du hier bist, Omer, werde ich manchmal ungut zu dir sein, doch ist das nur scheinbar. Viel besser, man glaubt, ich sei dir unfreundlich gesinnt, so können wir tun und lassen, was wir wollen. Doch sage mir nun, warum kamst du hierher? Und wer sandte dich?«

Immer noch ein wenig mißtrauisch dieser völligen Wandlung des Mewlewi-Saïd gegenüber, gab Omer eine vorsichtige Antwort: »Ich kann dir noch nicht alles sagen, nur so viel, ein großes Unrecht gutzumachen, dafür wurde ich hergesandt.«

Es wurde Saïd schwer, sein Lachen zu unterdrücken bei diesen Worten eines Jungen, der nur im Unrecht lebte; deshalb bückte er sich, um scheinbar am weichen Leder seines Schuhs etwas zu richten, und fragte aus dieser verborgenen Stellung heraus: »Leiser, noch leiser sprechen, man schaut zu uns her! Welches Unrecht ist geschehen, Omer? Und kann ich dir dabei helfen? Du weißt, ich liebe das Unrecht nicht.«

Omer sah diesen erstaunlichen Saïd an, sagte unüberlegt und schnell: »Maschallah, du gefällst mir! Ob du helfen kannst? Ich kam doch her, um deine Hilfe zu erbitten. Hör zu, komm etwas näher. Dieses Teer stinkt zwar, aber lieben wir nicht den Geruch, der uns an das Meer und seine Schiffe erinnert? Es ist so: Hier steht ein kostbares Pferd im Stall, das den Djebelli gehört und das ihnen vor langer Zeit gestohlen wurde. Du weißt doch, wie schändlich Pferdediebstahl ist? Ich wurde hergesandt, um es wieder zu holen, mit deiner Hilfe, Saïd.«

Saïd mußte sich jetzt mit aller Kraft beherrschen, um ruhig zu bleiben, aber er dachte an das Vertrauen, das Hilel in ihn setzte, auch an die Worte seiner Mutter von der List im Kampfe, und es gelang ihm, ruhig zu fragen: »So kommst du von den Djebelli?«

»Du sagst es, ich komme von ihnen. Einer war es, der mich am Hafen aufsuchte, und dieser hatte recht, als er mir erklärte, du seist der Sultan und Scheich aller Versteller, nach der Art, wie du es vermochtest, in das Haus des großen Beni in Beirut zu gelangen. Aferim, Saïd, muß auch ich sagen und muß deine Vergebung dafür erbitten, daß ich dich für einen kleinen Mewlewi hielt, der die oft so vorteilhafte Lüge mißachtete. Welch ein Verlust! Hätte ich von dir schon früher gewußt, was ich jetzt weiß, wie viele Geschäfte hätten wir zusammen machen können! Aber jetzt natürlich hast du das nicht mehr nötig. Geht es dir sehr gut hier und kannst du mir nicht auch einen kleinen Verdienst zukommen lassen? Du siehst, ich habe nichts, denn es wurde mir nicht erlaubt, etwas mitzunehmen. Wohl bekomme ich später viel Geld, aber jetzt bin ich noch ganz arm, nicht einmal Zigaretten habe ich. Kannst du mir helfen?«

»Ich werde dir nachher Zigaretten bringen und dir auch zu Geld verhelfen. Sage mir jetzt mehr, Omer: Welches Pferd sollst du für die Djebelli holen, und was ist geplant? Ich helfe dir dabei, denn ich langweile mich schrecklich hier, und es wird schön sein, mit einem Gefährten von früher zusammen alle diese strengen Leute zu überlisten. Rede, ich bitte dich.«

Omer war jetzt völlig überzeugt, einem ihm nicht nur ebenbürtigen, nein, in der Kunst der Verstellung überlegenen Freund in Saïd gefunden zu haben und sich seiner bedienen zu können. Er hatte die Eigenheit aller zum Unrecht neigenden Menschen, von sich und seiner großen Klugheit überzeugt zu sein und alle anderen für dumm zu halten, dabei aber nur dem eigenen Urteil bei der Auswahl von Mitarbeitern voll zu vertrauen. Dieser Einstellung hatte es Saïd zu verdanken, daß er in so kurzer Zeit alles erfuhr, was Omers Auftrag betraf.
»Höre mir zu, kleiner Bruder«, sagte Omer flüsternd, »es handelt sich um ein Pferd namens Catoul. Die Djebelli werden es sich holen, wenn es von uns an einen bestimmten Platz gebracht wurde. Ich kann nicht reiten, so sagte jener Schükri, der dich und deine große Klugheit richtig erkannte, du solltest das Pferd an den verabredeten Ort bringen, mich mitnehmen und dann wieder zurückkehren, so du es willst, oder auch bei den Djebelli bleiben, die dich mit allen Ehren aufnehmen würden. Was hältst du davon? Und du kennst doch dieses Pferd Catoul? Ein Schimmel soll es sein.«
Omer schwieg erwartungsvoll, und Saïd überlegte eine kleine Weile seine Antwort; die Zwischenzeit des Schweigens füllte das Brausen des Sandsturmes aus. Dann sagte Saïd sehr ruhig und schnell: »Wenn ich das Pferd hinüberreite, und ich will hierher zurück, wie kann ich das? Bekomme ich von den Djebelli dann ein anderes Pferd?«
Omer fragte erstaunt: »Aber wie kannst du denn zurück, da man hier wissen wird, du nahmst ein wertvolles Tier mit fort?«
»Ich werde zurückkommen«, sagte Saïd, der sich diese Erwiderung während des kurzen Schweigens wohl überlegt hatte, »denn ich werde dich, Omer, als Schuldigen angeben und sagen, ich hätte den Versuch gemacht, das Pferd zu retten; du aber habest nur vorgegeben, nicht reiten zu können, während du in Wahrheit es vollendet verstündest. Wie findest du diese Begründung, Omer?«
Mit dieser vielfach verschlungenen Darlegung hatte Saïd Omer ganz gewonnen. Tief beeindruckt sagte er leise: »Maschallah, welch ein Kopf! Und ich Tor wußte nichts von dir! Wieviel haben wir verloren! Wann soll es geschehen? Wann kannst du an das Pferd heran, Saïd?«
»Je schneller es getan wird, desto besser, aber wir müssen den Shimoum abwarten. Nächste Nacht wird die beste Zeit sein, denke ich, und an das Pferd kann ich immer heran. Ich gehe jetzt und schicke dir Zigaretten. Geld gebe ich dir unterwegs, hier kannst du es doch

nicht brauchen. Erschrick nicht, Omer, wenn ich dich jetzt rauh anfahre; es ist besser, wenn die Männer dort nicht wissen, daß wir Freunde sind. Lebe wohl; ich komme morgen wieder.«

»Lebe wohl, mein Freund; sei bedankt! Bis morgen! Schimpfe nur, das ist auch sehr klug von dir! O ich Tor, ich Tor, was habe ich versäumt!«

So klagte Omer immer noch vor sich hin, während Saïd mit hocherhobener Stimme rief: »Lasse mich zufrieden, du schmutziges Hafengezücht! Nichts will ich mit dir zu tun haben!« und davonging, glücklich, diese schwierige Aufgabe befriedigend gelöst zu haben.

Zu den Stallburschen am Eingang sagte er, man solle dem Knaben Zigaretten geben, wenn sein Kopf von Teer gereinigt sei. »Und achtet darauf, daß er nicht an die Pferde herankann, ihm ist nicht zu trauen, denn er freut sich am Schmerz von Tier und Mensch. Haltet ihn im Auge, meine Brüder, ich kenne ihn!«

Einer der Burschen kam mit Saïd bis zum Zelte Hilels, wo er lachend sagte, dieser wilde Shimoum könne leicht den kleinen Herrn fortblasen. Und dann durfte Saïd dem geliebten Hilel von seiner ersten Mutprobe berichten. Fast wörtlich gab er alles wieder in Rede und Gegenrede, worauf ihn Hilel doch etwas erstaunt ansah: »Das ist dir gleich alles so eingefallen, mein Saïd? Und hast du dir vielleicht auch schon einen Plan erdacht, wie man die Djebelli betrügen könnte?«

Saïd strahlte und sagte einfach: »Herr, ein weißes Pferd sieht von weitem aus wie ein anderes, und eines muß eben geopfert werden, ist es nicht so?«

Hilels Erstaunen wuchs, und er murmelte ein sehr ernst gemeintes »Maschallah« vor sich hin. »Wie recht du hast, mein kleiner Sohn, wie sehr recht! So muß es gemacht werden und nicht anders!«

Auf diese Art, dem wachen Geiste eines kleinen Knaben entsprungen, trat ein Ereignis ein, das noch auf viele Jahre hinaus das Gespräch der Wüste zwischen Libanon und Euphrat bildete.

Saïd hatte sich inzwischen ganz in seine Rolle verliebt, und die Erinnerung an die im Hafen verlebte Zeit leistete ihm gute Dienste. Dabei konnte er sich die verschiedenen Streiche wieder ins Gedächtnis rufen, die allzu leichgläubigen Kunden von Hafenknaben gespielt worden waren. Er hatte zunächst eine Beratung mit Ferid, wobei es sehr geheimnisvoll zuging; die empfindlichen Ohren von Catoul begannen zu zucken wegen des Geflüsters in seiner unmittelbaren Nähe. Der

kleine und der große Mann betrachteten das edle Tier, um das so vielfach verschlungene Gedanken sich woben, sehr vorsichtig, maßen seine Höhe an ihren eigenen Körpern, wobei Saïd auf den Schultern von Ferid stand, dann begaben sie sich in die allgemeinen Ställe, wo heute des Shimoums wegen alle Pferde beisammen waren.
Endlich gelangten sie an den Stand eines Pferdes, das niemals als schön gepriesen wurde, aber ein sehr ausdauernder Renner war. Es hatte eine seltsam schmutziggelbe Farbe und wurde darum oftmals verlacht, wiewohl es selbst ganz unschuldig daran war, denn es mußte als Kreuzung zwischen einem Falben und einem Schimmel sein Leben verbringen. Sein Name war Merwan, und es traf sich gut, daß es im äußersten Winkel des großen Stalles stand, wo man es unbemerkt in einen helleuchtenden Schimmel würde verwandeln können durch einen Anstrich von einfacher leichter Kalkfarbe, die noch dazu den Vorteil bot, beim Trocknen bald von selbst wieder abzufallen.
»Weißt du, Ferid, wenn ich selbst dann einen weißen Burnus bekomme und Omer, den ich am Rock halte, in ein weißes Tuch gewikkelt wird, dann werden wir alle drei, auch der gute Merwan, wie eine Lichterscheinung wirken. Oh, ich freue mich!«
Ferid sah sehr gedankenvoll auf den Knaben neben sich, denn ihm gefiel der Plan nicht so ganz. Die Djebelli kannten Pferde gut, und wenn das Geringste bekannt wurde, dann war Saïd verloren – mitleidlos würden sie ihn ihrem verletzten Stolze opfern.
Was tun? Wie dieser naheliegenden Möglichkeit begegnen? Da kam ihm ein Gedanke, ein ganz einfacher, entstanden aus den Worten Saïds, daß Omer in ein weißes Tuch gewickelt sein würde. Ja, so ging es.
»Höre, Saïd, es ist unmöglich, daß du den Omer vor dir auf dem Tier hältst; man muß dazu entweder groß sein, oder alle beiden Kleinen müssen gleich gut reiten. Dein Vorschlag ist so unausführbar. Es muß vielmehr so eingerichtet werden, daß noch jemand mitreitet, der den Omer hält. Ja, sage nichts mehr, das ist nötig. Ich werde schon herausfinden, wer das sein kann, laß es mich nur bedenken. Der Gebieter und ich finden den Weg. Nur sage du dem Omer noch nichts davon, es ist besser. Auch darfst du nicht vergessen, ihn zu befragen, ob irgendein Zeichen vereinbart wurde zwischen ihm und den Djebelli über das Gelingen des Planes und die Zeit des Abreitens von hier. Das ist wichtig zu wissen. Ich werde den Merwan dann selbst weißen, so

daß wir zu dem Ausritt bereit sind gleich nach dem Abendgebet. Geh den Omer befragen, ich bitte dich, und komme dann wieder zu mir, ich bin bei Catoul.«
Saïd widersprach nicht, denn er wußte nur zu gut, daß seine Sicherheit zu Pferd noch nicht allzu groß war; gehorsam begab er sich an das andere Ende des großen Stallvierecks und fand Omer zufrieden rauchend vor. Doch war er nicht allein; neben ihm hockte ein junger Stallbursche, der erfreut aufsprang, als er Saïds ansichtig wurde, und ausrief: »Wie gut, daß du kommst, Saïd Efendi, denn ich habe anderes zu tun, als hier zu sitzen und darauf zu achten, daß dieser Fremde den Stall nicht anzündet mit seiner Zigarette. Gib du acht, willst du? Mehr als diese, die er eben raucht, hat er doch nicht.«
Saïd nickte und hockte sich neben Omer nieder. »Efendi nennen sie dich? Maschallah, du hast es weit gebracht! Kommst du mir Gesellschaft leisten, Dosdum, oder willst du etwas wissen von mir?«
»Beides, mein Freund«, sagte Saïd und spielte mit den Händen an seinem Gürtel, um deren erregtes Beben zu verbergen, »ich wollte wissen, wie du denen da drüben anzeigen sollst, daß wir abreiten, damit sie uns rechtzeitig entgegenkommen. Was wurde ausgemacht?«
Omer zögerte nicht, auf alle Fragen zu antworten, und sagte: »Ich kann sehr gut den Möwenschrei nachahmen. Weißt du es noch, Saïd?«
Lebhaft stimmte Saïd zu: »So sollst du einen Möwenschrei geben, und man wird wissen, wir ritten fort? Ja, das ist gut, denn in der Nacht wird er gehört werden, wenn sie aufpassen. Wurde auch schon eine Zeit für die Ausführung vereinbart, ehe du hierhergebracht wurdest?«
Omer sagte, es sei festgelegt worden, der Plan müsse in der ersten Nacht ausgeführt werden oder gar nicht. »So wie du es angegeben hast, Saïd. Wann denkst du, können wir reiten? Ich halte es nicht mehr aus, hier zu sitzen und bewacht zu werden. Auch rauchen lassen sie mich nicht nach Belieben. Es ist unerträglich!«
Der Herumtreiber und Freibeuter, der Omer war, kam sich hier schon wie gefangen vor; wenn er auch einsah, daß man in einem Stall beim Rauchen besonders achtgeben müsse, daß kein Funke herumfliege, so fühlte er doch durch die Aufsicht seine Freiheit schwer bedroht. Man hatte ihm inzwischen den Teer vom Kopf entfernt und wirklich ein aromatisches Öl dafür verwendet, aber Omer griff immer wieder an

seinen Kopf und fühlte die kahle Haut, wo sein Stolz, die Locken, gesessen hatten. Verbissen sagte er:
»Nicht nur um das Geld, das zu verdienen ist, allein schon um dieser Schande willen, die mir angetan wurde, will ich den Beni Schaden zufügen, ganz davon zu schweigen, daß es nur recht und billig ist, ihnen das gestohlene Pferd wieder abzunehmen.«
Saïd mochte das alles nicht mehr hören, und da die Zigarette ausgeraucht war und sorgfältig gelöscht, erhob er sich und sagte leise: »Nach dem Abendgebet komme ich zu dir, und wir reiten. Sei bereit.«
Omer machte eine grüßende Bewegung und legte sich zurück, um zu schlafen, da er die Nacht über würde arbeiten müssen, wie er es bei sich nannte. Saïd ging seiner Wege, hin zum Zelte der Sadlyn, und ließ sich dort Trost und Mut spenden.
Indessen hatte Ferid eine Botschaft zu Hilel gesandt und ihn gebeten, zum Stall Catouls zu kommen, es sei wichtig. Diesem Ruf hatte Hilel sogleich Folge geleistet, und sie hockten nun zusammen auf niederen Schemeln nahe bei Catoul, etwas entfernt von den drei anderen Wächtern, um nicht belauscht zu werden. »Es geht so nicht, Herr«, sagte Ferid, »wir können Saïd dieser Gefahr nicht aussetzen. Hast du das bedacht?«
Hilel sagte leise: »Gewiß tat ich es; glaubtest du, ich würde ihn reiten lassen, ohne ihn zu sichern? Ich reite mit und halte diesen Omer. Glaube nicht, daß ich es nicht verstehe, mich zu verstellen. Du mußt mir ein dunkles Pferd geben, und ich werde ein stummer Sklave von dunkler Hautfarbe sein. Was hältst du davon, Ferid? Ist das nicht ein guter Gedanke?«
Sie lachten gemeinsam leise und besprachen die Einzelheiten des Planes, als Saïd daherkam und berichtete, was er von Omer erfahren hatte.
»Gut so; also ein Möwenschrei. Wir haben beraten, Ferid und ich, daß ein Sklave, den du noch nicht kennst, ein Stummer, von dunkler Farbe, mit dir reiten wird und den Omer tragen, in einem dunklen Tuch, da auch sein Pferd dunkel sein wird. Du kannst ihm vertrauen, er bringt dich sicher zurück. Das einzige, worauf du achten mußt, Saïd, ist, daß du mit größter Schnelligkeit von dem Merwan abgleitest im gleichen Augenblicke, in dem du einen Reiter von den Djebelli daherkommen siehst; dann laufe, was du kannst, zu dem dunklen Sklaven auf dem dunklen Pferd, der den Omer indes wird haben herbfal-

len lassen. Das allein nur ist schwierig, sonst wird es einfach sein. Verstehst du mich, Saïd?«
»Ja, Herr, ich verstehe«, sagte Saïd, etwas unsicher geworden, denn es ist ein Unterschied, ob man sich dergleichen ausdenkt als große und stolze Leistung, oder ob es nun darum geht, es in allen Einzelheiten, die zur Durchführung erforderlich sind, sinngemäß zu tun. Aber dann dachte er an das, was seine Mutter ihm vorhin gesagt hatte: »Ich will stolz sein auf meinen kleinen Sohn, und der Herr Hilel soll es auch sein. Vergiß nicht, deine Mutter ist die Tochter eines großen freien Stammes mutiger Männer; mein Sohn Saïd, sei dessen würdig.«
Noch klang diese starke Stimme in dem Knaben nach, und er sah sie vor sich stehen, seine schöne stolze Mutter, hoch aufgerichtet, mit einem Leuchten auf ihrem Gesicht. Würdig sollte er ihrer sein, und würdig wollte er sich zeigen.
»Ich habe ganz verstanden, Herr«, fügte er nochmals an, »und ich werde achtgeben. Wie heißt der stumme Sklave, den ich noch nicht sah? Vermag er zu hören?«
Hilel sah verlegen aus, aber Ferid, dem – wie bekannt – der Mund sehr schnell arbeitete, sagte heiter: »Er hört ausgezeichnet; er heißt Mansur, und du sahst ihn bisher nicht, weil er Wache hatte bei einem erkrankten Pferde.« Nach dieser Rede mußte sich Ferid abwenden, denn er konnte sich das Lachen nicht mehr verbeißen; eifrig begann er an der schon leuchtend glatten Mähne von Catoul herumzustreichen, nur um Hilel nicht ansehen zu müssen, der ihn betrachtete, als sei er ein Wundertier, und nun noch zum Überfluß, wie er das oftmals zu tun pflegte, »maschallah« murmelte.
Saïd gestand sich ein, daß ihm die Mithilfe dieses Mannes sehr willkommen sei, und fühlte sich nun schon weniger bedrückt.
»Komm jetzt mit mir, Saïd«, sagte Hilel und erhob sich von dem Eskemleh, »ich will, da nun der Shimoum geringer wurde, dir in meinem Zelt eine Sura sagen, die du später lernen mußt. Es ist lange genug nur geritten worden, nun muß auch das Lernen beginnen. Der Imam wird es zwar besser verstehen als ich, aber es ist eine gute Übung für Geduld und Ruhe, diese Sura sich vorzusagen. Und da du nun beginnst, eines Mannes Tat zu tun, so sollst du auch des Mannes Ruhe kennenlernen.«
Und so verbrachten diese zwei die Zeit bis zum Abendgebet mit dem

langsamen, dem rhythmischen Sprechen der ersten Sura, wobei sie auf dem Boden saßen und die Körper nach dem tiefen Klang der Worte hin und her bewegten. Diese erste Sura aber lautete so:
»Lob sei Allah, dem Weltenherrn, dem Erbarmer, dem Barmherzigen. Dem Könige am Tage des Gerichts! Dir dienen wir, und zu dir rufen wir um Hilfe. Leite uns den rechten Pfad, den Pfad derer, denen du gnädig bist, nicht derer, denen du zürnst, und nicht der Irrenden! Amihn!«

8

Der Scheich verriet niemals seine Absichten, denn auf diese Art konnten sie nicht durchkreuzt werden. Seit dem Besuch der Sadlyn Hanoum, zugleich mit seinem Sohne Hilel und Saïd, hatte er sich einen Plan zurechtgelegt, der nach zwei Richtungen hin seine Auswirkungen haben würde. Kaum war er allein, befahl er dann den Mehmed Akuniyan zu sich, einen Halbarmenier, den er zu Botendiensten nach Damas und sonstigen Orten zu senden pflegte, wo die Kenntnis europäischer Sprachen notwendig ist. Der Jüngling war vor langer Zeit als Gehilfe eines Karawanenführers am Lager vorbeigekommen und geflohen und wurde, halb verhungert und grausame Wunden der Mißhandlungen aufweisend, eines Nachts nahe der kleinen Moschee aufgefunden. Seitdem hatte er seine Dankbarkeit für genossene Wohltat auf tausenderlei Art zu beweisen versucht, und seine Ehrlichkeit im Verein mit seiner Gewandtheit hatten ihn dem Scheich zu einem unentbehrlichen Botengänger, der ihm auch alle auswärtigen Geldangelegenheiten erledigte, gemacht.
In ehrerbietig abwartender Haltung stand er jetzt vor dem Gebieter und wurde sogleich zum Nähertreten aufgefordert. Vor dem Scheich auf dem Boden hockend, hörte der kluge Mischling aufmerksam zu, fragte dann, sich seines vollen Verstehens vergewissernd: »Ist es so, ehrwürdiger Herr, daß dieser Galyb vor nahezu zehn Jahren sich hier einfand mit dem Auftrag, für seinen nahe von Bagdad lebenden Stamm Pferde zu kaufen?«
»So ist es, Mehmed.«
»Und er ging und kam her für die Dauer einiger Monate, bis sein Kind geboren war, nahm es dann mit und kam niemals wieder?«
»Du sagst es, Mehmed.«

»Das Kind aber, der Knabe Saïd, mit dem Stammeszeichen der Beni auf der Brust, lebte als Bettler am Hafen von Beirut?«
»Du hast es ganz erfaßt, Mehmed. Ich will nun wissen, wie es damit steht; ob dieser Galyb lebt, oder er starb, und wenn, wo und wie. Du weißt in solchen Dingen Bescheid, Mehmed, sage mir, wie das anzufassen ist.«
Der scharfsinnige junge Mann überlegte eine Weile, und der Scheich störte ihn nicht mit Zwischenfragen. Endlich sah Mehmed auf, sagte ruhig und sicher: »Man muß bei dergleichen am Anfang beginnen, so, wie ich mit der nächsten Gelegenheit von hier nach Damas reiste, vielleicht mit der Karawane, die draußen lagert, von da mit der Bahn nach Bagdad, um von dort in das Lager jenes Stammes zu gelangen. Ich müßte nur über diesen Stamm noch Näheres wissen, Herr, dann ist alles einfach.«
Der Scheich mußte über diese Äußerungen ein wenig lächeln, gab aber bereitwillig alle Auskunft, die er inzwischen von Sadlyn über den Stamm jenes Galyb erhalten hatte, an Mehmed weiter.
Dann ließ er ein niederes Schränkchen neben sich stellen, eines von denen, die in schöner und sorgfältiger Arbeit hergestellt werden und so niedrig sind, daß sie dem am Boden Sitzenden in guter Reichweite bleiben, mit flachen Schiebladen ausgestattet. Dem Schränkchen entnahm der Scheich das Schreibgerät sowie Papier, legte den Bogen auf die linke Handfläche, schrieb von rechts nach links und verfaßte so ein feierliches Empfehlungsschreiben an den fremden Scheich, wonach er aus einer anderen Lade ein Scheckbuch nahm und, während er einen Scheck ausfertigte, zu Mehmed sagte: »Es ist besser, du hast reichlich Mittel, falls du nach Beirut fahren mußt, und unsere Bankverbindung in Damas, in Bagdad und auch in Beirut ist dir ja hinlänglich bekannt, mein guter Sachwalter Mehmed! Ist noch etwas, was du wissen möchtest?«
Während der Scheich mit dem Schreiben beschäftigt gewesen war, hatte sich Mehmed vielerlei durch seinen klugen Kopf gehen lassen, und er fragte jetzt: »Herr, ich hörte, ein Bettlerjunge aus Beirut sei gegenwärtig hier bei uns und daß er den jungen Herrn Saïd von früher her kenne! Ist dem so, Herr?«
»So ist es, Mehmed; warum fragst du?«
»Wäre es nicht möglich, Herr, daß dieser Knabe irgendwann einmal etwas gehört hätte über die Herkunft des jungen Herrn Saïd, wor-

über ich ihn vorsichtig befragen könnte? Oftmals findet man in einem Haufen Abfall ein Stückchen Silber, Herr, und es geht nur darum, es genügend zu putzen, bis es glänzt.«
Wieder lächelte der Scheich, nickte und stimmte zu: »Tue, was du für richtig hältst, mein Sohn Mehmed, ich vertraue dir. Und sei dein Weg gesegnet und uns von Nutzen. Allah ismagladih!«
Kaum war der Mischling fort, als der Scheich Ferid zu sich befahl. »Ich weiß, du bewachst Catoul heute besonders scharf, Ferid, mein Bruder, aber ich befehle dir, es heute zur Nacht, wenn der Azan gerufen wurde, nicht mehr zu tun.«
Ferid starrte den Gebieter verständnislos an, wiederholte leise: »Catoul nicht mehr bewachen?«
Eindringlich sagte der Scheich nochmals: »Nein, nach dem Azan nicht mehr bewachen. Hast du mich gut verstanden, Ferid? Und schicke mir Achmed hierher, er ist doch der vierte der Wächter, ist es nicht so?«
Ferid wußte zwar nicht, wieso der alte Scheich über dieses alles so genau unterrichtet war, sagte aber nur: »So ist es, Herr.«
»Gut. Gehe jetzt und schicke ihn her.«
Ferid begriff gar nichts mehr, gehorchte aber dem Befehl. Kurz danach stand der alte Pferdepfleger Achmed vor dem Scheich; der winkte ihn ganz nahe zu sich heran, neigte sich zum Ohr des Dieners und flüsterte eine Weile. »Das kannst du doch nicht tun, Herr! Heute nicht!«
Der Scheich sagte streng: »Tue, was ich dir befahl; schweige davon und gehe jetzt. Gleich nach dem Azan, wie ich sagte. Geh!«
Wie Ferid vor ihm, ging auch dieser treue Diener ratlos davon, wagte aber nichts gegen den Befehl des Herrn zu tun oder auch nur etwas darüber anzudeuten. Man wußte bei den Beni Hussein, was Gehorsam war, aber es ist anzunehmen, daß trotz langer Gewohnheit die Untertanen doch nicht genau ihren Gebieter, den Scheich Mohamad al Fasal, kannten und nicht ahnten, wessen er fähig war, noch auch, wie genau er über alles unterrichtet blieb, das innerhalb seines Hoheitsgebietes vor sich ging. Vielleicht war der einzige, der hierüber völlig Bescheid wußte, derjenige, der ihn vor kurzem verließ, der Araber Mehmed mit dem armenischen Namen.
Mehmed schien es, als böte sich ihm nun endlich einmal Gelegenheit, seine Anhänglichkeit an den Stamm, der ihm Heimat geworden war,

zu beweisen, indem er herausfand, was es mit diesem Bettlerjungen auf sich hatte; mochten auch viele von den Beni scharfen Verstand besitzen, daß der seine schärfer war, wußte der Halbarmenier. Auf seinem Wege zum Stall, der den Bettlerknaben beherbergte, überlegte sich Mehmed vielerlei, und als er in den dunklen Winkel gelangte, wo Omer schlief, griff er zu und rüttelte ihn unsanft auf. Nur halb erwacht, wollte sich Omer in seinen gewohnten Schimpfausdrücken ergehen, als sich eine feste Hand auf seinen Mund legte und eine Stimme flüsterte: »Schweig still, rühr dich nicht, hör mir zu, sprich nichts. Du heißt Omer?« Der Knabe nickte. »Du kommst von Beirut, vom Hafen?« Erneutes Nicken. Die Hand wurde von seinem Munde genommen, die Stimme sprach: »Warum bist du hergekommen? Ich höre, du wurdest aus dem Raupenschlepper geworfen. Ich glaube nicht daran. Mir scheint, man hat dich hergesandt. Sage mir warum.« Mit einer leichten Gebärde, die fast wie die eines Taschenspielers wirkte, zeigte Mehmed Akuniyan in seiner Handfläche ein Geldstück. »Von diesen habe ich noch mehr; sprich, und sie sind dein.«
Omer fragte leise: »Wieviel?«
Ungerührt klang die Antwort: »Frag nicht so töricht, weißt du doch, die Bezahlung richtet sich nach dem Wert der Mitteilung. Auch kann mir wertlos erscheinen, was dir wertvoll vorkommt. Also rede, warum kamst du hierher?«
Omer hatte bereits den ebenbürtigen Gegner erkannt, außerdem sah er an der andersartigen Nase und an der bleichen Hautfarbe, daß er es nicht mit einem Araber zu tun habe, und vor dieser klügsten aller Volksarten hatte er eine Scheu. So sagte er leise: »Mich schickte einer der Djebelli, um das von den Beni ihm gestohlene Pferd Catoul für ihn zurückzuholen mit Hilfe von Saïd.«
Wie gut geübt in der Beherrschung Mehmed auch zufolge seiner Tätigkeit für den Scheich sein mochte, er hatte die größte Mühe, seine maßlose Überraschung nicht zu verraten. Schnell besann er sich und rief: »Gestohlenes Pferd namens Catoul? Mein armer Tor, dich hat man aber angelogen, um dich auszunutzen! Dieses Pferd gehört seit langen Zeiten dem Stamme, sein Vater, sein Großvater, sein Ahnherr gleich ihm, und die Djebelli wollten es schon immer stehlen, weil sein Verlust dem Stamme der Beni Hussein Unheil bringt. Dich aber wird man opfern, denn du bist der Geringste, und der muß immer leiden. Du armer, verblendeter Tor!«

Zum ersten Male in seinem Leben sprachlos vor Schreck, konnte Omer endlich nur stammeln: »Aber das viele Geld, das ich bekomme?«
Mehmed lachte leise: »Kann man einem Toten noch Geld geben? Und du würdest tot sein, lange bevor die Djebelli das gestohlene Pferd in Sicherheit gebracht hätten!«
Omer war noch nicht ganz überzeugt: »Aber Saïd?«
»Saïd?! Der Liebling des Scheichs, der Talisman des Stammes, fast soviel wert wie Catoul; Saïd, der genau weiß, daß das Pferd nicht gestohlen ist, sondern geweihtes Stammeseigentum, der sollte dir helfen wollen? O du armer Tor, auch er würde dich nur haben sterben lassen und das Pferd allein gerettet.«
Nun schwiegen sie beide, und ein jeder von ihnen überlegte.
Omer, der sich schon immer vor dem Reiten zu den Djebelli gefürchtet hatte, sann verzweifelt nach, wie er es bewerkstelligen könnte, wieder zu dem sicheren Hafen in Beirut heimzukehren. Mehmed aber dachte nach, ob er diesen Knaben, der voll List und Lüge war, nicht auf seiner Erkundungsreise mitnehmen könne. Bei guter Bezahlung erwiesen sich diese Hafengewächse als brauchbar, und außerdem war ein Knabe leicht vorzuschicken, wo ein Mann schon Argwohn erweckte. Danach würde er den feilen Omer, reich belohnt, nach Beirut zurückschaffen lassen, und auf diese Art konnte hierorts kein Schaden angerichtet werden. Mehmed tat nun sehr geheimnisvoll, sah sich um nach allen Seiten und flüsterte: »Du weißt, Omer, was Pferdedieben geschieht?« und ahnte nicht, daß er mit diesem Wort den einzigen für Omer denkbaren Schuldbegriff bezeichnete.
Der Knabe wiegte sich hin und her, schlug die Hände vor das Gesicht, wimmerte haltlos: »Aman! Aman! Nur kein Pferdedieb!«
Befriedigt lächelte Mehmed vor sich hin, zog dem Knaben die Hände vom Gesicht, sagte hastig: »Also höre: Willst du, so nehme ich dich mit mir, denn ich reise noch vor dem Abend fort.«
Das sagte er, weil er sich vorhin entschlossen hatte, mit der zwischen den Zelten lagernden Karawane fortzureiten. Da der Shimoum vorbeigezogen war, sollte der Aufbruch noch vor dem Abendgebet erfolgen, wie ihm der Führer mitgeteilt hatte.
»Willst du mit mir kommen, so weiß niemand von unserer Absicht. Denn ich irre doch nicht, wenn ich annehme, der Diebstahl sollte heute zur Nacht verübt werden?«

»Ja, zur Nacht, nach dem Azan. Oh, nimm mich mit fort von hier, nur fort, Herr, wer du auch seist!« Mehmed war sehr zufrieden, hatte er doch nun alles in der Hand, da er glaubte, auf diese Art die böse Absicht auf Catouls Raub auch zu durchkreuzen.
»Sage mir noch, welches Zeichen solltest du geben, um denen drüben anzuzeigen, daß alles bereit sei?«
Die Antwort, daß es sich um einen Möwenschrei handle, war insofern für Mehmed erfreulich und bedeutungsvoll, als er sich nicht vorstellen konnte, daß unter den Söhnen der Wüste sich noch jemand befinde, der diesen Schrei des Meeresvogels nachahmen könne, und somit die Djebelli keinerlei Zeichen hören würden, womit dann schon alles erledigt wäre. Auch nahm er an, der Scheich wisse über alles, was Catoul anlangte, schon Bescheid, kannte doch er allein das Wesen des Scheichs und dessen Eigenart, zu schweigen und doch von allem zu wissen.
So kaufte Mehmed sich den Knaben Omer. Er sagte im Vorübergehen zu den Stallburschen: »Ich soll ihn zum Scheich bringen«, und beförderte den nunmehr ganz verängstigten Übeltäter in den Zeltwinkel, der ihm selbst als Wohnraum diente.
»Bleibe hier und rühre dich nicht, damit man dich nicht als Pferdedieb entdeckt und nach dem Gesetz der Wüste aburteilt. Ich hole dich rechtzeitig, rühre dich nicht!«
Das versprach Omer bereitwilligst und verkroch sich unter allerlei Tücherkram, zum ersten Male in seinem Leben bebend vor Angst. Mehmed aber begab sich zum Karawanenführer und besprach mit ihm die Möglichkeiten, ein und einen halben Menschen mehr mitzunehmen. Geld wechselte die Hand, und der Kaufmann aus Damaskus erklärte, schon jetzt aufladen zu wollen, um vor der Nacht marschbereit zu sein. Doch vergaß Mehmed in aller Hast des Aufbruchs nicht die letzten mit dem Scheich gewechselten Worte und gab einem Diener den Auftrag, dem Gebieter zu melden: Mehmed habe das Stück Silber gefunden und putze es blank.
Der Lärm, den der Abzug einer Karawane immer verursacht, das ärgerliche Schreien der Kamele, wenn sie beladen werden und aufstehen müssen, das Schimpfen und Brüllen der Kamelführer, all das klang Omer wie lieblichste Klänge im Ohr, und als ihn der, den er seinen Beschützer nannte, abholen kam, ließ er sich willig einhüllen und dann noch mit allerlei Ballen beladen, um möglichst unsichtbar zu

bleiben. Als er schließlich in einem Korb an den Flanken des Kamels hing und dieses sich mit jener eigenartig schwankenden Bewegung erhob, die jeder Wüstensohn kennt, da hätte der listige Omer fast alle Vorsicht vergessen und in seiner Freude über das Entkommen aus schrecklicher Gefahr den bewußten Möwenschrei ausgestoßen. Aber es gelang ihm, sich zu beherrschen, und als die Karawane langsam ihres Weges zog, dachte niemand mehr an eben diesen Ruf, der die Djebelli herbeilocken sollte, um ihren Raub in Empfang zu nehmen.
So senkte sich nach dem Aufbruch der Karawane eine große Stille über das weite Lager der Beni Hussein. Die wenigen, die wußten, was für diese Nacht bevorstand, verhielten sich ruhig, wie es sich vor einem gefahrvollen Unternehmen geziemt, und Hilel tat sein möglichstes, um in Saïd keinerlei Beunruhigung aufkommen zu lassen. Das rhythmische Sprechen der Worte des Korans, so oft schon als eine Art Angstüberwindung erprobt, verfehlte auch hier seine Wirkung nicht, wobei nicht zu vergessen ist, daß es sich dabei weniger um den Sinn der Worte handelt, so schön diese auch sein mögen, als um das Mitgehen in einer gewissen Schwingung, die nach einiger Zeit alles Denken ausschaltet und eine wunderbare Gleichart von Geist und Körper erzeugt. Hilel sagte jetzt, nachdem sie die erste Sura mehrfach wiederholt hatten:
»Weißt du, Saïd, daß dieses Wiegen des Körpers im Sprechen fast den Bewegungen gleichkommt beim schnellsten Lauf eines edlen Pferdes? Ich beneide dich um deinen Ritt heute abend und auch drum, dem Stamm einen so großen Dienst zu leisten. Ich sagte es vorhin schon: Die Tat eines Mannes ist es, und dabei bist du noch ein kleiner Knabe. Das ist schön.« Saïd sah diesen von ihm so sehr bewunderten und geliebten Mann an, sagte leise: »Als wir diese Worte sprachen, Herr, ist mir so stark der Wunsch gekommen zu lernen, viel zu lernen. Nun, du sagst, ich würde die Tat eines Mannes tun – dann darf ich mir, so ich sie vollbracht habe, auch etwas wünschen? Und dieses wäre: Lernen! Ich habe in der Medresseh im arabischen Viertel der Moschee von Beirut die Studenten sitzen und sich wiegen sehen, wie wir es eben taten, und wußte nicht warum. Da ich es nun weiß, möchte auch ich lernen und dann vieles wissen. Herr – darf ich?«
Voll Staunen betrachtete Hilel diesen Knaben, der das zehnte Jahr noch nicht erreicht hatte und versprach, ein ungewöhnlich guter Reiter zu werden, heiter und voll Frohsinn war, ein vertrauend liebevolles

Kind, doch schon nach Wissen und Lernen verlangte. Der junge Wüstenfürst hatte bisher nichts mit Kindern zu tun gehabt und wußte darum nicht, daß Lernen für ein lebhaftes und gewecktes Kindergemüt ebenso ein Abenteuer bedeuten konnte, wie es der Ritt in unbekannte Gebiete zu sein verspricht. So sagte er etwas zweifelnd: »Weißt du nicht, daß du dann wenig Zeit zum Reiten haben wirst, mein Saïd?«

»Warum, Herr? Hast du nicht auch gelernt, und es blieb dir doch Zeit genug, ein guter Reiter zu werden?«

Wer weiß, wie lange diese Unterhaltung noch gedauert hätte, wenn nicht jetzt eben Hilels Diener mit allen Zeichen der Unruhe eingetreten wäre und gemeldet hätte: »Herr, vergib, aber Ferid ist hier und ersucht, dich sogleich sprechen zu dürfen; es will mir scheinen, etwas Besonderes sei geschehen.«

Hilel befahl, ihn vorzulassen, und wirklich war dem sonst ruhigen und immer heiteren Ferid anzumerken, daß irgend etwas ihn sehr erregt haben müsse.

»Herr, es ist mir unerklärlich, wie es geschehen konnte, gab ich doch genaue Anweisungen, streng aufzupassen. – Aber trotzdem, Herr, es geschah!«

Hilel sah den Diener erstaunt an, rief etwas ungeduldig: »Djanoum, was denn geschah? Sprich deutlich.«

So angerufen, nahm sich Ferid zusammen, sagte schnell und halblaut: »Omer ist fort.«

Saïd sprang auf vom Boden, Hilel erhob sich.

Der Knabe rief: »Omer fort? Dann hat er uns verraten, und niemand weiß, was jetzt geschehen wird. Wie sollen wir nun handeln? Er wird sich mit den Dieben verständigt haben, die ihn uns entführten.«

Hilel mußte lächeln, und auch Ferid betrachtete erheitert den aufgeregten Knaben. »Wie sollte er das wohl getan haben, Saïd, mein Bruder? Rings um uns ist nur Wüste. Wie könnte er sich da verständigen? Auf welche Art wäre ihm das wohl möglich gewesen?«

Hilel sagte plötzlich: »Die Karawane, Ferid! Wäre es nicht denkbar, daß er Angst bekam vor dem Unternehmen, er, der nicht reiten kann, und sich heimlich irgendwie bei der Karawane einschlich, um allen Gefahren zu entfliehen? Was denkst du davon?«

Ferid sann ein Weilchen diesen Worten nach, meinte dann etwas zweifelnd: »Möglich ist's, Herr. Auch sagte man mir im Stall, er sei

mit einem unbekannten Mann fortgegangen, der etwas vom Scheich gemurmelt habe.«
Diese Darstellung war von den Stalldienern deshalb gegeben worden, weil Mehmed die Kapuze des Burnus übergezogen hatte und so ihrer Aufmerksamkeit entging. Die Stalldiener blieben auch späterhin einmütig bei derselben Aussage, und die Sache vor den Scheich zu bringen, hielt niemand vorerst für die Mühe wert, wollte man sich doch klarwerden, was nun zu tun sei. Saïd war sehr still geworden, hörte auch nur mit halbem Ohr auf das, was Hilel und Ferid besprachen. Plötzlich aber brach er los:
»Herr, wir brauchen doch den Omer gar nicht, ich reite allein! Den Möwenschrei kann ich so gut nicht nachmachen wie Omer es versteht, aber sonst haben wir ihn doch nicht nötig. Auf den Schrei hin werden diese Djebelli sichtbar werden, werden ein weißes Pferd erkennen, mit einem Knaben darauf, werden glauben, es sei Omer. Wozu sich also beunruhigen? Alles bleibt wie vorher abgesprochen, ja, noch einfacher, denn nun braucht niemand mitzureiten, um Omer zu halten, und auch der schwarze Sklave ist überflüssig. Ist es nicht so, Herr? Ich kann doch alles allein machen.«
Ferid, in seiner bekannten Art, allzu schnell zu reden, sagte scharf: »Und wie willst du zurückkommen, mein Bruder Saïd, wenn der schwarze Sklave nicht mit dir reitet, um dich dann sicher ins Lager zu bringen, he?«
»Du hast recht, Ferid, dann muß es also bleiben wie geplant. Es ist mir aber viel lieber, Omer ist nicht dabei, so brauche ich mich nicht mehr zu verstellen. Bleibt es dann alles wie besprochen?«
»Es bleibt so, Saïd, mein Kind«, sagte Hilel, »gehe nun zu deiner Mutter hinüber, bis du den Azan rufen hörst, dann komme sogleich zum Stall, wo Ferid dich erwartet. Ich muß noch etwas mit dem Scheich besprechen, so sage ich dir jetzt schon: Allah ismagladih! Gehe, mein Kind, und sei sicher, alles wird gut gelingen.«
Saïd sah Hilel etwas zweifelnd an, hatte er doch gehofft, noch bei ihm bleiben zu dürfen; doch gehorchte er schweigend, grüßte und ließ sich von Ferid fortführen.
»Komme zu mir zurück, Ferid«, flüsterte Hilel, und der Diener nickte.
Kaum war er dann wieder eingetreten, fragte er besorgt: »Herr, wie willst du es denn anstellen, daß man dich in dem schwarzen Sklaven

nicht erkennt? Bedenke, auch Saïd hat scharfe Augen; und außerdem, womit willst du dich einschwärzen? Ist das alles deiner würdig, Herr?«

Hilel lachte, sagte schnell: »Du irrst, Ferid, ich denke nicht daran, mich einzuschwärzen, wozu ich auch gar keine Zeit hätte, vor allem auch nicht zum Abwaschen, was immer sehr lange dauert und recht unangenehm zu sein pflegt. Nein ich werde mir nur einen schwarzen Schleier fest um das Gesicht legen, wie es die Tuareg tun, und deshalb bat ich dich, zu mir zurückzukommen, denn du mußt mir den Schleier verschaffen. Suchte ich selbst einen zu erlangen, so würde das Erstaunen und Verdacht erregen, habe ich doch keinen Harem. Du aber hast das leicht, ist es nicht so, Ferid?«

Ferid lachte, sagte heiter: »Du hast recht, Herr, mir ist es leicht. Ich bin froh, daß ich dich nicht zu schwärzen habe, wie ich das Pferd weißen muß. Welch ein Spaß das Ganze, Herr!«

Ernst sagte Hilel: »Möge es ein Spaß bleiben. Gehe jetzt und weiße das Pferd, nein, bringe mir erst den Schleier, und vergiß nicht, mir ein dunkles Pferd zu satteln, an dem nichts glänzt, gar nichts, das ist wichtig, denn wir haben es mit Räubern und Mördern zu tun. Sei sorgfältig, Ferid, es geht um mehr als einen Spaß, glaube mir.«

Ernst geworden, ging Ferid an seine Arbeit und konnte auch den unbegreiflichen Befehl des Scheichs nicht vergessen, unmittelbar nach dem Azan-Ruf die Wache bei Catoul aufzuheben. Der Herr Hilel hatte recht, man hatte es mit Räubern und Mördern zu tun. Und möge Allah den jungen Herrn Saïd beschützen.

Der saß unterdessen neben seiner Mutter und sah ihr zu, wie sie einen kleinen weißseidenen Burnus mit den Goldfäden ihrer Stickerei an Hals und Schultern verzierte. Sadlyn war zwar durchaus nicht ohne Sorge über das große Unternehmen ihres kleinen Sohnes, doch wußte sie als Tochter eines der Hauptkrieger des Stammes, daß es Sache der Frau sei, wenn einer auszog, etwas für das Wohl des Stammes zu unternehmen, ihm Heiterkeit und Zuversicht zu zeigen. So verstand sie es auch diesmal, Saïd die Überzeugung beizubringen, daß das Wichtigste die Fertigstellung dieses für ihn hergestellten kleinen weißen Burnusses sei, nichts anderes als nur dieses. Sie wußte ihn zu unterhalten und ihm keinen Augenblick zum Nachdenken zu lassen, auch mußte er immer wieder aufstehen und das leichte reizende Kleidungsstück umlegen, um festzustellen, ob es noch mehr der Stickerei bedürfe oder nicht. Sie hatte es so eingerichtet, daß sie kaum noch Goldfäden in das Seidengewebe einzuziehen hatte und nur Saïd den Eindruck starken Beschäftigtseins erweckte. Er brauchte eine ruhige Reiterhand und durfte nicht in eine erregte Stimmung der Vorahnungen geraten. Zudem verstand es Sadlyn geschickt, das Gespräch immer wieder auf Hilel zu bringen, was deshalb nicht schwierig war, weil Saïd von nichts lieber sprach als von dem geliebten Herrn und Meister Hilel. So erfuhr Sadlyn alles von seiner Güte und Fürsorge, auch von dem Versprechen, daß Saïd würde lernen dürfen, und von dem gemeinsamen Sprechen der ersten Sura.

Es geschah dann einige Male, daß Sadlyn sich die Augen mit ihrem tiefblauen Schleier wischte, der um ihre Schultern lag, es mußte ihr wohl ein fliegendes Tierchen in die Augen geraten sein. So vertieft waren sie in ihre Beschäftigungen, daß sie das Vergehen der Zeit nicht bemerkten.

Hilel richtete sich indessen in der Verborgenheit seines innersten Gemaches als Tuareg her, legte dunkle Kleidung an und trug Sorge, daß nichts Blitzendes an ihm sei. Dann schlich er, tief in seinen schwarzen Burnus gehüllt, hin zum Stall. Dort war Ferid im Schweiße seines Angesichts damit beschäftigt, den braven Merwan in einen Schimmel zu verwandeln, wobei ihm allerlei Kraftausdrücke entschlüpften, zumal er einen sonst noch ganz guten Sattel überweißen mußte.

Der Scheich also hatte sich in einem Zelt von seinem Sitz erhoben, sich in seinen großen weißwollenen Burnus gehüllt und stand ruhig wartend da, harrte gespannt des Azan-Rufes. Dann war es soweit, dann erscholl vom kleinen Minarett her der Ruf zum Abendgebet, dieser Ruf, der Allahs Größe, Barmherzigkeit und Gnade preist, ihn den alleinigen, den allzeit gegenwärtigen Gott nennt, der sich Mohammed zum Propheten erkor, womit die Gläubigen zum Gebet herbeigerufen werden. Kaum hatte der Imam zu rufen begonnen, als die Wächter des Pferdes Catoul befehlsgemäß, außer Achmed, den Stall verließen. Der Scheich hörte sie gehen und begab sich ins Innere des Zeltes zu seinem Pferde.

Zur selben Zeit hüllte sich Saïd stolz in seinen neuen weißen Burnus und lief zum großen Stall. Dort tat Ferid eben den letzten Strich an Merwan, und der stumme dunkle Sklave stand regungslos im Hintergrunde neben seinem schwarzen Pferd.

Die frohe Kinderstimme rief: »Alles fertig, Ferid? Sieh nur, wie fein

ich bin! Den schönen Burnus hat mir die Mutter gemacht.«
»Warte, ich führe Merwan hinaus, du komm nach«, sagte Ferid.
Die meisten Beni hatten sich zum Abendgebet in die Moschee begeben, und alle, die noch in ihren Zelten geblieben waren, beteten dort, auf ihren ausgebreiteten Gebetsteppichen kniend. So war kein Mensch zu sehen, und unbemerkt konnte alles vor sich gehen. Der Mann mit dem weißen Pferde wurde ebensowenig gesehen wie der mit dem dunklen, und der kleine Knabe schlich lautlos dahin. So begann das große Abenteuer.

9

Draußen waren sie! Ferid nahm Saïds Fuß und schwang den kleinen Knaben geschickt auf das hohe Pferd, gab der Hinterhand einen Schlag, betrachtete dann seine weiß gewordene Handfläche, wollte lächeln, brachte aber nur einen leisen Segensspruch hervor. Mit einem hellen Zuruf sich in den kurz geschnallten Steigbügeln hebend, setzte Saïd das Pferd in Lauf und wandte zum ersten Male den Pferdekopf in die bisher verbotene Richtung des Libanon, wo die Djebelli hausten. Die unbeschlagenen Hufe des Merwan, wie alle Hufe von Wüstenpferden lang und weich, schienen kaum den Boden zu berühren, und Saïd verspürte jetzt tief den Rausch der Schnelligkeit und der federnden Bewegung eines edlen Pferdes unter sich. Alle Unruhe war von ihm gewichen, und er leitete das Pferd nur mit der Verschiebung seines leichten Gewichts, damit auch dem braven Merwan den Ritt seines Lebens schenkend, verspürte der doch kaum eine Last auf seinem Rücken. Hinter dem scheinbar weißen Pferde und dem weißen Burnus des kleinen Reiters bewegte sich in der schnell sinkenden Dämmerung etwas wie ein Schatten: der dunkle stumme Sklave auf seinem dunklen schnellen Pferd. Als die Lust der Ferne Saïd ganz durchströmte, entsann er sich plötzlich des Möwenschreies, der als das Zeichen vereinbart war, und es kam ihm gelegen, einen solch hohen Ruf ausstoßen zu dürfen, schien es ihm doch, als zerspringe ihm das Herz vor Entzücken.
So begann er zwar viel zu früh zu rufen, aber er wollte sich üben, hatte er doch diesen heisern Vogelschrei noch niemals nachgeahmt. Es gelang nicht gut das erste Mal, aber es blieb ja noch viel Zeit, um

es wieder und nochmals zu üben. Der Knabe kam sich vor, als sei er ganz allein auf der Welt, und die ungemessene Freiheit, die ihn umströmte, war herrlich über alle Maßen. Merwan war gleich seinem kleinen Reiter glücklich, und so stürmten diese beiden Gottesgeschöpfe dahin, beide ganz der wunderbaren Weite der Wüste hingegeben.

Der Möwenschrei, immer besser gelingend, ertönte erschreckend laut und klar in der leichten Wüstenluft. Bei seinem ersten Erklingen war der schwarze Sklave so heftig zusammengefahren, daß sein Pferd einen Seitensprung machte. Und seltsam! Weit hinter ihm, von ihm weder gehört noch geahnt, war es einem schneeweißen Pferde ebenso ergangen, einem, das nicht mit Leimfarbe überzogen war wie der bedauernswerte Merwan. Weiter vorne aber, dort wo der Beobachtungsposten der Djebelli sich befand, hatte einer den anderen der zwei Aufpasser gefragt: »Hörst du es? War das nicht der verabredete Ruf, den jener Bettelknabe uns vormachte? Paß auf – lausche!«

Und sie lauschten mit allen Sinnen, hörten dann nochmals den verabredeten Ruf. Mittels ihres vortrefflichen Fernrohres, trotz des ungewissen Lichtes der beginnenden Dämmerung, sahen sie auch jetzt ein weißes Tier sich eilends vorwärtsbewegen.

»Er kommt! Catoul kommt wirklich! Eile, Jakub, laufe was du kannst und melde es Schükri! Er sagte, wer es ihm zuerst meldet, erhält einen Bakschisch, laufe du, mein Brudersohn Jakub!«

Und Jakub lief. Kaum hatte er seine Botschaft ausgerichtet, als das ganze Lager in wilde Erregung geriet. Überall erklang der Ruf: »Catoul kommt! Catoul kommt!«

Und alles lief wild durcheinander. Schükri, auf diesen Augenblick seit zwei Tagen vorbereitet, tat nur einen Griff und hatte seinen Sattelsack, in dem sich fast sein ganzer Besitz von Wert befand, unter seinen Burnus geborgen; hastig warf er Jakub die versprochene bereitgehaltene Entlohnung zu und rannte dann in einer Hast, wie man sie noch niemals von einem Araber gesehen hatte, auf die Stelle außerhalb des Lagers zu, die von dem Beobachtungsposten aus zu übersehen war.

Ihm galt es, das Pferd, das er für Catoul halten mußte, so früh zu erreichen, daß er damit ausbiegen konnte in Richtung Damaskus, ehe noch die im Lager seine Handlungsweise voll erkennen konnten. Da es hieß, daß Catoul ein Pferd sei von der Schnelligkeit des Schlages

einer Schwertklinge, so mußte dieses Abschwenken vom Lager leicht gelingen.
Schükri flog mehr als er lief in Richtung des nun auch von ihm gehörten Vogelrufes und kam an die Lagergrenze, ohne daß einer der Djebelli sich über sein hastiges Laufen gewundert hätte, wußten sie doch alle, daß es Schükri war, dem der ganze Plan und sein Gelingen zu danken sei und der deshalb ein Recht hatte, das geheimnisvolle Pferd, den Talisman der Beni Hussein, in Empfang zu nehmen. Näher und näher klang jetzt der schrille Vogelruf, und schon war deutlich die Gestalt eines weißen Pferdes zu erkennen, das vorwärtszufliegen schien, mit etwas Kleinem, weiß Wehendem auf seinem Rücken.
Das Lager, durch das Schükri raste, summte wie ein aufgeschreckter Bienenschwarm, und der junge Mann begann das Klopfen seines erregten Herzens zu spüren. Er dachte in diesen Augenblicken nicht an Gewinn, er dachte nur an das wunderbare Leben der Freiheit, das ihm winkte. Da war es nun zu sehen, das weiße herrliche Tier, das ihm diese Freiheit verhieß und verschaffen würde! Aus seiner Kehle brach heiser vor Erregung der Ruf hervor: »Yah Catoul! Catoul!«
Den Ruf hörten auch sie, die dem Knaben folgten: der dunkle Sklave und hinter ihm der weiße Freie. Der Sklave auf seinem dunklen Pferde trieb sein Tier auf das äußerste an, damit es dem Merwan nah und näher käme. Vom Lager her raste Schükri herbei, aus der Wüste sprengte das dunkle Pferd heran. Saïd begriff, daß es nun soweit sei, konnte sich aber nicht enthalten, in der Freude über den gelungenen Streich noch einmal den Möwenschrei auszustoßen, der ein Triumphruf sein sollte. Denn als er diesen letzten Ruf ausstieß, war ihm Schükri schon ganz nahe, und da der Djebelli von Anfang an beabsichtigt hatte, den Bettlerjungen Omer zu vernichten, wenn er seinen Auftrag ausgeführt haben würde, sprang er vorwärts und schleuderte auf den kleinen Reiter sein Wurfmesser, das in dieser geschickten Hand zu einer furchtbaren Waffe wurde.
Aber Saïd sah die Bewegung, erinnerte sich der erhaltenen Weisungen und ließ sich zu Boden gleiten, was für die verblendeten Augen von Schükri aussah, als schwebe eine kleine, leichte, weiße Wolke an den Flanken des Tieres entlang. Im gleichen Augenblicke durchzuckte ihn ein heftiger Schreck, denn wie aus dem Nichts hervor sprang ein riesenhaftes, dunkles Etwas herbei, und eine starke Stimme rief: »Hierher, Saïd, gib deine Hand! Dein Fuß auf meinen! Schnell,

schnell!«
Merwan, den Stallgefährten in dem dunklen Tier erkennend, stand völlig still. Saïd aber wußte, wer ihn gerufen hatte, wußte blitzartig, wer »der stumme schwarze Sklave war«, und sein Herz tat einen Freudensprung, während ihn seine Füße fliegend vorwärtstrugen. Fast zu Boden gebeugt, hing die Gestalt auf dem dunklen Tier, und leicht konnte Saïd die herabgestreckte Hand erreichen; er stand auf dem Fuß im Bügel, wurde hochgerissen, in einen dunklen Mantel gehüllt, und schon raste das dunkle Pferd in entgegengesetzter Richtung davon.
»Herr, o geliebter Herr!« flüsterte der Knabe und wurde sich jetzt plötzlich bewußt, daß er etwas bestanden hatte, was voll von Gefahr gewesen war. Ein Zittern befiel ihn, aber die Stimme, die er liebte, sagte stark und ruhig, während der Arm ihn umschloß, der ihn damals aus dem Elend in das »Paradies« führte: »Still, mein kleiner Held, ganz ruhig sein! Es ist vorbei! – Gut vorbei! – Ganz still.«
So sagte Hilel, und so glaubte Hilel. Aber es war nicht vorbei. Denn ebenso wie Merwan still gestanden hatte, als der dunkle Stallgefährte ihm nahe war, ebenso versuchte er jetzt, ihm nachzusetzen. Da aber sprang Schükri vor und haschte nach den losen Zügeln, die er eben noch erreichen konnte. Zwar wurde er ein Stückchen mitgeschleift auf diese Art, wirkte aber doch als haltendes Gewicht und brachte so Merwan zum Stehen. Mit der beruhigenden Stimme, die jeder Reiter auch für ein noch so fremdes Pferd hat, begann er dem Tier, das er für Catoul hielt, gut zuzureden, erhob sich langsam und schwang sich auf den Rücken des Pferdes.
Merwan, soeben noch freudig unter federleichter Last laufend, erschrak furchtbar, als er die Schwere des neuen Reiters fühlte, und begann durchzugehen. Schükri focht das nicht sehr an, um so mehr, als er mittels Schenkeldrucks dieser Flucht dennoch die gewünschte Richtung geben konnte; er klemmte seinen Sattelsack unter seinen Sitz und fühlte sich am Beginn des Gelingens. Die Hände hob er hoch und stieß nun auch einen Schrei aus, den Kampfruf seines Stammes, ein heiseres Jubelbrüllen.

Als sei sie durch diesen Schrei herbeigerufen, so wurde urplötzlich dem erschreckenden Blick des flüchtenden Djebelli eine weiße Erscheinung sichtbar. Ein weißes Pferd, das sich wie fliegend näher be-

wegte, sein langer Schweif wie der eines Sternes hinter ihm, und auf seinem Rücken eine hohe weiße Gestalt, deren weiter, weißer Burnus flatterte. War das nicht Catoul und sein gefürchteter Herr? Aber er saß doch selbst auf Catoul, dachte Schükri verwirrt. Wie konnte denn das sein? Der Weiße Scheich auf seinem weißen Sagenpferd Catoul? Sieht er Geister heute in der Wüste? Er, Schükri, einer von den Djebelli, saß doch auf Catoul! Da ertönte eine starke Stimme: »Merwan, steh!« rief sie, und das Wunder geschah, das Pferd, auf dem er saß, stand, als seien seine Beine in den Boden gewachsen. Auf dem reglos erstarrten Pferde saß, reglos erstarrt, Schükri el Djebel.
In wenigen Sätzen war der Weiße Scheich bei ihm, hielt und sah ihn an. Das Dämmern hatte sich nun in ein weißliches Sternenlicht verwandelt, und die weiße Gestalt des Scheichs auf seinem weißen Pferde war deutlich zu erkennen, seine ruhige Stimme klar zu vernehmen: »Du Dieb und Betrüger«, sagte der Scheich, »du, der du deinen schon befleckten Stamm noch mehr befleckst, du schmutziger Pferdedieb, kennst du nicht das Gesetz der Wüste? Weißt du nicht, daß du deine rechte Hand verscherzt und verloren hast? Reiche sie her!«
Und es geschah das Unerhörte, daß Schükri seinen rechten Arm ausstreckte und die Hand wehrlos dem unausweichlichen Kismet preisgab. Etwas fuhr wie ein Blitz hernieder, und das scharfe Schwert des Scheichs Mohamad al Fasal, des Richters der Wüste, trennte diese diebische Hand mit einem sicheren Schnitt vom Arm. Schükri sank taumelnd vom Pferde und steckte den Stumpf tief in den Wüstensand, der das Blut heilend auftrank.
Der Scheich wandte sich ab, ohne zurückzuschauen; er und sein weißes Pferd waren eben noch wie ein Mondstreifen in der Wüstenferne sichtbar und dann verschwunden. Einsam trottete Merwan hinterher, und verlassen am Boden lag Schükri. Doch nicht lange, denn die, die ihm nachgestürmt waren, fanden ihn bald, hoben ihn auf und pflegten ihn nach der dem Stamme überkommenen vielfach geübten Art und Kunst, eben diese Verwundung zu behandeln.
Als Hilel auf seinem dunklen Pferde wie ein Schatten der Nacht, den kleinen Knaben geborgen bei sich tragend, in gestrecktem Galopp zum Lager zurückstrebte, sah er einen lichten Schein, gleich Catoul und seinem weißen Reiter, an sich vorbeigleiten. Er wandte sich nicht um, denn es galt als ungeschriebenes Gebot, den Scheich auf seinen nächtlichen Ritten nicht zu sehen – war er doch dann nicht der

Scheich Mohamad al Fasal, der auf Catoul, dem mondweißen Pferde, geritten kam, er war vielmehr das Gesetz der Wüste selbst, und dieses war zu erhaben, als daß es von Menschenaugen erschaut werden dürfte. So wandte sich Hilel nicht, als der Lichtstreifen, der ein Pferd war, zum zweiten Mal an ihm vorbeistreifte; er ritt vielmehr ruhig und scheinbar ohne Neugier in das Lager zurück, wobei er die leichten Hufschläge des seinem Pferde folgenden Merwan vernahm.
Kaum aber näherte er sich dem heimischen Raum, als ihm auch schon hin und her huschende Lichter auffielen und die Unruhe vieler vorbeistreifender Schatten erkenntlich ward. Als er sich auf einen Speerwurf genähert hatte, vernahm er Rufe, unterschied die Worte, in jeder Lautstärke wiederholt: »Sie kommen, sie kommen!«
Der Knabe in seinem Arm, der in eine Art wohligen Halbschlummer gesunken war, fuhr auf, fragte erschreckt: »Was ist? Was rufen sie, Herr?«
Hilel lächelte verstohlen, sagte beruhigend: »Sie rufen, Saïd, weil sie gewartet haben, daß wir zurückkämen, und jetzt freuen sie sich. Setz dich auf, mein Kind, denn ihre Freude gilt dir, nur dir allein.«
Erstaunt fragte Saïd: »Mir, Herr? Aber ich tat doch nichts; nur weil du kamst, ging alles gut aus, dir allein ist es zu danken, nur dir!«
Zur Antwort preßte Hilel den Knaben fest an sich, und in ihm sagte eine Stimme, die er schon mehrfach zum Schweigen gebracht hatte, jetzt unwiderstehlich deutlich: »Oh, daß er mein Sohn wäre . . .!«
So kamen sie an des Lagers Umfassung an. Hilel verhielt sein Tier, denn eine geschlossene Menschenmauer ließ ihn nicht weiterreiten: Jetzt teilte sie sich ehrfurchtsvoll, und der Scheich, in seiner unveränderlichen weißen Kleidung, trat vor, kam auf des Sohnes dunkles Pferd zu, sagte: »Gib mir den Knaben, Hilel, mein Sohn«, und streckte die Arme aus. Hilel legte das leichte weiße Bündel in die erhobenen Arme, blieb unbeweglich auf seinem dunklen Pferde sitzen, schaute auf seines Vaters im Lichte vieler Fackeln leuchtendes Gesicht und wartete.
Neben sich vernahm er das zufriedene Schnauben des braven Merwan, der schon von weitem seinen Stall spürte; das war aber auch der einzige Laut, der zu hören war. Stumm und erwartungsvoll standen sie alle, die vorher unruhig gerufen hatten, denn in ihrer Mitte befand sich der Scheich, an ihm war es zu sprechen, an ihnen zu lauschen. Mohamad al Fasal hob den Knaben in dem weißen golddurchwirkten

Burnus hoch, so hoch seine starken Arme reichten, hielt ihn in der fackelerleuchteten Luft und rief: »Seht her, meine Kinder, meine Brüder, seht. Dieses ist der Knabe, den uns das Kismet geschickt hat, auf daß er uns einen Dienst erweise, wie ihn größer und mutiger auch kein Mann hätte vollbringen können. Saïd, den ich heute ibn Fasal nenne, meinen Sohn und den meines Sohnes Hilel, denn er erwarb sich durch sein Tun das Recht auf diesen Namen, er, der uns Catoul gerettet hat vor dem Bösen – seht, meine Kinder, Saïd ibn Fasal!«
Da erhob sich ein Rufen, ein Händeklatschen erscholl, und immer wieder tönte es: »Yah Said ibn Fasal!«
Hilel, in seiner dunklen Kleidung unbemerkt, dachte heiter bei sich: » Will doch sehen, was er jetzt tut, mein kleiner Said! So einfach läßt er sich das nicht gefallen!«
Und wirklich, da geschah es schon. Von seinem erhöhten Standpunkt aus hatte sich Said umgeschaut, suchte er doch etwas ganz Bestimmtes. Jetzt und jetzt hatte er es gefunden. Ein tiefblauer Schleier wehte da im Abendwinde. Hell und jubelnd klang die Knabenstimme: »Anam, yah Anam! Mutter, ach meine Mutter!« rief er über das feierliche Schweigen fort.
Der alte Scheich ließ die Arme sinken, drückte den Knaben an sich, lachte ein wenig und sagte: »Recht hast du, wie meist, mein Kind! Wo ist sie, die dich uns geschenkt? Sadlyn, meine Tochter, komm hierher zu mir! Wem, wenn nicht dir, gehört heute Ehre? Hast du ihn uns doch gegeben, diesen Said ibn Fasal.«
Dieses war der Augenblick, da Hilel von seinem Pferde glitt, das nach Art arabischer Reittiere reglos am Platze stehenblieb. Seine dunkle Gestalt wußte sich Raum zu schaffen, wenn auch manch erstaunter Blick ihn traf, war doch diese dunkle Kleidung, die der der Tuareg glich, hier ungewohnt. Der schwarze Schleier, den Hilel angelegt hatte, um den dunklen Sklaven zu verkörpern, wehte ihm noch um den Kopf, und als er Sadlyn erreichte, wich sie ein wenig erschreckt zurück vor dem unbekannten Manne.
»Sei ohne Sorge, Hanoum Efendim«, sagte Hilel, »du kennst mich dennoch, wenn ich auch fremdartig gekleidet bin; ich kam, um dich zu deinem Sohn zu geleiten, den ich zurückholte und der sich wie ein kleiner Held verhalten hat. Geht zur Seite, meine Brüder, ich bitte euch, der Scheich rief nach Sadlyn Hanoum.«
Die dunkle warme Stimme, die zu vernehmen ihm immer tiefes Er-

freuen war, antwortete ruhig: » Stets habe ich dir nur zu danken, Herr. Wann immer ich von dir hörte, gabst du meinem Kinde Freude. Wie kann ich es jemals heimzahlen, Herr?«
Hilel, der den Weg bahnend voranging, wandte sich lächelnd zurück zu dem tiefblauen Schleier und sagte: »Wer kann es wissen, Hanoum Efendim? Das Kismet schenkt so viel Seltsames – hat das Fragen einen Sinn? Warten wir in gläubiger Ruhe. Hier sind wir angelangt. Sieh, Said, ich bringe dir deine Mutter.«
Der Scheich, der den Knaben noch hielt, ließ ihn jetzt herabgleiten, und sogleich war er auch unter dem blauen Schleier verschwunden. » Wie gut er es hat, unser Saïd ibn Fasal, dem alles Geschehen noch mit dem Schleier der Mutterliebe verhüllt wird. Genug nun, meine Söhne, gehen wir zur Ruhe. Aber wenn es so wäre, daß ihr unsren kleinen Sohn und Bruder ehren wollt – warum nicht eine Fantasia für ihn zeigen?«
Der Vorschlag des Scheiches fand freudige Zustimmung, und dann senkte sich nächtliche Stille über das Lager der Beni Hussein.
Hilel schritt neben dem Vater her, fragte leise: »Erlaubst du mir, dir noch einige Fragen zu stellen, ehrwürdiger Herr?«
Der Scheich wandte dem Sohne ein heiteres Gesicht zu, sagte halb lachend, halb ernst: »Ich verstehe gut, mein Sohn, daß du einiges wissen mochtest, so komme mit mir in mein Zelt, zumal ich dir noch Dank abzustatten habe für dein ausgezeichnetes Verhalten in dieser Sache.«
Sie traten ein, ließen sich nieder, und Hilel sagte leise: »Es war, wie sich erwiesen hat, völlig überflüssig, daß ich hinter dem Jungen herritt, warst du doch selbst dort, Herr.« » Du irrst, mein Sohn. Ich kam nicht als Helfer für den Knaben. Ich kam mit dem Schwert des Gesetzes. Als Hüter des Rechtes vermag ich keine Hilfe zu leisten, welcher Art immer sie auch sei. Wärst du nicht gewesen, wäre der Knabe ein Opfer der Djebelli geworden.«
Hilel sah seinen Vater an, als erblickte er ihn zum ersten Male. » Du willst sagen, Herr, du hättest ihn seinem Schicksal überlassen?«
»Nichts anderes wäre mir möglich gewesen, wenn mir auch das Herz geblutet hätte. Wer das Gesetz der Wüste vollzieht, hat kein Recht, irgend etwas anderes zu tun, sei dieses andere auch das menschlichste, handle es sich auch um die Hilfe am meistgeliebten Sohne. Wußtest du das nicht, Hilel, mein Kind?«

»Ich wußte es nicht, Herr. – Allah, Allah, wie schrecklich!«
»Es ist immer schrecklich für einen Menschen, ein Gesetz und sein Urteil zu erfüllen, welches nicht menschlich, sondern göttlich ist. Doch lasse uns darüber nicht weiter reden, es geziemt sich nicht. Ich danke dir, daß du den Knaben errettet hast. Du liebst ihn sehr, mein Sohn, ist es nicht so?«
Hilel antwortete leise und ernst, als müsse er ein Gelöbnis ablegen: » Ja, Herr, ich liebe ihn sehr. Möchte Allah es gegeben haben, daß er mein Sohn wäre, so hätte ich sonst nichts mehr zu wünschen.«
Der Scheich sah seinen Sohn mit einem seltsamen Blick an und bemerkte halblaut: »Wer wartet, hat oftmals Erfüllung seiner Wünsche zu gewärtigen. Allah ist gnädig. Doch nicht hiervon zu sprechen, kamst du jetzt zur Nachtzeit her, mein Sohn. Ich irre doch nicht?«
»Nein, Herr, du irrst nicht. Ich wollte die Kühnheit haben, dich zu fragen, wie es denn möglich wurde, daß du auf Catoul dort hinauskamst und so genau zu der Zeit dort eintrafst, als jener Dieb erschien. Wie wußtest du von all diesem, Herr, da dich doch niemand von uns damit behelligte?«
Der Scheich, der sich eine Zigarette gedreht hatte und sich sie nun in Behaglichkeit anbrannte mit einem Stück glühender Holzkohle, das er mittels einer kleinen Messingzange dem Mangal entnahm, sagte, zufrieden vor sich hin lachend: »Mein Sohn, wie könnte ich denn ein Herrscher sein in meinem Gebiet, wenn ich nicht wüßte, was unter dem Volk, das ich beherrschen soll, geschieht? Ihr habt eure Geheimnisse, ich habe die meinen. Aber sei sicher, ich weiß alles, was vor sich geht, glaube mir, alles. Ich weiß auch, was es mit Abdallah auf sich hat, genauer noch als du, und daß er verantwortlich ist für das, was heute geschah, vielmehr geschehen sollte. Ich meine den Raub Catouls.«
Hilel sah erschreckt auf den ihm immer rätselhafter werdenden alten Wüstenfürsten, flüsterte scheu: »Du weißt, daß Abdallah ...?«
»Ja, ich weiß, daß er seit damals, als du in Beirut warst und mir über ihn berichtetest, diesen Plan gefaßt hatte. Ich weiß auch, daß heute der, der seine Hand verlor, ginge es gerecht zu, es nicht allein sein sollte, der solche Stafe erlitt.«
Hilel sprang auf, sagte voll Entsetzen: »Allah wermessin! Herr, du würdest doch nicht ...?«
»Beruhige dich, mein Sohn, dieses verlangt mein Amt nicht von mir,

geschah seine Tat doch nicht in der Wüste, lebt er doch, Allah sei gepriesen, nicht innerhalb meiner Gerichtsbarkeit. Nein, ich habe mit ihm einen anderen Plan: Ich werde ihm ein Pferd zusenden, das ich bereits aussuchte, und ein Schreiben mitgehen lassen, das besagt, er möge hinfort dieses Pferd für seine Zwecke verwenden, welche immer sie auch seien, aber meinen alten Catoul in Ruhe lassen. Auch solle er sich niemals mehr vor mir blicken lassen, damit er nicht unter die Gewalt meines Richterschwertes gerate. So ist es, ich denke, gut und gerecht. Meinst du nicht auch, mein Sohn?«

Tief bewegt sah Hilel den Vater an, von dem er heute Dinge hörte und lernte, die ihm neu waren und ihn mit höchster Verehrung erfüllten. »Du nimmst mir eine Last von der Seele, Herr! Wie habe ich deine Antwort auf Abdallahs Tat gefürchtet, und wie sehr danke ich dir, Herr!«

»Laß es gut sein, mein Sohn. Ich strebe nach Gerechtigkeit, soweit ich es vermag und sie mir zu verstehen gegeben wurde. Es ist noch etwas, was ich an diesem Tage, der mir eine hohe Freude schenkte, mit dir, mein Sohn und mein Erbe, besprechen wollte; höre dieses: Bemerkst du nicht, wie die neue Zeit auch zu uns ihren Weg findet? Weißt du nicht, daß du verlacht und verhöhnt wirst, wenn du den ganzen Weg nach Beirut zu Pferde zurücklegst? Sage nichts, ich bitte dich – warte noch, denn es liegt kein Tadel in diesen Worten. Sie dich um: Die Zeit wird uns überlaufen, wenn wir nicht achtgeben. Wir müssen mit ihr gehen, glaube mir, sonst verlassen uns unsere Völker. Sie erleben es von überallher, besonders von den uns benachbarten Djebelli, daß man die Entfernungen mit Automobilen zurücklegt, nicht mit Pferden; daß man Telefone, Fernschreiber hat und auch die anderen Errungenschaften der neuen Zeit nutzt. Und darum, mein Sohn, wirst du, wenn ich starb, zu der Stunde, die Allah mir bestimmte, vieles hier anders einrichten müssen. Lege eine große Pferdezucht an, das ist gut und steht uns zu. Aber außerdem: Stelle viele Automobile ein, lege Leitungen für das elektrische Licht, lasse neue Brunnen graben, kurz, gründe eine Stadt, wo sich jetzt nur ein Lager befindet, und man wird dich suchen als Bundesgenossen.«

Hilel hatte regungslos zugehört, barg jetzt den Kopf in die Hände und schwieg. Sein Vater wartete ruhig, und nach einer ganzen Weile sagte Hilel leise: »Es schmerzt mich, was du sagst, Herr.«

»Das kann nicht anders sein, Hilel, mein Sohn, wenn Altes fällt und

Neues wächst. Wenn ein Mensch wächst, schmerzt es ihn auch in allen Gliedern. Wenn du festhältst an Sitte und Glauben und wenn du nicht das Erbe meines Richtschwertes übernimmst, Hilel, mein Sohn, so wirst du dennoch eines glücklichen Volkes glücklicher Fürst sein können und vielleicht sogar dich einmal mit deinem Bruder versöhnen, besonders dann, wenn du einen Sohn hast.«
Der alte Scheich rauchte und wartete, und Hilel antwortete wie erwartet: »Herr und Vater, du weißt, ich will mich nicht nach der Art unseres Volkes verehelichen, vergib, wenn ich ungehorsam scheine.«
»Es ist schon recht, mein Sohn, ich meinte das nicht so. Warten wir noch ein wenig, und gehen wir jetzt zur Ruhe. Wie mancher gute Gedanke kam schon im Schlaf. Ruhe zufrieden, und es sei dir eine gesegnete Nacht beschieden, mein Sohn.«
Der Wunsch der Ruhe ging nun freilich nicht in Erfüllung, denn alles, was der Scheich gesagt hatte, wuchs sich, je mehr sein Sohn und Erbe darüber nachdachte, desto bedeutungsvoller in ihm aus. Da Hilel noch ein junger Mann war, der nicht einmal das dreißigste Jahr erreicht hatte, war ihm begreiflicherweise die Zukunft ein größeres Anliegen als die Gegenwart, ja er verstand durchaus, warum sein Bruder Abdallah sich völlig vom Leben des Stammes gelöst hatte, war es doch für einen jungen und strebsamen Mann schwer, das in vielem entsagungsvolle Leben des traditionsgebundenen Muslim zu führen. Dennoch hatte Hilel, der ein durchaus lebensfreudiger Mensch war, es bisher für besser gefunden, die Lebensform des Wüstenstämmlings beizubehalten, um nicht in der Masse zu verschwinden, wie das für einen Araber, der westeuropäisch lebte, unvermeidlich wurde.
Während sich Hilel aber in dieser für ihn nahezu schlaflosen Nacht alle Worte seines Vaters nochmals durch den Sinn gehen ließ, wurde es ihm klar, daß der starke und große Mann, der heute noch Scheich der Beni Hussein war, in allem recht hatte, was er äußerte. Zugleich aber fiel Hilel auf, wie oft sein Vater die Worte »dein Sohn« gebraucht hatte. Wußte der Scheich denn nicht, wie sehr sein ältester Sohn immer noch unter dem Tod jenes kaum geborenen Knaben litt? Warum berührte er diese unverheilte Wunde immer wieder?
Schon dämmerte es, und Hilel war des ermattenden Hinundherwerfens auf seinem Lager müde; er erhob sich leise und trat an den Zelteingang, sog die zu dieser frühen Stunde kühle und erfrischende Luft der Wüste tief in sich hinein. Und wie er so in Richtung der aufge-

henden Sonne blickte, da war es ihm, als verstände er plötzlich seinen Vater, als wisse er, daß dessen Worte nicht rückwärts, nein, vorwärts wiesen. »Mein Sohn«, sagte Hilel sehr feierlich und leise und fühlte zugleich das tiefliebende und vertrauende Anschmiegen eines Knabenkörpers, schien eine junge Stimme zu hören, die halblaut sagte: »Herr, geliebter Herr.« Tiefbewegt, die geheimnisvollen Wege des Kismets blitzartig erkennend, sagte Hilel, leise in die aufgehende Sonne und ihre Helle hineisprechend: »Mein Sohn, mein kleiner Sohn!« Aber das Lächeln, das ihm in seiner Vorstellung vorschwebte, spiegelte sich nicht auf einem Knabenantlitz allein, sondern auch auf dem ernsten Frauengesicht, das sich unter einem tiefblauen Schleier verbarg.

10

Im Lager der Beni Hussein herschte Frieden und Freudigkeit bei allen, außer bei dem ehrwürdigen Scheich selbst. Es verging kein Tag, daß er nicht nachfragte, ob noch keine Nachricht von Mehmed, dem Armenier, gekommen sei, kein Tag, an dem nicht seine Unruhe und Ungeduld größer und verzehrender wurde. Er, der immer geglaubt hatte, die Untugend der Ungeduld überwunden zu haben, sah schmerzlich ein, daß dem nicht so sei, und vermied es, Hilel oder Saïd zu sich zu befehlen, um diese zwei, um die es ihm zutiefst ging, nicht merken zu lassen, wie es um ihn stand.
Aber wie es immer geschieht: Wenn es scheinbar gar nicht mehr weiter geht und man meint, an allem verzweifeln zu müssen, so ist schon die Prüfungszeit vorbei. An einem umwölkten Tage gegen Abend, als alle schon wieder das Nahen eines Shimoums befürchteten, geschah es, daß vor dem Dämmern sich das pustende Geräusch eines Kraftwagens hören ließ und bald ein völlig verstaubtes Gefährt sichtbar wurde, daß sich offenbar mit letzter Kraft dem Lager näherte.
Die Wächter am Eingang des Lagers, voll Mißtrauen gegen dieses neuartige Verkehrsmittel, kamen scheu herbei, wichen aber erschreckt zurück, als ein kaum kenntlicher, verstaubter, taumelnder Mensch sich aus dem Wagen herauswand und ihnen nahezu vor die Füße fiel.
»Kennt ihr denn Mehmed nicht mehr, meine Freunde?« sagte eine heisere Stimme, und in dem staubgezeichneten Gesicht unter der Ka-

puze erkannten sie dann auch den Boten des Scheichs. Müde und kaum vernehmlich bat er, man solle ihn nur baden lassen und dem Fahrer eine Ruhestelle anweisen, dann wolle er sogleich dem Scheich Bericht erstatten.
Einer aber sagte mahnend: »Jeden Tag hat der Gebieter nach dir gefragt, Mehmed, jeden einzelnen Tag!«
»Ich verstehe das, meine Freunde, laßt ihm melden, ich werde sogleich bei ihm erscheinen! Nur so nicht! Ihr seht, es wäre nicht geziemend«, und er wies auf seine verstaubten Gewänder.
»Er kam? Er ist hier? Warum kommt er nicht zu mir?!« rief der Scheich erregt und ließ Mehmed sagen, staubig oder nicht, er solle sogleich vor ihm erscheinen. Dennoch mußte der Scheich ein wenig warten, dann war es nach kurzer Zeit ein gesäuberter und nach Frische duftender Mann, der vor ihm stand, sich tief verneigte und sogleich sagte: »Herr, jener Galyb ist tot. Er wurde am Hafen von Beirut von einem Räuber getötet, und das ist der Grund, warum sein Sohn dort hilflos aufwuchs. Dieses ist's, was ich herausfand, Herr.«
Der Ungeduld des Scheichs währte der Bericht seines Boten und Sachwalters viel zu lange, und er ging über alle die verschiedenen Berichte der Nachforschung hinweg, als hätten sie keine Mühe gekostet. »Du bist sicher, daß er starb, Mehmed?«
»Sicher, Herr, und hier, um deine letzen Zweifel zu beheben, der Brief des Scheichs jenes Stammes.«
Mehmed reichte das Schreiben, das in einem kleinen Beutel von grüner Seide eingeschlossen war, feierlich dem Scheich, und der durchflog es ebenso ungeduldig, wie er sich in dieser ganzen Sache gezeigt hatte.
»Was ist das? Was sagt er hier, dieser Dieb von einem Scheich? Das Kind will er haben? Den Sohn seines Brudersohnes? Welch eine Anmaßung! Hast du ihm nicht gesagt, daß dieses Kind ein Beni Hussein ist, da es das Stammeszeichen auf der Brust trägt?«
Mehmed zuckte hilflos mit den Schultern, sagte bedauernd: »Ich sagte es, Herr. – Aber wer bin ich, daß ich einem Scheich widerspräche?«
Der Scheich ging erregt hin und her, und Mehmed wartete eine kleine Weile, bemerkte dann halblaut: »Vergib, Herr, lasest du das Schreiben zu Ende? Mir scheint, es war von einer Verständigung die Rede, wenn ich den Boten jenes Scheichs richtig verstanden habe.«

Das Hin- und Herlaufen des Scheichs hielt ein. »Verständigung, sagst du? Wo ist das Schreiben? Ja, hier! ›... *der Knabe ... oder wenn nicht er*...‹ – Mehmed, gesegneter Bote, du hast recht! Hier steht es: ›*Wenn nicht er, dann die Pferde, um derentwillen mein Bruder Galyb sterben mußte ... So viele wie du, mein Bruder, den Knaben für wert hältst*...‹ so schreibt jener Tor. Mehmed, was glaubst du, wie viele Pferde der Knabe Saïd mir wert ist?«
»Herr«, sagte Mehmed vorsichtig, »so viele wie du jetzt vermeinst, wäre das nicht zuviel?«
Über diese Antwort höchster orientalischer Weisheit mußte der Scheich so herzlich lachen, daß er alle Besorgnis vergaß. »Wir reden noch weiter darüber, Mehmed, und mein Dank in Wort und Tat ist dir gewiß, denn du hast mir einen großen Dienst geleistet. Wie groß, weißt du selbst nicht. Gehe nun zum Zelte des Herrn Hilel und sage seinen Dienern, man möge ihm bestellen, daß ich ihn erwarte, so wie er sich vom Lager erhob. Geh, und sei nochmals bedankt.«
Mehmed ging, und um seinen klugen Mund spielte ein sehr gedankenvolles Lächeln, als er seine Botschaft an Hilels Diener weitergab. Niemals noch in all den Jahren, seit er des Scheichs Bote war, hatte er diesen ehrwürdigen in solcher Erregung gesehen. Was ging hier vor? Vielmehr, was bereitete sich vor? Ahnte er richtig und wenn, wie würde sich dann das kommende Ereignis für den Stamm auswirken? Klüger als Hilel war Mehmed. Denn ahnungslos betrat der Sohn des Vaters Zelt und nahm an, es handle sich bei der befohlenen Unterredung um eine der zahlreichen verwaltungsmäßigen Angelegenheiten des Stammes.
Die feierliche Begrüßung des Vaters, der ungewöhnlich ernste Segenswunsch ließen ihn erstaunt aufsehen. Kaum ließ der Scheich ihn das übliche »Du hast befohlen, Herr« aussprechen, als er schon fragte: »Mein Sohn, sage mir, du liebst diesen unseren kleinen Saïd wirklich? Oder ist es bei dir nur eine Laune, die dich zu dem Knaben zieht?«
Erstaunt sah Hilel seinen Vater an, »Ich liebe ihn wirklich, Herr. Aber was bedeutet deine Frage?«
Ungeduldig wehrte der Scheich ab: »Antworte weiter, mein Sohn; würdest du ihn gerne zu deinem Sohn haben wollen?«
Mehr noch wuchs Hilels Erstaunen, unsicher antwortete er: »Warum, Herr, fragst du so? Ich verstehe dich nicht!«

Noch ungeduldiger als vorher bestand der Scheich auf einer Antwort. »Sage mir ohne Umschweife, möchtest du ihn zu deinem Sohn haben, diesen Saïd?«
Hilel entschloß sich, schon um diese ihm sinnlos erscheinende Art der Befragung zu beenden, wahrheitsgemäß zu antworten und sagte: »Ja, Herr, ich würde ihn gerne zu meinem Sohn haben.«
Der Scheich stand auf; er strahlte über sein schönes altes Gesicht, sagte laut: »Gut, ich gebe ihn dir zum Sohne und mir zum Sohnessohn, zum einstigen Erben nach dir. Und der Segen Allahs sei darüber.«
Hilel war auch aufgestanden, starrte seinen Vater hilflos an. »Herr, Herr, welch ein Scherz ist das? Treibst du deinen Spott mit mir, mein Herr und Vater? Ist das deiner würdig, Herr?«
Aber statt zornig zu werden, lachte der Scheich jetzt herzlich, legte die Hand auf Hilels Schulter, schüttelte den Sohn ein wenig, sagte heiter: »Kein Scherz, mein Kind! Ich habe auf Grund meiner Nachforschungen erfahren, daß jener Galyb, des Kindes wirklicher Vater, im Hafen von Beirut ermordet wurde, weshalb das Kind dort hilflos als Bettler blieb. Und ich denke, mein Sohn Hilel, du würdest nichts dagegen haben, Sadlyn Hanoum zu deinem Weibe zu machen und so in Wahrheit der Vater Saïds zu werden? ... Oder irre ich mich?«
Ernst forschend sah der Scheich dem Sohne in die Augen, und er mußte lächeln, als er über das männliche Gesicht eine tiefe Röte huschen sah.
»Es ist gut, mein Sohn, ich habe meine Antwort; lege das Weitere in meine Hände und sei unbesorgt. Besser, du sprichst noch nicht mit Saïd, ehe ich ihn sah.«
Hilel verbeugte sich, keines Wortes mächtig, und verließ stumm den Vater, um sich in seinem innersten Raum zu verkriechen und Welle um Welle eines ungeahnten Glücksgefühls über sich hinfluten zu lassen.
Der Scheich aber handelte voll Ungeduld weiter. Er ließ Sadlyn zu sich bitten, wußte aber, daß ihm nun ihr gegenüber eine schwerere Aufgabe bevorstand, denn welcher Mann kannte sich in einer Frau jemals aus? Als sie dann vor ihm stand, in ihren unvermeidlichen blauen Schleier gehüllt, war er froh, daß er ihr Gesicht nur schattenhaft sehen konnte, denn auf diese Weise würde es für ihn leichter werden. Er begann: »Sadlyn, meine Tochter, würdest du froh sein, wenn dein

Sohn Saïd einen Vater hätte?«
Sie richtete sich erstaunt auf, sagte: »Ich denke, er hat einen, der seiner nicht achtet?«
»Du irrst, meine Tocher, jener Galyb wurde ermordet in Beirut, weshalb der Knabe in Verlassenheit am Hafen aufwuchs.«
Die Frau sank auf dem Boden zusammen, als verließe sie alle Kraft, und der Scheich wußte nicht, litt sie oder fühlte sie Befreiung. Er ließ ihr Zeit, sich zu fassen, und wiederholte leise: »Würdest du froh sein, wenn er einen Vater hätte?«
Und zum zweiten Male an diesem Morgen wurde dem Scheich die gleiche Antwort: »Herr, du spottest meiner.«
Erschreckt antwortete er: »Du irrst, meine Tochter, ich spotte nicht; dafür habe ich Saïd zu lieb, halte ich seine Mutter zu hoch. Ich frage ernsthaft und bitte dich, ebenso zu antworten.«
Ohne Zögern kam jetzt die Antwort: »Für Saïd wäre es ein Glück, aber wie sollte es ihm zuteil werden können?« Da nannte der Scheich nur einen Namen, tat es ernst und deutlich, sagte: »Hilel.« Und auch hier erhielt er, trotz des verhüllten Schleiers, seine Antwort.
Die Frau sprang auf, preßte die Hände auf die Brust, wiederholte leise: »Hilel? Er will ihn mir nehmen?«
Der Scheich kam nahe zu ihr und flüsterte: »Nicht ihn dir nehmen, dich nehmen und ihn.«
»Oh, Herr?« hauchte sie, neigte sich ein wenig und lehnte den Kopf auf seine Schulter. »Zuviel des Glückes. Viel zuviel!«
Behutsam hielt der Scheich die Frau mit einem Arm umschlossen, strich über den verschleierten Kopf, sagte leise: »Da ich nun dein Vater in Wahrheit sein werde, Sadlyn, willst du mir das Vertrauen schenken und die Ehre erweisen, mir dein Antlitz zu zeigen?«
Mit einer schnellen Bewegung schlug sie den blauen Schleier zurück, neigte den Kopf und ließ sich den Kuß des Vaters, wie das Brauch war, auf die Stirn drücken.
»Allah segne dich, Tochter, und vergiß nicht, daß dieser mein Sohn Hilel ein tief einsamer Mann ist, der immer alles ernst nahm, worüber andre junge Männer lachten. Bedenke auch, daß er Saïd wirklich liebt und dessen Mutter verehren wird. Gib ihm, Tochter, was er entbehrt: Glück in Frieden und Freude!«
Sadlyn hatte gesenkten Blickes zugehört, schaute jetzt auf und sah den alten Scheich an, sagte tief bewegt: » Seit ich den Namen des

Herrn Hilel von meines Sohnes Lippen hörte, war es nur Liebe, Verehrung und Dank, womit er ihn aussprach. Glaubst du nicht, ehrwürdiger Herr, daß schon Dank allein mich für ihn beseelen würde – wenn nicht ...«

Aber die Hand des Scheichs verschloß der Frau die Lippen; er lächelte, sagte halblaut: »Nicht mir zuerst, das wäre Raub! Nur ihm allein sage es, und schon wirst du Glück verschenken. Geh jetzt, Tochter, und wenn du mir eine Gunst erweisen willst, so schicke mir Saïd! Lasse ihn durch deine Diener aus meines Sohnes Zelt holen, denn ich will es ihm sagen, und mein Herz wird daran froh und jung werden.«

Die Frau verneigte sich, murmelte: »Es wird geschehen, Herr«, und glitt wie ein Schatten davon. Der Scheich ließ sich auf seine Kissen nieder und schaute erwartungsvoll auf den Zelteingang. Wie lange, ach, wie unsagbar lange war es her, daß er sich von so ungestümer Freude erfüllt gefühlt hatte wie jetzt, da er dem Kommen eines kleinen Knaben entgegensah? Jetzt hob eine unsichtbare Hand den Vorhang, und die kleine Gestalt in dem immer voll Stolz getragenen weißen Burnus wurde sichtbar. Wie es ihn gelehrt worden war, vollführte Saïd die gebotenen Gebärden der Ehrfurcht und des Grußes, kam dann herbei, stand vor dem Scheich mit über der Brust gekreuzten Händen und murmelte: »Du hast befohlen, Herr?«

Der Scheich streckte die Hand aus, und seine Augen strahlten: »Komm her zu mir, Saïd, da setze dich hin zu mir ganz nahe und sieh mich an, mein Kind. Sage mir, du hast den Herrn Hilel lieb, ist es nicht so?«

Das Leuchten, das stets bei Erwähnung dieses Namens aus des Knaben Augen strahlte, glänzte auf, und Saïd sagte einfach: »Sehr lieb, Herr.«

»Und deine Mutter?«

»Meine Mutter, Herr, ist sanft und schön, und sie hat den blauen Schleier.«

»Du hast recht, Saïd, und du hast es besser gesagt, als mancher Mollah es vermöchte. Wenn es sich nun so gäbe, daß Hilel und deine Mutter beide bei dir wären, würde dir das Freude bereiten, Saïd?«

Der Knabe hob den Blick ernst zum Scheich und sagte traurig: »Es ziemt sich aber nicht, Herr!«

»Saïd, wenn nun Hilel dein Vater wäre, dann aber ziemte es sich.«

Und dem großen und klugen Scheich der Beni Hussein geschah es,

daß er zum dritten Male an einem Morgen die gleichen Worte zu hören bekam: »Du spottest meiner, Herr!« Da konnte sich Mohamad al Fasal nicht mehr beherrschen und vermochte sein Frage-und-Antwort-Spiel nicht fortzusetzen. Er erhob sich mit gewohnter Geschmeidigkeit aus seiner hockenden Stellung, zog den Knaben mit sich auf, hielt ihn hoch, hoch in die Luft und rief: »Aber er wird dein Vater, Saïd! Hörst du mich, Hilel wird dein Vater, und du wirst den blauen Schleier zugleich mit seinem Schwert und seiner Liebe haben, Saïd!«
Der Knabe verstand, daß hier Wahrheit sprach, aber sie war zu gewaltig, zu stark, um ganz erfaßt zu werden. Ein Beben ging durch seinen Körper, hilflos griff er abwärts, faßte nach den Armen, die ihn hochhielten und ihn nun behutsam herabhoben, glitt an des Scheichs weißen Gewändern entlang, klammerte sich fest und schluchzte haltlos in die Falten hinein.
Erschreckt beugte sich der alte Scheich ganz tief herab, fragte scheu: »Was ist denn, mein Kind? Sage mir, was ist? Freust du dich nicht? So sprich doch – ich beschwöre dich – rede!«
Saïd strich zum ersten Male ganz sacht über des Scheichs Gesicht, und der große alte Mann hielt die zärtliche Kinderhand fest. Bebend noch, fast stammelnd, sagte Saïd: »Dann wirst du – wirst du mein Großvater...?« Und das Wunder geschah, daß der schwertgewaltige große Wüstenfürst kein Wort hervorbrachte, denn diese Anrede hatte er noch niemals vernommen, und sie dünkte ihm vielfach herrlicher als alle Titel seiner Macht.
»Dein Großvater, ja, so ist es«, sagte er endlich mühsam, und jetzt brach bei Saïd die große, die gewaltige Freude durch.
»Wenn Hilel mein Vater wird – wie geschieht denn das, Herr?«
Der Scheich sagte leise: »Sag nicht Herr, sag's noch einmal, Saïd!«
»Was denn, Großvater?«
»Ja, eben das. Du mußt mich immer so nennen, nie mehr Herr, willst du, mein Saïd?«
»Oh, gerne – du bist so schön, Großvater! Ach, sage mir doch, wie wird er denn mein Vater?«
Der Scheich mußte lachen, gab aber gehorsam Auskunft, denn auf dieses Zauberwort hin würde er alles getan haben, alles, was der kleine Mann begehrte. »Es ist ganz einfach, Saïd; der Imam sagt, zwei, drei Worte, und dann ist deine Mutter Hilels Weib, und du

kannst mit ihnen beiden zusammen sein, so lange wie sie leben und du auch.«

Da aber war Saïd schon davongelaufen, und er rannte wie ein Windstoß die wenigen Schritte bis zum Zelte Hilels, sein kleiner weißer Burnus war die Wolke im Winde. Und wie der Wind auch brach er bei Hilel ein, schrie, jauchzte, jubelte, jubelte nur immer das eine für ihn so wunderbare Wort: »Vater! Vater! Vater!«

Viel später erst fiel es ihm ein zu sagen: »Siehst du, Vater, daß ich recht hatte, wenn ich gleich wußte, es wäre hier Djehennet?« Hilel hielt den Kleinen fest und konnte sich nicht entschließen, ihn gehen zu lassen. Es war solch großes Geschehen, das sich ihm offenbart hatte, und mit Ungeduld sah er nun dem Tage seiner Vermählung entgegen, der auch den Klang der warmen tiefen Stimme in sein Leben bringen sollte und das Lächeln des geliebten Knaben auf dem Angesicht der Mutter.

Zweiter Teil

Die Pferde des Weißen Scheichs

1

Saïd ibn Fasal stand am äußersten Rand des Lagers der Beni Hussein und schaute hinüber in jene Richtung, in die zu schauen ihm in seiner frühesten Jugend verboten worden war – zum Lager der Djebelli. Wie das leuchtete und strahlte von dort drüben her! Die Wüste schien im weiten Umkreis in ein seltsames Zauberland verwandelt. Wie düster, wie kaum kenntlich lag dagegen das vertraute Lager des eigenen geliebten Stammes in der Wüstennacht! Mußte das so sein? Es verdroß Saïd, daß drüben alles strahlte und hinter ihm alles dunkel war. Während er diesen Gedanken nachging, blendete ihn jäh das Licht eines Scheinwerfers, der jedoch sogleich wieder zur Seite schwenkte, um dem vertrauten Dunkel der Wüste zu weichen, über der sich weithin der Sternenhimmel breitete. Vom Eingang des letzten Zeltes blickte Hassan, der getreue Leibdiener Saïds, unverwandt zu dem Jüngling herüber. Er verließ schließlich seinen Beobachtungsposten und begab sich zu Hilel, dem Scheich der Beni Hussein, bei dem er stets Zutritt hatte.

Hilel saß auf einem erhöhten Kissen und hatte jenes kleine Tischchen mit den vielen Schubladen neben sich, das einst seinem Vater, dem Großen Weißen Scheich, gehört hatte. Er war mit einigen Berechnungen beschäftigt; Hassan blieb reglos am Eingang des Zeltes stehen und wartete, bis der Herr aufschauen würde. Es dauerte eine kleine Weile, dann sagte Hilel, der bei Hassans Eintreten gar nichts dergleichen getan hatte, ohne aufzublicken: »Nun, Hassan, was ist? Hast du mir etwas über meinen Sohn zu vermelden?«

Hassan grüßte, wie es sich gebührte, trat etwas näher und sagte: »Herr, es ist zu berichten, daß Herr Saïd sich Abend für Abend, wenn bei den Djebelli die falschen Lichter entzündet werden, nahe dem Ausgang unseres Lagers aufhält, wo der Blick zum anderen Lager frei ist, und hinüberschaut. Ist es dir genehm, Herr, mit dem Herrn Saïd darüber zu sprechen, oder siehst du es als überflüssig an? In jedem

Falle wollte ich es dir mitteilen, Herr. So ich unrecht tat, vergib mir, Herr.«
Hassan grüßte wieder zum Zeichen, daß er nichts mehr zu melden habe, und Hilel legte die Papiere beiseite, an denen er gearbeitet hatte. Er erhob sich mit jener Geschmeidigkeit, die wohl nur dem Muslim eigen ist, und sagte ruhig: »Du tatest recht, Hassan, mein Freund. Führe mich jetzt dorthin, wo sich mein Sohn befindet, und laß uns dann allein. Seien wir leise, auf daß wir ihn nicht verscheuchen. Geh voran, ich folge!«
Mit der Lautlosigkeit der Wüstenbewohner bewegten sie sich in ihren dunklen Burnussen dahin, zwei Schatten gleich, die unter den Sternen herzogen. Wortlos wies Hassan auf die schmale Gestalt im hellen Burnus und entfernte sich mit einem Gruß.
Als Hilel zu Saïd herantrat, machte er seine Schritte absichtlich laut, um den Jüngling nicht durch eine plötzliche Anrede zu erschrecken. Saïd wandte sich blitzschnell um, bereit, jede ungebührliche Störung abzuwehren, erkannte dann seinen Vater und tat einige Schritte auf ihn zu. Er grüßte ihn wie immer mit einem Lächeln tiefer Freude.
Hilel legte die Hand auf des Sohnes Schulter und begann leise, um die Stille der Nacht nicht zu stören: »Du betrachtest die Sterne, mein Sohn Saïd, die nirgends so strahlend nahe sind und so hell leuchten wie über unsrer geliebten Wüste?« Er wußte genau, daß dem nicht so war, aber er wollte Saïd damit die Möglichkeit geben, nach seinem Willen zu antworten. Saïd erkannte, daß Hilels Besuch zu dieser Stunde eine ganz besondere Bedeutung haben mußte, und erwiderte leise: »Du weißt es gut, geliebter Herr, daß ich nicht um der Sterne willen hier bin. Es ist ein anderes Licht, das mich lockt, jenes dort!« Und er wies mit ausgestrecktem Arm hinüber zum Lager der Djebelli, die gerade in diesem Augenblick wieder das starke Suchlicht über die beiden streifen ließen. Hilel und Saïd bedeckten die Augen mit dem Zipfel ihres Burnusses, wie sie es bei allzu starker Sonnenhelle zu tun gewohnt waren, und sahen sich dann etwas beschämt an. Der Wüstenaraber liebte es nicht, Schrecken oder Staunen zu zeigen.
»Warum lockt dich das fremdartige Licht von drüben, mein Sohn Saïd?« fragte Hilel ruhig und wußte, er würde die Wahrheit erfahren, denn sein Wahlsohn hatte ihn noch niemals belogen, auch dann nicht, wenn es von Vorteil für ihn gewesen wäre. Saïd gestand ohne Zögern: »Die neue Zeit, die aus diesem Lichte spricht, ruft nach mir, die

neue Zeit, die ich kennenlernte, wann immer ich in Damas zu meinen Lehrgängen weilte, die neue Zeit, die in Schnelle und Helligkeit dahinzieht, die alles besiegt und hinter der wir in Dämmern und Trägheit zurückbleiben. Darum, geliebter Herr, stehe ich allabendlich hier, darum schaue ich nicht zu den Sternen, die in ewiger Ruhe dort oben stehen, sondern zu den Lichtern, die da drüben leuchten und blenden. Verstehst du mich, Herr – oder zürnst du mir?«
Saïd sah zu Hilel auf und erkannte, daß dieser ihn verstand. Er legte den Arm um seines Sohnes Schulter und forderte ihn auf: »Komm mit mir, mein Sohn Saïd, ich habe mit dir zu reden. Und denke nicht, daß ich dich nicht verstanden hätte. Komm, Saïd!« So gingen sie vertrauensvoll aneinandergeschmiegt in das Lager zurück.

Unmittelbar darauf ließen sich im Lager der Djebelli die zwei Bediener der Hauptlichtstation bei ihrem Scheich melden.
Scheich der Djebelli war nicht mehr Ali Muled Djebel el Djebelli, der Vater des jungen Machmud, sondern Schürki ibn Bekir, jener Schürki, dem der letzte Bewahrer des Gesetzes der Wüste, der Große Weiße Scheich, einst als gerechte Strafe die Rechte, die Diebeshand, abgeschlagen hatte. Er empfing die beiden Beleuchter in seinem Zelt, das wie das Büro eines Generaldirektors eingerichtet war. Zur Vervollständigung dieses Bildes fehlte eigentlich nur noch eine Sekretärin, aber das konnte selbst Schürki den Ältesten des Stammes denn doch nicht antun. Wenn er einen Schreiber brauchte, so fand er überdies Hilfe genug, denn die Jugend drängte zu ihm, da er ihren Ehrgeiz zu erfüllen versprach, zu dem fortschrittlichsten Wüstenstamm zu gehören.
Die Jugend wäre Schükri auch nach Damas gefolgt, wenn er das Wüstenlager hätte ganz abbrechen oder mindestens nur noch die Alten dort zurücklassen wollen. Aber der kluge Schükri hatte bereits erkannt, wie wichtig es war, um der Pferdezucht willen am alten Lager festzuhalten. Er hatte durch Abdallah ibn Fasal, der in Beirut eine französische Autofirma vertrat, auch die Verbindung mit dessen Freund, dem französischen Rennstallbesitzer Lautrec, gewonnen, und so wußte er genau, daß das arabische Pferd für Europas große Ställe von Wert war. Daß der Vertreter des Barons Lautrec Schükri mit der Beschaffung einer Prothese für die verlorene Hand außerdem noch persönlich einen großen Dienst erwiesen hatte, sei nur am Rande er-

wähnt. Jedenfalls half dieses technische Wunderwerk Schükri, sich ganz als Bahnbrecher einer neuen Zivilisation zu fühlen.
Schükri war soweit mit seinem Schicksal zufrieden. Es versteht sich von selbst, daß er niemals die Absicht hatte, den jungen Machmud Scheich werden zu lassen, aber das war eine Frage der Zukunft. Inzwischen hatte man Zeit, um Saïd von den Beni Hussein mit in die weitschauenden Pläne einzubeziehen.
Als darum Schükri an diesem Abend gemeldet wurde, Saïd stünde wieder dort wie allabendlich und blickte zu den Lichtern der Djebelli hin, und als dazu Machmud eintrat und am Eingang stehenblieb, wie es sich geziemte, rief der Scheich ihn sogleich zu sich heran und sprach wie immer besonders freundlich mit ihm.
»Komm her zu mir, Machmud«, begann Schükri halblaut, »setz dich auf den Schemel dort und sag mir: Hast du nicht Saïd ibn Fasal mehrfach in Damas getroffen?«
Erstaunt sah Machmud den Scheich Schürki an, denn dieser mußte doch wissen, wie unvermeidlich oft sie sich in Damas bei ihren Studien begegnet waren. Aber er antwortete ruhig und höflich: »Du sagst es, Herr.« Schükri nickte, fragte weiter: »Ihr habt miteinander gesprochen, wenn ihr euch traft, und es gab zwischen euch keinerlei Feindschaft, nein?« Ein Lächeln huschte über des jungen Menschen schöne Züge, und er gestand heiter: »Feindschaft, Herr? Zwischen Saïd und mir? Warum sollte es da Feinschaft geben? Wir waren immer beisammen, im Unterricht; und wenn er auch klüger ist als ich – deshalb, Herr, gibt es doch keine Feindschaft! Außerdem half er mir, wo er nur konnte. Wir sind Freunde.«
Das alles bekannte Machmud sehr ruhig und bestimmt. Schükri freute sich heimlich, beugte sich vor, faßte nach des Jünglings Arm und sagte lebhaft: »Das ist sehr gut! So wird es dir eine Freude bedeuten, zu den Beni Hussein hinüberzureiten, dem Scheich Hilel meine Friedensbotschaft zu überbringen – du als Sohn deines Vaters – und Saïd aufzufordern, mit dir zu uns zu kommen, damit du ihm unsere elektrischen Anlagen zeigen kannst. Es wird auch ihm Freude bereiten; denn du mußt wissen, Machmud, daß er Abend für Abend drüben steht und zu unseren Lichtern herschaut. Willst du hinüberreiten? Ich gebe dir ein Gefolge mit, da es eine feierliche Friedensbotschaft sein soll.«
In höchst unziemlicher Art und Weise war Machmud aufgesprungen,

stand strahlend vor Schükri, beugte sich tief und sagte feierlich: »Herr, ich danke dir aus tiefster Seele! Du erfüllst mir meinen geheimsten Wunsch, denn immer schon hat es mich gepeinigt, daß mein Freund meinem Stamme ein Feind sein sollte. Wann darf ich reiten, Herr? Heute? Jetzt gleich?« Schükri mußte lachen, dämpfte den Eifer freundlich und sagte mahnend: »So schnell geht es nicht, Machmud, mein Freund. Ich muß erst einigen Stammesfürsten mitteilen, warum ich diesen Schritt tue, sonst wenden sie sich gegen mich. Aber morgen in der Frühe, dann darfst du reiten!« Eine schlaflose Nacht frohester Erwartung wurde es für den jungen Machmud.

Während Machmud die Vorfreude nicht schlafen ließ, saßen Hilel und Saïd beisammen in jenem Teil des Zeltes, in dem der junge Scheich sonst seine Verwaltungstätigkeit auszuüben pflegte.

Saïd hockte am Boden und sah erwartungsvoll zu Hilel hin, der aus dem kleinen Schränkchen seines Vaters einige beschriebene Blätter hervorsuchte. Trotz aller Ungeduld, die Saïd beherrschte, wartete er wortlos, wie es die Ehrfurcht verlangt, bis der Scheich sprechen werde. Hilel breitete ruhig die Papiere vor sich aus und begann:

»Mein Sohn Saïd, es ist mit ein willkommener Anlaß, mit dir über Dinge zu sprechen, die im Zusammenhang mit den Lichtern der Djebelli stehen, zu denen du so sehnsuchtsvoll hinschautest ... Ich weiß, du verlangst nicht fort von mir, und doch – Saïd, mein Kind – kann es nicht immer so bleiben, wie es bisher war – das weißt du selbst. Ist es nicht so?«

Saïd sah zu Boden, betrachtete das Muster des Teppichs und schien sich mit seinen Gedanken in die kunstvoll verschlungenen Blumenmuster einzuspinnen. Hilel wartete schweigend. Plötzlich sah Saïd auf und sagte: »Es ist so, geliebter Herr, ich weiß es, denn alles, was ich bisher lernen durfte, will verwertet werden – aber ich weiß nicht, wie.«

»Eben das will ich versuchen, dir darzulegen, mein Saïd, aber nicht mit meinen Worten, nein, mit denen eines Mannes, der weit höher stand als ich, der die Zukunft begriff; mit den Worten meines Vaters, des Großen Weißen Scheichs, dessen Andenken gesegnet sei. Höre, was er dir zu sagen hatte, ich werde es dir vorlesen:

›Wenn du, mein Sohn Hilel, zu erkennen meinst, daß Saïd ibn Fasal die Unruhe packt und daß er fortstrebt aus der Geschlossenheit des Lagerlebens, möge es auch nur durch einen Blick oder einen verirrten

Seufzer kenntlich werden, dann mache den Weg in die Ferne leicht für ihn, ebne ihm die Straßen der Fremde und lasse ihn das Leben suchen, wie es seiner Jugend bestimmt ist. Gehört er von innen her zu dir, zu uns, so wird er immer freiwillig zurückkehren. Hältst du ihn zurück, mein Sohn Hilel, so wirst du den Jungen verlieren –!‹« Hier vermochte Hilel nicht weiterzulesen, denn mit dem Sprung eines jungen Panthers, so schnell und so weich, warf sich Saïd auf ihn, umklammerte ihn mit starken Armen, rief, schluchzte, stammelte: »Niemals, geliebter Herr, ach, niemals wirst du mich verlieren! Wie konnte der Großvater das nur niederschreiben! Ich bin dein, ich gehöre dir, und nie kann ich dich verlassen, wie auch die Mutter nicht – o Herr, Herr, stoße mich nicht aus!«
Auf diesen Lärm hin trat Sadlyn, Saïds Mutter, hinzu; und als sie fragend vom Sohn zum Vater blickte, erklärte ihr der Scheich:
»Ich las ihm die guten Worte unseres Vaters vor, und er mißverstand den Rat, glaubt, ich wolle ihn verstoßen – ich ihn –, dieser geliebte Tor! Versuche du ihm alles zu erklären, Sadlyn, du weißt ja, was der alte Scheich schrieb.«
Sadlyn löste behutsam Arme und Hände ihres Kindes von Hilels Schultern, kauerte sich zwischen die beiden und erklärte: »Höre zu, mein Saïd, und ersinne dir keine Torheiten! Dein Großvater meinte, daß dir alle Freiheit gegeben sein soll, uns zu verlassen, damit du dann desto froher zu uns zurückkehrst. Ist es nicht so?«
Saïd nickte. »Nun also, worüber erregst du dich dann, mein Kind? Eine Reise in die Welt ist doch nicht schreckensvoll, nein? Und ein Mann, der du einmal sein wirst, muß sie doch kennen, diese fremde ferne Welt – nicht wahr?« Wieder nickte Saïd zustimmend und kam sich reichlich töricht vor, zumal Hilel jetzt, halb lachend, sagte: »Und alles das wegen der neuen Lichter der Djebelli!«
Der kluge Mann wußte, das würde bei allem Scherz ein Stichwort für Saïd sein, und darin irrte er nicht. Saïd, nun ganz beruhigt, gestand offen: »Es sind nicht nur die Lichter, geliebter Herr, es handelt sich auch um meinen Freund Machmud. Er dort, ich hier, in Feindschaft zwischen unsren Stämmen, das grämt uns beide! Du weißt, wir waren in Damas immer beisammen, wir lernten das gleiche und dachten das gleiche. Aber wenn wir heimritten – nein, wenn er mit dem Wagen abgeholt wurde und ich heimritt –, dann war alles wieder anders, dann sollte er plötzlich mein Feind sein! Und von mir sagten die Leh-

rer, ich sei der Gediegenere, weil du, geliebter Herr, an alter Sitte festhieltest, während der Scheich der Djebelli aber, jener Schükri, für alles Neue aufgeschlossen sei. Und wenn ich abends die Lichter sehe, dann beneide ich die drüben um ihre neuen Einrichtungen; aber ich weiß dann auch, daß Machmud und ich für immer getrennt sein werden. Das grämt mich – ach Mutter, wie es mich grämt!«
Die beiden hatten ihn ruhig ausreden lassen, und Sadlyn hatte hie und da liebkosend die rotbraunen Locken gestreichelt. Jetzt lachte sie leise und sagte bittend: »Hilel, mein Gebieter, lies doch unsrem Saïd weiter vor, was der Große Scheich für ihn niederschrieb! Willst du, Hilel?« Statt einer Antwort entfaltete Hilel das Schriftstück wieder, glättete es und begann: »Wenn die Zeit kommt, da Saïd nachzudenken beginnt über das nicht mehr geübte Gesetz der Wüste, über die Feindschaft mit den Djebelli, dann magst du, mein Sohn Hilel, Saïd die Entscheidung überlassen, ob solche Schranken noch weiterhin zwischen Menschen stehen sollen, die zwar nach dem Gesetz der Wüste leben, aber für die die Wüste Weite bedeutet und ein edles Pferd zwischen den Schenkeln.«
Hilel schwieg und faltete das Schriftstück zusammen. Er und Sadlyn sahen erwartungsvoll auf ihren Sohn. Saïd erhob sich, stand vor ihnen, sagte leise: »Wie groß er doch war, der Große Weiße Scheich! Immer liebte und verehrte ich ihn, aber ganz kenne ich ihn erst jetzt. Sage mir, geliebter Herr, dürften wir dann Frieden schließen mit den Djebelli – und Machmud und ich –, ach, wie schön wäre das, wie herrlich schön!« Hilel stand auf, umarmte seinen Sohn und murmelte: »Vergiß die Lichter nicht, die lockenden, neuen Leuchten!«

2

Gering war der Schlaf dieser Nacht für Saïd; und er war früh auf, wie es der Wüstenbewohner immer sein muß, will er die kühlen Frühstunden nutzen, ehe die Hitze alle Bewegung erschwert. Er hatte von Hilel die Erlaubnis erbettelt, selbst hinüberzureiten und Machmud die frohe Botschaft zu verkünden, und ahnte nicht, daß sein Freund schon auf dem Wege zu ihm war.
Mit dem von Schükri zusammengestellten feierlichen Gefolge ritt Machmud, den die Ungeduld trieb, im ersten Frührot davon. Hätte er

sich nochmals umgewandt, so würde ihn das seltsame Lächeln, mit dem Schükri ihm vom Lager aus nachblickte, mit Unruhe erfüllt haben, so aber fühlte er nur Dank und Freude und erwog vielerlei Pläne, wie sich das nun beginnende herrliche Leben in Gemeinschaft mit dem Freunde gestalten lassen würde. Er ritt stolz seinen tänzelnden Rappen, der sich – eitel wie alle edlen Pferde – im Bewußtsein seines prächtigen Schmuckes bereitwillig zur Schau stellte.

Drüben bei den Beni Hussein war inzwischen Saïd aufgebrochen. Beim Ausritt aus dem Lager bog er gleich nach links ab, denn es galt, eine Dankespflicht zu erfüllen, dem Großvater, dem Großen Weißen Scheich gegenüber, der ihm eine neue Freiheit geschenkt hatte. So führte ihn der Weg zunächst zur Türbeh des Scheichs Mohamad al Fasal, die dieser immer weit vorausschauende Herrscher sich selbst hatte erbauen lassen, nahe der kleinen Moschee. Als Hassan und Ferid bemerkten, welche Richtung ihr junger Herr einschlug, blieben sie zurück; denn es ist nicht üblich zu folgen, wenn in Ehrfurcht ein Gebet verrichtet werden soll.

Saïd trat an den mit Brokat bedeckten Katafalk und sagte leise: »Großvater, du gabst mir die Heimat, jetzt gibst du mir die Freiheit – immer, immer danke ich dir!« Dann ging er einige Schritte um die Türbeh herum, dorthin, wo sich ein großer Hügel wölbte, und strich sanft mit der Hand über die Erde, die von der aufgehenden Sonne in Rosenglanz getaucht wurde – denn hier war der alte Catoul begraben, der Vater seines eigenen Pferdes, in der Nähe seines toten Herrn.

Nun sollten alle Gedanken dem Tag gehören, dem schönen, dem neuen, der da lachend heraufzog. In einigen Galoppsprüngen seines edlen Pferdes war Saïd wieder bei Ferid und Hassan; sie sprengten in der Richtung davon, die immer die verbotene gewesen, nun aber freigegeben war, wie alles Neue, was das Leben froh machen würde. Es dauerte nicht lange, da verhielten die drei Reiter; denn ihr geübtes Ohr hatte das Nahen von vielen Pferden vernommen, lange bevor das Auge etwas wahrnehmen konnte.

Vorsichtshalber, da man niemals wissen konnte, wer da nahe, blieben sie im Schutze einer Düne stehen. Voll Staunen sahen sie einen prächtigen Zug nahen, und Saïd stieß einen leisen Ruf des Schreckens aus, denn der Vorreiter des Zuges trug an einer Lanze befestigt das dunkle Wappen der Djebelli – auf schwarzem Grunde eine Hand, die einen goldenen Dolch hochreckt. Kamen sie als Feinde – heute, da alles

Freude und Freiheit bedeuten sollte? Welch ein bitteres Kismet wäre das! Aber was auch geschehen würde, Saïd ibn Fasal wollte sich nicht länger feige hinter einer Düne verbergen – mochte kommen, was da wolle. Neben ihm flüsterte Ferid, der getreue Begleiter des Jünglings, seine Mahnung, warnte auch Hassan: »Bleibe Herr – sie sind verräterisch, die Djebelli –, bleibe, Herr!«

Saïd aber machte eine Handbewegung, als jage er eine Wespe fort, und war mit drei Galoppsprüngen vor dem Bannerträger. Dieser riß sein Pferd so gewaltsam zurück, daß es sich nahezu auf die Hinterhand setzte. Schon aber erklang der freudige, helle Ruf einer jungen Stimme: »Saïd – Saïd!« Aus der Mitte des prächtigen Zuges heraus sprengte auf seinem stattlichen Pferd der ebenfalls festlich geschmückte Machmud. Die Diener konnten nicht schnell genug herbeieilen, um die Pferde zu halten, von denen die zwei Jünglinge herabglitten; und schon standen die Freunde und hielten sich umschlungen, legten einer auf des anderen Schulter die Stirn, um so die innige Verbundenheit anzudeuten. Dann sahen sie einander an, als müßten sie sich gegenseitig ihr Bild einprägen – und hatten sich doch nur zehn Tage lang nicht gesehen, seit ihre Studien in Damas abgeschlossen waren.

Nun begann ein Fragen, wobei keiner die Antwort des anderen ab wartete, so daß auch keiner verstand, was eigentlich geschehen war. Endlich war es Saïd, der Ältere, der Besonnenere, der fragte: »Machmud, mein Bruder, auf diese Weise erfahren wir nichts voneinander – sage mir, wohin reitet Ihr?« Die Antwort war kurz und lautete: »Zu dir – aber wohin reitest du?«

»Zu dir!«

Und jetzt lachten beide aus ganzem Herzen. »Wenn du zu mir kommst, nein, zu uns, dann reiten wir wieder zurück, und ich erzähle dir unterwegs – du kommst doch in friedlicher Absicht, Machmud?«

Wieder erklang frohes Lachen und die Frage: »Siehst du nicht, wie festlich wir angetan sind, mein Bruder Saïd? Wir kommen, um dem Scheich, deinem Vater, die Friedensbotschaft der Djebelli zu überbringen, in aller Feierlichkeit. Schükri, der Scheich, schickt mich, weil ich der Sohn des toten Scheichs bin – verstehst du, Saïd?«

Saïd senkte den Kopf und bemerkte halblaut: »Welch ein seltsames Kismet, das uns beide zur gleichen Stunde mit gleicher Botschaft sendet, wenn auch dich, Machmud, mein Freund, prächtig angetan, mich in Ärmlichkeit gekleidet! Aber so geziemt es sich; denn ich – nein wir – sind die Nehmenden, ihr die Gebenden. So seid uns willkommen, Djebelli, und duldet, daß wir voranreiten, eure Ankunft zu melden und euch einen festlichen Empfang zu bereiten!«

Ohne sich noch einmal umzuschauen, sprengte Saïd davon, seine beiden Begleiter hinter ihm. Wie ein Lauffeuer jagte die Nachricht durch das Lager der Beni Hussein, die Djebelli kämen mit der Friedensbotschaft.

Niemand solle glauben, daß nun ein wildes Hin und Her im Lager der Beni Hussein entstanden wäre – nein, es ging alles ruhig vor sich; in kürzester Zeit war alles für den Empfang vorbereitet.

Als das Nahen vieler Pferde vernehmbar wurde, schritt der Älteste des Stammes voran zum Eintritt des Lagers, und ihm folgten alle, die waffenfähig waren. Unmittelbar hinter dem Ältesten schritt Hilel, neben ihm sein Sohn Saïd, und dann folgte der ganze Stamm. Sie stellten sich am Eintritt auf, und als der Älteste die Hand zum Gruß hob, erfüllte es wie ein Brausen die Luft, das von allen gleichmäßig gerufene »Salam aleik! – Frieden mit euch!« Im gleichen Brausen klang es zurück: »Aleikum salam! – Auch mit euch Frieden!« Unmittelbar darauf stiegen alle Djebelli, die da gekommen waren, von den Pferden: Die Diener der Beni Hussein nahmen sogleich die Rosse in Empfang und führten sie in die Stallungen. Auch bei den Djebelli war es der Älteste, der voranschritt und sich vor dem Ältesten verneigte. Als sich beide wieder aufrichteten, stand der Beni wartend mit über die Mitte gekreuzten Händen, und der Djebelli sprach: »Erhabener Stamm der Beni Hussein, mein Herr, der Scheich der Djebelli, sendet uns hierher zu euch, um euch zu fragen: »Soll die Feindschaft, die zwischen den Djebelli und den Beni Hussein bestand, weitergehen?« Das Brausen vieler Stimmen antwortete ihm: »Sie soll es nicht.« Der Älteste verneigte sich ehrerbietig, sagte, indem er sich zu seinem Stamm umwandte: »Ihr hörtet, was der Stamm der Beni Hussein uns zur Antwort gab – sprecht nun ihr, meine Brüder – soll die Feindschaft weitergehen?« Im gleichen Brausen kam die gleiche Antwort: »Sie soll es nicht.« Der Älteste wandte sich nochmals um, fragte: »Erlaubt ihr uns, Brüder und Freunde, den Eintritt in euer Lager?«

Jetzt war der Augenblick gekommen, da der Scheich Hilel das Wort hatte. Er trat nach vorn, verneigte sich tief, sagte, noch gebeugt stehend: »Tretet ein, Brüder und Freunde, sei euch ein jedes Zelt Heimat

und Schutz; ein jeder von uns sei ein Bruder, der für euch zu sterben bereit ist, so euch Gefahr droht. Und Allah behüte jeden eurer Schritte, den ihr in unserem Lager tut.« Damit trat er zur Seite und gab den Eingang frei.
Der Älteste der Djebelli reichte Machmud die Hand und erklärte: »Ich bringe euch hier, erhabener Scheich, den Bürgen für unseres Stammes Gemeinschaft mit dem euren: Machmud ibn Muled, Sohn des toten Scheichs Ali Muled, Erbe des gegenwärtigen Scheichs. So ihr uns wohl gesinnt seid, so behandelt ihn, der unser kostbarstes Gut ist, auf die Dauer von sieben Tagen bei euch. Wie ihr ihn behandelt, so sei es uns Djebelli ein Zeichen, wie ihr die Freundesbotschaft halten wollt. Ich habe gesprochen für alle Djebelli. Du, Machmud, bist du nun bereit, als ein Bürge dieser Friedensbotschaft hier unter denen zu weilen, die uns seit Menschengedenken Feinde waren?« Einem Jubelruf gleich klang die Stimme des jungen Machmud, der von dieser Bedingung nichts gewußt hatte und davon freudig überrascht wurde. Jetzt wurde den Djebelli der Weg freigegeben, und nach kürzester Zeit war die eine Gefolgschaft von der andern nicht mehr zu unterscheiden. Die Neugier der Beni Hussein, denen die Djebelli, der Farbe ihrer Ziegenfellzelte wegen, seit Generationen als die »scharzen Männer« bekannt gewesen waren, war groß. So wurden die Gäste in die verschiedenen Zelte mehr verschleppt als geleitet; die Gastlichkeit, mit der ihnen Speise und Trank – immer mit Maßen nach des Propheten, dessen Name gesegnet sei, Vorschrift – zuteil wurde, bildete noch lange Zeit später das Gespräch im Lager der Djebelli.
Im Zelte Hilels saß Saïd mit Machmud. Sie waren mit Hilel allein, denn der Älteste der Djebelli war dem Ältesten der Beni zugeteilt worden. Saïd begann: »Siehst du, geliebter Herr, dieses ist mein Freund Machmud. Durch des Großvaters Letzten Willen habe ich ihn wieder. Betrachte ihn, und du wirst mir sagen, ob er in Wahrheit mein Freund ist und somit auch der deine, geliebter Herr!« Machmud sah mit großen Augen verlegen um sich. Zwar hatte ihm sein Freund Saïd von Hilel erzählt, von dem er immer als »geliebter Herr« sprach, aber Machmud hatte das nicht ganz begriffen. Er war aufgewachsen wie viele Knaben, zwischen dem Haremlik und dem Selamlik, kaum wissend, wer sein Vater war; und nur in den Augenblicken, da ihm eine Züchtigung drohte, hatte man ihn darauf hingewiesen, daß er ein ibn Muled sei. Wer dieser Muled, sein Vater, war, das wußte der Knabe

Machmud kaum. Jetzt plötzlich, in der ersehnten Nähe seines Freundes Saïd, fand er nun das, was er selbst nie erlebt hatte: die Liebe zwischen einem Vater und seinem Sohn. Das gab es also wirklich? Allah bereket wersin – Gott gebe ihnen seinen Segen, dachte der einsame junge Djebelli und hatte Mühe, die Tränen zurückzudrängen.

Während bei den Beni Hussein das offizielle Empfangszeremoniell, wie es alter Sitte entsprach, eine Wärme menschlicher Verbundenheit ausstrahlte, sah es drüben bei den Djebelli ganz anders aus. Schükri hatte mit Bedacht die Abordnung der Tradition gemäß zusammengesetzt, denn diese Einteilung hatte es ihm ermöglicht, nahezu alle älteren Leute mitzuschicken, somit fast alle seine Gegner. Als er den Abreitenden lächelnd nachblickte, da dachte er still bei sich, welche Erleichterung es doch für ihn wäre, wenn kein einziger von ihnen zurückkäme – vor allem nicht jener immer lästige junge Machmud. Schon lange suchte Schükri einen Weg, um Machmud so lange fernzuhalten, bis er fast vergessen wäre; aber noch hatte sich keine günstige Gelegenheit ergeben. Heute wollte Schükri nun erst einmal die Jugend zusammenrufen und diesen ihm ergebenen und ehrgeizigen jungen Menschen einiges von seinen Plänen mitteilen. Schon hielt er den Hörer seines Lagertelefons in der Hand, als ihm einfiel, daß er erst einen anderen Anruf tätigen könnte. Vielleicht waren der Jugend danach bereits nützliche Vorschläge zu machen. So ließ er sich mit Beirut verbinden und gab die Nummer Abdallah ibn Fasals an. Ruhig erledigte er dann einige Post, stellte Berechnungen an, und als das Gespräch kam, war er ganz aufmerksam. Er hatte Glück, Abdallah Bey zu erwischen; denn dieser geschäftstüchtige Mann war fast immer unterwegs.
Nach der Begrüßung dieser zwei, die so freundlich taten und doch genau wußten, was sie voneinander zu halten hatten, erklärte Abdallah, daß er einen Anruf aus Paris erwarte und bitten müsse, das Gespräch gegebenenfalls sofort unterbrechen zu dürfen. Sie sprachen übrigens französisch miteinander, um sich gegenseitig ihre Fortschrittlichkeit und ihre Mißachtung altarabischer Lebensform zu beweisen.
»Mon cher Bey – mein lieber Bey«, begann Schükri, »ich wollte Sie nur davon benachrichtigen, daß ich soeben zu Ihrem Bruder, dem Scheich Hilel, eine Friedensbotschaft geschickt habe – mit allem Drum und Dran, zahlreiche feierlich gekleideten Ältesten, ge-

schmückten Pferden, unsrer Stammesfahne an einer alten Lanze und – dem jungen Machmud als Geisel. Schön, nicht wahr?« Aus dem Apparat erklang ein freundliches Lachen, und Abdallah ibn Fassal sagte spöttisch: »Ich zweifle, mein lieber Scheich, nicht an Ihrer Fähigkeit, etwas gut zu inszenieren. Aber warum das Ganze, wenn ich fragen darf?« Umgehend antwortete Schükri: »Aber das ist doch ganz klar, mein Lieber! Ich denke an eine gemeinsame Pferdezucht, verstehen Sie! Es ist mehr als überholt, wenn wir uns gegenseitig Konkurrenz machen, ebenso wie diese ganze althergebrachte Feindschaft zwischen unsren Stämmen geradezu lächerlich erscheint. Ich dachte, mein Plan wird Sie interessieren. Bei einer modern aufgezogenen Pferdezucht sind auch Autos nötig für den Transport der Tiere, der Futtermittel und endlich auch der Züchter selbst – was halten Sie also von der Sache, mein lieber Bey?«
Kurze Zeit war es still, so daß Schükri ungeduldig rief: »Hallo – hallo – sind Sie noch da?« – »Mais oui – aber ja«, kam es ruhig zurück, »ich überlegte nur. Bei der hoffnungslos altmodischen Gesinnung meines Bruders Hilel wird wohl nicht viel zu machen sein, mein lieber Scheich, leider!« Aber ein Lachen antwortete diesen pessimistischen Worten, und Schükri setzte lebhaft fort: »Vor einiger Zeit hätten Sie noch völlig recht gehabt, mein lieber Bey, aber jetzt hat sich einiges geändert. Da ist doch dieser junge Saïd, der Sohn des Scheichs – Sie wissen doch?« Gedehnt kam die Antwort aus Beirut: »Weiß ich. Und was ist mit ihm? Er ist auch nicht anders als mein Bruder Hilel.« Schnell entgegnete Schükri: »Etwas doch. Er ist ein Freund von unsrem Machmud, sie studierten zusammen – wie Sie wissen –, der junge Saïd ist, so glaube ich, begeistert von allem Neuen, und er wird als Machmuds Freund oftmals zu uns herüberkommen. Dann werde ich ihn für den technischen Fortschritt interessieren, wobei mir Machmud gern helfen wird, und von da bis zur gemeinsamen Pferdezucht ist's nicht mehr weit. Ich hatte mir sogar gedacht, wenn die zwei dann vielleicht zusammen nach Europa – hallo – hallo – wir sind getrennt – was ist denn?« Die unpersönliche Stimme aus der Telefonzentrale sagte ruhig: »Fernverbindung über Kabel für Ihre Nummer in Beirut.«
Schükri legte auf, zuckte mit den Achseln, murmelte vor sich hin. »Ich fürchte, ich hätte sonst auch zuviel von meinen Plänen verraten.« Dann nahm er das Lagertelefon auf und ließ die Jugend rufen.

Etwas verlegen kamen sie alle daher, weil sie nicht wußten, wie sie sich dem Scheich gegenüber zu verhalten hätten, ob »à la franca – europäisch« oder nach alter Stammessitte. Schükri saß an seinem Schreibtisch und wies auf eine Reihe von Stühlen – richtige Stühle waren es, keine Eskemleh. »Setzt euch dorthin, meine Freunde«, bat er, jetzt notgedrungen arabisch sprechend, »und hört mich an, denn ich habe euch einige Vorschläge zu machen. Ihr wißt, ich sehe euch, wenn ihr auch den Jahren nach noch nicht beschlußfähig seid, als reife Menschen an und will fernerhin mit euch und nicht mit den Alten arbeiten. Darum laßt euch sagen, was ich plane, und gebt mir dann eure Meinungen ganz frei zu wissen. Es steht so: In Ferenghistan kennen viele Leute kaum mehr das Pferd, und ich weiß, daß es dort Plätze gibt, wo die Kinder zusammenlaufen, um ein Pferd zu sehen; denn alles, alles fährt Auto. Nun habe ich die Absicht, das edle Pferd – das unsrige wie auch das der Beni, denn deren Zucht ist gut – auf die Rennplätze von Ferenghistan zu bringen. Ich will erreichen, daß unser Pferd, das heißt unseres und das der Beni, das arabische Edeltier, noch dort gewertet wird. Es ist dabei Geld zu verdienen, viel und leicht! Es gibt nur eine große Schwierigkeit – hört ihr mir zu? Unsere Pferde – immer meine ich auch die der Beni, wenn ich ›unsere‹ sage – müßten mit unsren Leuten hinübergebracht und dort von ihnen betreut werden. Deshalb müßten unsre Leute die Sprache von drüben kennen, Englisch und Französisch – und ihr, meine Freunde – könnt ihr diese Sprachen? Nein! Ihr könnt nur Arabisch. Damit kommt man nicht weit, versteht ihr? Nein, wartet noch einen Augenblick! Ich habe zu fragen: Wäret ihr bereit, diese Sprachen zu erlernen und dann mit unseren Pferden dorthin zu reisen, um den Ruhm des arabischen Pferdes in alle Welt zu tragen? Nicht als Transportmittel – dafür sind die Autos da, von denen wir auch einige haben und noch mehr werden haben müssen, nein, als Rennpferde, die alle anderen Pferderassen besiegen. Und es soll heißen überall in Ferenghistan: Seht, die Söhne Arabiens und die Pferde Arabiens – welch eine Pracht und wie ganz unbesieglich! – Wäret ihr dazu bereit?«
Da hatte Schükri die Jugend gewonnen, und sie standen um ihn, versuchten ihn zu berühren, um an seiner Kraft teilzuhaben, waren zu allem, aber auch zu allem bereit, um dieser herrlichen, neuartigen Zukunft willen. Ehe sie gingen, verpflichtete sie Schükri noch zum Schweigen: »Ihr wißt«, befahl er, »da sind viele, die es uns neiden,

daß wir vorwärtskommen, Licht haben, Telefone und was dazu gehört – schweigt, ich bitte euch – sonst wird uns alles zerstört. Wer Fragen hat, komme zu mir, nur zu mir! Versprecht ihr es, meine Freunde?« Sie gelobten alles, was er wollte, und gingen fort, die jungen Köpfe voll heißer, mächtiger Hoffnungen. Schükri sah ihnen nach, und er wußte, er hatte das Samenkorn gepflanzt, das wachsen und nach und nach diesen Stamm auseinandersprengen würde, verteilt auf viele Gestüte im weiten Europa Er aber, er würde frei und reich sein, fern der verhaßten Wüste; wenn auch heimatlos geworden, würde er doch ein Leben des Genusses führen können.

3

Das Erlebnis der ersten wirklichen Freundschaft zwischen Jünglingen, Vorahnung einer wahren Männerfreundschaft, ist von unvergeßlicher Kraft. Wenn nun wie bei Saïd und Machmud hinzukommt, daß einer der beiden jungen Menschen noch niemals die Wärme einer echten Gemeinschaft kennenlernen durfte, dann wächst diese Freundschaft sich bald zu einem fast leidenschaftlichen Gefühl aus. Saïd war davon nicht ganz so erfüllt wie der junge Djebelli, weil er von Kind auf alles Vertrauen von Hilel genossen hatte, aber auch er spürte, wie die Gemeinsamkeit mit dem Gleichaltrigen Freuden vieler Art gewährte.

So gestaltete sich die eine Woche, während der Machmud ibn Muled als »Geisel« bei den Beni Hussein weilte, zu einer Reihe festlicher Tage, die dahinflogen wie die Wildgänse, so lautlos und so schnell. Die beiden Freunde ritten zusammen aus und übten dabei die tollsten Kunststücke zu Pferde, rissen sich gegenseitig vom Pferd – es schien so, in Wirklichkeit blieben sie hängen, schwangen sich unter dem Bauch des Pferdes auf die andere Seite und saßen lachend wieder oben. Sie führten regelrechte Säbelgefechte auf, bei denen die schmalen, geschmeidigen Damaszenerklingen wie leuchtende Blitze um ihre Köpfe fuhren, und sie wälzten sich im Ringkampf auf dem weichen Sandboden. Sobald aber die Nacht hereinbrach und die mit dem Scheich Hilel eingenommene Mahlzeit vorbei war, hockten beide am Boden in Saïds Zelt, wo auch das Nachtlager Machmuds bereitet wurde, und holten sich heiße Köpfe in gemeinsamen Plänen für die

Zukunft.
Bei diesen Gesprächen lag ein ganz wesentlicher Unterschied zwischen dem, was Saïd erträumte, und den Hoffnungen des jungen Machmud: Saïd erhoffte sich vom Leben nichts ohne den Gedanken an den, den er »mein geliebter Herr« nannte. Sprach aber Machmud von kommenden Dingen, dann ging es immer darum, daß er hoffte, fort zu sein vom Lager der Djebelli und insbesondere von deren jetzigem Scheich, dem Schükri. Dieser Wunsch fiel endlich Saïd so sehr auf, daß er das ungeschriebene Gesetz orientalischer Höflichkeit brach und sich mit einer unmittelbaren Frage in das Vertrauen seines Freundes eindrängte. Saïd sah zu Boden und ließ die Perlen seines Tesbieh durch die Finger gleiten, redete leise, so daß für Machmud die Möglichkeit des Überhörens gegeben wäre, falls er sich ablehnend verhalten wollte:
»Vergib meine Frage, Machmud, aber was willst du denn sein, wenn du kein Djebelli mehr bist? Wenn eure herrlichen Pferde nicht auch dir gehören, dir, dem Sohn des toten Scheichs?«
Erregter, als es ein Araber gemeinhin zu sein pflegt, antwortete Machmud: »Du fragst zu Recht, Freund meines Herzens, aber du, der du von Liebe umgeben gelebt hast, kannst nicht verstehen, was einer fühlt, der kein warmfühlendes Herz um sich wußte, bis er dich zum ersten Male erblickte, mein Saïd! Wie solltest du das alles auch verstehen können?«
Saïd sah den Freund seltsam an, gestand dann behutsam: »Weißt du nicht, mein Machmud, daß ich das verlassenste Geschöpf auf Erden war, bis mein geliebter Herr, mein Vater Hilel, mich fand? Weißt du nicht, daß ich mich vom Abfall am Hafen von Beirut nährte? Getreten und fortgejagt, dem Hungertode nahe, nichts wissend von mir und der Welt, als daß eine fremde Frau mich einmal ›Saïd‹ gerufen hatte? – Weißt du das alles nicht? Und wird es dir jetzt verständlich, daß niemand Verlassenheit so ganz erfassen kann wie ich – auch niemand Geborgenheit so begreifen kann –, verstehst du mich, Freund?«
Machmud betrachtete Saïd aufmerksam, dann meinte er halblaut: »Du sprichst, mein Saïd, von Verlassenheit und Armut; wie dein Kismet es beweist, kann diese zu Geborgenheit gewandelt werden – was aber ist's mit der Verlassenheit im Reichtum? Wodurch kann sie sich wandeln? Sage mir das, ich bitte dich!«
Saïd barg sein Tesbieh im Gürtel, rückte näher zu Machmud heran,

legte ihm die Hand auf den Arm, fragte ganz leise: »Nicht durch Freundschaft, Machmud?«
Da brach die mühsam aufrechterhaltene Fassung des jungen Arabers, und der Djebelli schämte sich der Tränen nicht, warf sich in die Arme des Freundes. Saïd ließ ihn sich eine ganze Weile ausweinen, denn er spürte, daß hier wohl zum erstenmal einem beschwerten jungen Herzen Erleichterung zuteil wurde. Er hielt den Freund behutsam fest, wie er es manchmal mit ganz jungen Fohlen getan hatte, die durch irgend etwas erschreckt worden waren. Und wie er deren Haare leicht gestrichen, sie zwischen den Augen auf der Stirn geglättet hatte, so strich er jetzt dem Freunde zart die verwirrten dunklen Haare aus dem Gesicht. Machmud hielt ganz still und hauchte: »So müßte es von der Hand der Mutter sein.« Saïd sah erschreckt auf ihn herab, flüsterte: »Aber – deine Mutter – verzeih mir meine Worte – hat sie niemals –?« – »Sie starb bei meiner Geburt, hat man mir erzählt. Und mein Vater, der Scheich, wollte das Geschöpf nicht sehen, das ihm die geliebte Gemahlin raubte.« Dann schwiegen beide; bei sich aber gelobte Saïd, er wolle diesem jungen Freunde so starke Zeichen der Freundschaft geben, daß er sich niemals mehr verlassen fühle. Vorsichtig begann er: »Wenn es dir hier bei uns gefällt. Machmud, könntest du nicht ein wenig länger bleiben? Ich werde den Scheich Hilel fragen, ob er einen Boten zu deinem Stamme schicken würde, um diese Erlaubnis zu erbitten. Was hältst du davon, mein Freund?« Ein Ausbruch der Freude antwortete diesem Vorschlag.
Unbewußt hatte Saïd seinen Vater nicht als den »geliebten Herrn«, sondern als den »Scheich Hilel« bezeichnet. Das war aus dem inneren Bestreben heraus geschehen, seinem Freund nicht durch eine so zärtliche Benennung die eigene Geborgenheit in allzu schmerzlichem Gegensatz vor Augen zu führen. Nun sprach er weiter:
»Wenn du länger bliebest, Machmud, dann könnten wir doch ausführlicher von unseren Zukunftsplänen sprechen. Denn weißt du, welchen Vorschlag mir der Scheich Hilel gemacht hat? Er meint, ich solle ins Ausland reisen, um dort für unsere Pferdezucht zu arbeiten und zu lernen, und ich dachte –«, Machmud ließ ihn nicht aussprechen, er war aufgesprungen und stand nun vor Saïd, am ganzen Körper bebend vor Erregung. Mit einer Stimme, die dumpf und heiser klang, rief er: »Und du nennst dich meinen Freund? Kaum habe ich dir mein Herz eröffnet und von meiner Einsamkeit gesprochen, da

erklärst du mir, du möchtest verreisen, weit von mir und unerreichbar für mich –!« Saïd packte den Erregten bei den Armen, schüttelte ihn sanft und sagte eindringlich: »Hättest du mich ausreden lassen, so würdest du vernommen haben, daß das Ende meiner Erwägung so lautete: Ich dachte, du könntest mit mir kommen, mein Freund Machmud!«

»Ach Saïd – vergib mir– oh, vergib mir! Nie wieder werde ich an dir zweifeln! Setzen wir uns! Und nun erzähle – berichte –, ich lausche. Wie hast du alles geplant, mein Freund?«

Saïd sah in das erregte junge Gesicht und kam sich vor, als sei er nicht nur ein reichliches Jahr älter als der Djebelli, nein, ein volles Jahrzehnt. Er begann langsam darzulegen, was ihm Hilel vorgeschlagen hatte, und gab so dem Erregten Zeit, sich zu fassen; er nahm sein Tesbieh wieder aus dem Gürtel, ließ die Perlen durch die Finger gleiten und sagte, zu Boden blickend: »Es war so gedacht, daß wir Beni Hussein nach und nach eine Pferdezucht einrichten sollten, um auf diese Art Anschluß zu finden an die neue Zeit und uns nicht ganz von ihr verdrängen zu lassen. Da Ferenghistan aber auch auf dem Gebiet der Pferdezucht seiner vielen Rennen wegen seit Jahrhunderten führend ist, müssen wir, so meinte mein Vater, der Scheich, uns mit den Ferenghis in Verbindung setzen, ihnen unsere Pferde anbieten – zur Zucht, versteht sich, nur zur Zucht. Und weiter glaubt mein Vater, es wäre gut, wenn ich zu diesem Zweck nach Ferenghistan reiste, nach England und Frankreich; denn dort sind die größten Ställe. Ich habe gedacht, Machmud, seit du kamst und dein Stamm die Friedensbotschaft sandte, wie schön es wäre, wenn wir zusammen reisen könnten, du und ich – dann würde ein Stück Heimat immer bei mir sein – und auch du, mein Freund, hast unter den Pferden deines Stammes herrliche Tiere zur Zucht anzubieten. Was hältst du davon, sage?«

Saïd merkte zufrieden, daß Machmud seine Erregung bereits überwunden hatte, erfüllt von der Begeisterung über diese neuen Möglichkeiten. »Wie gut, mein Saïd, daß wir beide Sprachen der Ferenghi in Damas erlernten! Es wird herrlich, ganz herrlich werden! Wir werden immer zusammen sein, und wir werden denen da drüben zeigen, was reiten heißt. Und Schükri wird sich ärgern – oh, wie er sich ärgern wird, dieser verhaßte, dieser lügenerfüllte Schükri, der sich gewißlich schon heute ausdenkt, wie er sich meiner entledigen könnte, der Mordbube! Wie gut, ach wie gut, daß dein Großvater . . .«

»... dessen Angedenken gesegnet sei ...« murmelte Saïd halblaut, die erregten Worte unterbrechend. Machmud sah schuldbewußt zu dem Freunde hin, wiederholte leise die Worte der Ehrfurcht, hatte aber nun den Faden seines wilden Geredes verloren und schwieg etwas verlegen. Saïd half ihm über die kleine Gedankenpause hinweg, und dann schmiedeten beide noch lange Pläne für die wunderbare Reise, bis sie, müde geredet, einschliefen, wo sie saßen.
Mit Erstaunen fand Hassan am nächsten Morgen seinen jungen Herrn und dessen Freund auf den Polstern sitzend, fest eingeschlafen. Er hatte Mühe, die beiden wenigstens so weit zu wecken, daß sie sich schließlich zum Bade begaben, das sie dann vollends wach werden ließ.

Zur gleichen Morgenstunde telefonierte der Machmud so verhaßte Schükri wieder mit Abdallah. Der Bruder Hilels hatte seinen Konak nunmehr fast ganz europäisch eingerichtet und war darauf sehr stolz. Es verstand sich, daß er einen französischen Kammerdiener, Jean, hatte, ein neuzeitlich eingerichtetes Badezimmer neben seinem Schlafraum und daß auf einem niederen Tisch neben seinem breiten Bett ein Telefon stand. Als der Fernsprecher an diesem Morgen keine Ruhe gab, nahm Jean den Hörer auf und murmelte, sein Herr schlafe noch. Aber eine befehlsgewohnte Stimme antwortete: »Dann wecken Sie ihn und machen Sie schnell, der Scheich Schükri muß ihn sprechen.«
Jean wußte, daß ein Scheich etwas Ähnliches wie ein Fürst ist; er murmelte deshalb einige ergebene Worte, ehe er sich an die schwierige Aufgabe machte, seinen Herrn zu wecken. Endlich meldete sich Abdallah, ein wenig gähnend. Er konnte nicht anders, er mußte einige spöttische Bemerkungen anfügen, die erkennen ließen, wie sehr er sich freue, schon so früh angerufen zu werden. Doch Schükri steuerte rasch auf sein Ziel zu, die Ungeduld ließ ihn einen Augenblick seine sonstige Ruhe vergessen: »Bey Effendim, mein Lieber, ich will Sie bitten, mir in Angelegenheit der gemeinsamen Pferdezucht zu helfen. Könnten Sie sich nicht entschließen, zu uns herüberzukommen, um dann auch gleich Ihren Bruder, den Scheich, aufzusuchen und ihm zuzureden? Der junge Machmud ist, wie ich schon erwähnte, drüben bei den Beni Hussein, auch ihm sollten die Vorteile meines Planes dargelegt werden, ebenso Saïd. Ihr Nachteil, mon cher

Bey, ist es ja nicht, wenn wir unsere Pferde nach Europa schicken, weil wir Transportautos für die Tiere brauchen und auch einige Personenautos hinübergebracht werden müßten. Wollen Sie nicht gleich heute zur Besprechung kommen, frühzeitig, damit Sie nicht in die Hitze geraten?«

»Ich komme, Sie unerträglicher Peiniger – aber wehe Ihnen, wenn mein Bruder nicht zustimmt und ich diese Strapaze umsonst auf mich nehme! In zwei Stunden bin ich bei Ihnen. Au revoir – auf Wiedersehen!«

Sie legten beide auf und glaubten, etwas ganz Großartiges und sehr Gescheites geleistet zu haben.

Als Saïd und Machmud nach ihrem Bade vor die Stallungen traten, während die Diener ihre Pferde sattelten, packte Machmud plötzlich den gemächlich vor sich hin rauchenden Saïd beim Arm und flüsterte erregt: »Sieh dorthin, Saïd, kannst du etwas erkennen, das sich am Mast der Telefonleitung über unserem Lager bewegt?«

Saïd erspähte eine rote Fahne, die in ganz bestimmtem Rhythmus auf- und niederging. »Gewiß, ja, eine rote Fahne – was ist's damit, Machmud?« Und jetzt mußte Machmud bekennen, doch nicht so einsam und verlassen zu sein, wie er angegeben hatte; denn er sagte: »Das ist Mehmed, mein Diener, und er gibt mir mit diesem Winken vieles zu verstehen; wir haben dieses Fahnenwinken miteinander vereinbart. Du kennst doch die Sache mit dem Fahnenwinken, Saïd, zwischen den Schiffen der Kreuzfahrer und den unseren? Wie sie sich, so sagt man, verständigt haben, ob es ans Töten ging oder nur ans Fechten? Ja – sieh nur – ich kenne die Zeichen – wie gut er es versteht, mein getreuer Mehmed! Jetzt nach unten, daß heißt – hab acht, Feind kommt –, und zur linken Seite heißt – auch Hilfe kommt –, rechts jetzt, ganz schräg gestellt, heißt – zu Pferde –, links, ganz nach unten gehalten, will sagen – ich komme mit –, und nun ein Kreisen, das bedeutet – rollender Wagen, will sagen Auto. Ich glaube, er will mich wissen lassen, daß Abdallah kommt, und er selbst, Mehmed, ihn begleitet. Jetzt fängt er wieder an – könnten wir ihm nicht Antwort geben, daß wir verstanden haben, Saïd? Sonst winkt er auch um Mittag noch, der Arme!«

Saïd überlegte nur kurz: »Hör zu, Machmud – ich werde mit Catoul ein Zeichen geben, das er verstehen wird. Hassan, Ferid – so beeilt euch doch bringt mir Catoul und eine Lanze mit einer grünen Fahne,

schnell, schnell, es eilt!«
Aus dem Stall klangen Stimmen: »Catoul ist noch nicht gesattelt, Herr!« Und Saïd befahl: »Was tut das, bringt ihn heraus – eilt, eilt!« Gleich danach kamen die zwei Getreuen gelaufen, hielten das edle Tier an der Mähne, führten es rechts und links, Ferid schleifte eine bewimpelte Lanze daher. Sogleich hatte Saïd sein Pferd gepackt, sagte ihm einige Worte in das leicht zuckende Ohr, schwang sich aus dem Stand hinauf, gab einen scharfen Schenkeldruck, und Catoul stieg, steil wie ein Minarett, während Saïd dem Ferid die Lanze entriß und den grünen Wimpel hin und her schwenkte. Das Winken der roten Fahne ließ nach, Saïd ließ sein Pferd still stehen, und Machmud sagte voll Bewunderung: »Maschallah, welch ein Reiter!« Doch Saïd erwiderte nur: »Maschallah, welch ein Pferd!« Ein Blitz der Bewunderung schoß aus den Augen Machmuds zu dem Freunde hin, und er war stolz – von diesem Augenblick an erst richtig stolz, mit diesem Jüngling in die Fremde reisen zu dürfen. Als wäre nichts Besonderes geschehen, sagte Saïd ruhig: »Gehen wir jetzt zu meinem Vater, dem Scheich, und melden ihm, was uns bevorsteht! Er weiß immer am besten für alles Rat. Komm, mein Freund!«
Aber Saïd trat nicht einfach in das Zelt des Scheichs ein, er sandte Hassan voraus und ließ fragen, ob sie kommen dürften. Da wurde schon der Vorhang am Zelteingang zurückgeschlagen, und Hilel stand lächelnd dort: »Du willst mich sprechen, mein Saïd?« Saïd, der den Vater freudig gegrüßt hatte, bat: »Es ist etwas, Herr, das uns beschäftigt, wolle uns beide anhören; denn wir sind einer Meinung.«
Hilel gab den Eingang zu seinem Zelt frei, ging wortlos voran und wies stumm auf die Sitzkissen. Saïd verneigte sich leicht und berichtete, glücklich in dem Bewußtsein, daß der Vater ihn verstehen würde: »Es geht um diese Reise, Herr, von der du gestern zu mir sprachst. Machmud möchte, so du erlaubst, gerne mit mir reisen.« Hier unterbrach Hilel alle weiteren Erklärungen: »Wie schön ist das! Da hättest du, mein Saïd, einen Gefährten aus der Heimat. Wenn ich dir dann noch Hassan als Begleiter gebe, brauche ich keine Sorge um dich zu haben. Dein Diener, Machmud, könnte dich gleichfalls begleiten?« Eifrig beugte sich Machmud vor:
»Gewiß, Herr. Gestattest du aber, daß ich dir eine Mitteilung mache, die mir soeben zugeleitet wurde?« Hilel gab gern die Erlaubnis, und

Machmud fuhr so hastig fort, daß Saïd sich vornahm, diese lebhafte Art der Rede zu dämpfen, weil sich ein Araber den Ferenghi gegenüber so nicht zeigen durfte.
»Es ist so, Herr, daß mein Diener Mehmed mich soeben durch ein Flaggenwinken wissen ließ, daß ein Feind komme im Automobil – ja, zu uns hierher komme ...«
Saïd unterbrach den Redeschwall und führte in seiner besonnenen Art aus: »Er meint, Herr, daß der Freund des Scheichs Schükri, dein erhabener Bruder Abdallah, in seinem Feuerwagen bald hier sein wird.« Hilel blickte in tiefstem Vertrauen zu seinem Sohn und antwortete dem jungen Djebelli höflich: »Wer auch hierherkomme, Machmud ibn Muled, in welcher Art immer er komme, er genießt das Gastrecht der Beni Hussein. Was aber hattest du uns sonst noch zu sagen?«
Machmud schaute hilfeflehend zu Saïd, der ihm mit einem aufmunternden Lächeln zunickte, und fuhr dann ruhig und gesammelt fort: »Schükri ist mit deinem erhabenen Bruder, Herr, sehr befreundet. Sie machen zusammen Geschäfte, und immer, wenn Abdallah ibn Fasal im Lager gewesen ist, zeigt sich dieser Schükri besonders gnädig gegen mich, den letzten Lebenden, der wahrhaft als Scheich geboren ist.«Ein fragender Blick glitt von Hilel zu Saïd, und kaum merklich senkte Saïd den Kopf, um anzudeuten, daß Machmud wohl die Wahrheit rede. Der junge Djebelli merkte nichts davon, er berichtete weiter: »Da ich nun weiß, Herr, daß die zwei Freunde sind und Geschäfte miteinander machen – vergib, daß ich es ausspreche, Herr –, wollte ich dich warnen vor der Ankunft des Abdallah Beirutih.« Bei diesem Wort aber verlor Hilel seine Ruhe, und Saïd warf dem Freund einen bitterbösen Blick zu.
Der Scheich beugte sich vor, fragte kalt: »Wie nanntest du soeben meinen Bruder, Machmud ibn Muled?«
Eingeschüchtert durch das, was die bisher so freundliche Atmosphäre verändert hatte, antwortete Machmud scheu: »Vergib mir, Herr, ich nannte deinen erhabenen Bruder so, wie wir ihn alle schon lange nennen – den Abdallah Beirutih – Herr –, den Mann aus Beirut –, ist das nicht erlaubt, Herr? Ganz Beirut ist stolz auf ihn, da er einer der Unseren ist und doch ein großer Kaufmann, den Ferenghi gleich.«
Es war ersichtlich, daß Machmud glaubte, dem Scheich der Beni

Hussein etwas Schmeichelhaftes gesagt zu haben und nicht begriff, weshalb ihm solche Mißbilligung begegnete. Aber Hilel ging nun über all dieses schnell und leicht hinweg: »Und mein Bruder Abdallah, auf den ganz Beirut stolz ist, ist der Feind, dessen Kommen dir die roten Flaggen mitteilten? Wie reimt sich das zusammen, Machmud?«

Hier rettete Saïd die Lage: »Du siehst und hörst, Machmud, mein Freund, daß es unmöglich ist, meinem Vater nur die halbe Wahrheit zu bieten, entschließe dich also und sage die ganze!«

In diesen Worten klang ein so dringlicher Befehl, daß Machmud nicht anders konnte als gehorchen: »Es ist so, Herr, daß Schükri, der Scheich der Djebelli, mir zwar freundliche Worte gibt, aber mir nicht wohl will – wie sollte er auch, da ich der Sohn des Scheichs Ali Muled bin und als solcher ihm im Wege stehe in der Zukunft. Doch dein erhabener Bruder, Herr, ist dem Schükri ein Freund und darum also mein Feind gleich jenem, wenn er mich auch bisher kaum beachtet hat. Darum mußte mein Diener Mehmed mir auf diese Art Nachricht senden.«

Hilel erkannte, daß in dem noch unreifen Jüngling ein wacher Geist lebe, und er freute sich, daß Saïd und er befreundet waren. Das war gut für die Zukunft. Ein Plan wuchs in Hirn und Herz des Scheichs Hilel, und er beschloß, das, was ihm das Kommen seines Bruders bedeuten könne, mit höchster Aufmerksamkeit und wachem, gut verborgenem Mißtrauen zu betrachten. So sprach er aus seinen Gedanken heraus: »Nun, wir werden sehen, was uns dieser Besuch bringt. Wenn dein Diener Mehmed auch mitkommt, Machmud, so wollen wir ihn zusammen mit Saïds Diener Hassan zurücksenden, um bei Schükri zu erfragen, ob er gestattet, daß du länger als nur jene sieben Tage bei uns bleibest, damit wir alle Pläne der Reise gut erdenken und festlegen können. Sollte Abdallah uns irgendwelche Vorschläge machen, die vermutlich von Schükri stammen, so wäre ich euch dankbar, dir Saïd, und dir Machmud, wenn ihr gleich mir so tätet, als würde es uns sehr schwerfallen, darauf einzugehen. Es will mir nämlich scheinen, als bedeute dieses Kommen meines Bruders mehr, als es den Anschein hat, und wir wollen auf der Hut sein. Verhaltet euch so wie ich und vertraut mir – wollt ihr so handeln?«

Ein leises Nicken antwortete ihm.

Die Jünglinge verließen danach den Scheich. Draußen, vor dem Zelt,

hielt Machmud Saïd zurück: »Ich verstehe dich, Saïd, in deiner Liebe zu diesem Manne – er ist wundervoll und so voll Güte –, habe ich ihn beleidigt mit der Bezeichnung seines Bruders als Beirutih? Es wäre mir ein Schmerz.« Saïd beruhigte den Freund. Und schon wurde auch das in der Wüste noch ungewohnte Geräusch eines Motors hörbar, und Saïd eilte, die Diener herbeizurufen. Kaum standen sie vor dem größten Zelt, das zugleich den Eingang zum Lager bildete, als das schneeweiße Auto sichtbar wurde, ein blendendes Gefährt, auf das, da die Sonne von allen Nickelteilen Licht sprühen ließ, der Name »Feuerwagen« wirklich zutraf.
Abdallah stieg aus, und Hilel kam herbei, den Bruder zu begrüßen. Sie neigten sich zueinander, wie es die Sitte verlangte, und beide dachten in diesem Augenblick das gleiche: Wie seltsam es doch wäre, daß sie so ganz verschieden seien und doch immer wieder das gleiche Blut der »Brüder« sie zueinander zöge. Schade, daß wir uns so fremd sind, dachte ein jeder von ihnen. Abdallah begrüßte Saïd, wandte sich mit einigen freundlichen Worten an den jungen Djebelli, murmelte etwas von Grüßen des Scheichs Schükri und davon, daß der Diener Mehmed mitgekommen sei, legte seinen Arm in den des Bruders, und die zwei verschwanden im Zelt des Scheichs.
Hier wurde der übliche Kaweh gebracht, die Zigaretten brannten, und statt der langatmigen Vorsprüche orientalischer Sitte stürzte sich Abdallah sofort in sein Thema: »Mein Bruder, ich komme mit einem Vorschlag zu dir, der vielleicht befremdlich für dich sein wird – aber der sehr vorteilhaft ist: Ich bringe dir die Bitte des Scheichs Schükri, mit dem ich befreundet bin, zusammen mit ihm eine Pferdezucht zu beginnen, um die großen Ställe Europas mit Araberblut zu beliefern, hauptsächlich in England und Frankreich. Wie denkst du darüber?«
Hilel tat, als sei ihm dieser Gedanke ganz neu, wiegte den Kopf hin und her, zuckte mit den Achseln, kurz, er tat alles, um des Bruders Ungeduld zu reizen.
Abdallah drückte zornig seine kaum angerauchte Zigarette aus: »Es ist schrecklich, mit euch Arabern Geschäfte zu machen – ihr seht nie einen Vorteil ein, und man braucht wer weiß wie lange, um euch klarzumachen, worum es geht.«
Hilel lachte leise, gab in voller Ruhe zu: »Es muß wirklich schrecklich sein für dich, der du keinen Tropfen Araberblut in dir hast – ja, gewiß, ich verstehe deine Eile, besonders, da du mir die Vorteile und

Nachteile des Geschäfts schon so ausführlich auseinandergesetzt hast, du beklagenswerter Ferenghi, o mein Bruder Abdallah al Fasal!«
Abdallah konnte sich nicht gleich entschließen, mit Hilel zu lachen. Aber dann schaute er doch auf, und das Blitzen in des Bruders Augen erinnerte ihn so stark an den Großen alten Scheich, daß er sich hilflos werden fühlte wie einst dem Vater gegenüber. So kam es denn leise und bescheiden: »Vergib mir, o mein älterer Bruder, du hast recht, mich zu verlachen und zu tadeln. Höre, worum es geht: Schükri, der ausgezeichnete Geschäftsmann, hat diese Friedensbotschaft an dich gesendet, um dich für ein gemeinsames Unternehmen zu gewinnen, das sich ›Arabische Pferdezucht‹ nennen soll. Ich selbst wäre durch meine Autos daran beteiligt, die sowohl als Transportmittel wie auch für private Zwecke gebraucht würden. Begleiter der ersten Pferde sollen dein Sohn Saïd und der junge Machmud sein, da sie die Sprachen Europas kennen. Ihre Diener und einige der Pfleger müßten den ersten Transport geleiten. Das ist Schükris Plan. Was sagst du dazu, älterer Bruder?«
Diese Anrede deutete eine gewisse Ehrfurcht an, und Hilel fand, daß sein Bruder in diesem Augenblick sehr geschickt zweimal die alte arabische Form angewendet hatte. Er gab seiner Meinung absichtlich langsam und bedächtig Ausdruck:
»Ich meine, daß man zunächst einmal die beiden Jünglinge, die es am meisten betrifft, fragen sollte, wie sie dazu stehen.« Abdallah fuhr erregt dazwischen, das käme doch gar nicht in Frage, da die zwei zu tun hätten, was ihnen befohlen wurde. Aber Hilel bemerkte nur: »Genauso, wie du, mein Bruder Abdallah, immer das tatest, was dir befohlen wurde – nicht wahr?« Abdallah mußte sich gestehen, daß diese Bemerkung einem Kinnhaken glich.
»Mußt du mich so sehr demütigen, Hilel? Ich sehe ein, es war falsch gedacht von mir. Rufe die zwei also herein – sie werden begeistert sein, du wirst sehen!«
Hilel klatschte in die Hände und befahl dem eintretenden Diener, den Herrn Saïd und seinen Gast zu rufen. Die zwei erschienen nach sehr kurzer Zeit, da sie bereits in nächster Nähe gewartet hatten. Hilel wandte sich höflich an seinen Bruder: »Du erlaubst, daß ich spreche?« Eine Handbewegung gestattete es, und Hilel begann, nachdem er ein kleines Zeichen des Einverständnisses mit Saïd ausgetauscht hatte. Er legte nahe, wie vortrefflich dieses Anerbieten sei, das ihnen

beiden ermöglichte, zusammen die fremde Welt und fremde Sitten kennenzulernen, und schloß: »Rede nun du, Saïd, als der Ältere, danach spreche dein Freund! Wir hören.«
Erwartungsvoll beugte sich Abdallah vor, und was er zu hören bekam, war dieses: »Ich danke für das Vertrauen, das mir erzeigt wird, aber ich hege keinen Wunsch, nach Feringhistan zu reisen, und möchte mit unseren Pferden hier in der Heimat bleiben, so du erlaubst, Herr.«
Hilel neigte nur den Kopf als Zustimmung, aber Abdallah rief zornig: »Ist so etwas möglich?! Man bietet dir die Welt, Saïd, mein Neffe, und du sagst nein wie ein alter, müder Mann! – Hören wir aber jetzt Machmud el Djebelli?«
Machmud tat so verwirrt, als erwache er aus einem Traum. »Ich habe nicht richtig zugehört, glaube nur verstanden zu haben, man solle verreisen, um Pferde zu verkaufen. Dazu eigne ich mich nicht, Herr – wollet mir verzeihen und meinen Dank genehmigen.«
Saïd sandte seinem Freund einen Blick der Bewunderung, denn er hatte anfangs gefürchtet, der habe nicht ganz begriffen, worum es hier ging, nämlich um die Steigerung des Angebotes und die Demütigung Abdallahs, der ebenso siegessicher hiersaß, wie Schükri drüben im Lager wartete.
Abdallah sah ratlos zu Hilel, der aber zuckte mit den Achseln, breitete die Hände in einer Gebärde der Hilflosigkeit aus und gab zu bedenken: »Mein Bruder, du triffst hier auf etwas, das dir fremd wurde – auf Araberblut und Araberart. Doch verzweifle noch nicht ganz. Hole Auskünfte ein, befrage deinen Freund Lautrec, laß mich wissen, wer sich in England für das Ganze einsetzt – um wieviel Pferde es sich handeln würde, in welchem Alter sie stehen sollen – und was die Djebelli einzusetzen bereit sind – verstehe mich, mein Bruder, nicht an Geld zunächst, sondern an Pferden. Auch welche Pfleger und welche Reiter mitgehen müßten. Wenn die Sache Wirklichkeit würde, dürften nur Djebelli mitziehen, die unsren Leuten wohlgesinnt sind. Drüben in Ferenghistan, das du Europa nennst, darf keinerlei Streit unter den Begleitern ausbrechen, denn dabei steht die Ehre Arabiens auf dem Spiel. Wenn du das alles herausgefunden hast, wenn du auch Entwürfe von Verträgen mitbringen kannst, dann, mein Bruder, komme wieder. Es wird lange dauern, bis du soweit bist, und ich werde in dieser Zeit diesen zweien hier zureden, uns den großen Dienst zu leisten und mitzufahren. Dafür aber muß Schükri die Er-

laubnis geben, daß Machmud noch lange hierbleibt, am besten so lange, bis alles geordnet ist. Hast du das alles verstanden, mein Bruder, und wirst du danach handeln – so du das Ganze noch willst, versteht sich?«
Abdallah hatte eine Zigarette nach der anderen angeraucht und wieder zerdrückt und brummte jetzt mürrisch: »Gewiß will ich es, weil es ein großes Geschäft ist, das größte, das sich denken läßt.«
Abdallah erhob sich, man verabschiedete sich mit allem gebotenen Zeremoniell, und der weiße, blitzende Feuerwagen fuhr ab.
Kaum verhallte sein Lärm, als Hilel und die beiden Jünglinge in ein herzhaftes Lachen ausbrachen: Sie hatten gewonnen!

4

Der Weisheit und Lebenskenntnis des Großen alten Scheichs war es zu verdanken, daß die Stellung Saïds innerhalb des Stammes der Beni Hussein nicht nur durch Zuneigung und Gewohnheit fest gegründet war, sondern auch nach dem Gesetz. Kurz vor seiner Heirat mit Sadlyn hatte sich Hilel nach Damas begeben, um Saïd ibn Fasal vor dem Kadi als seinen rechtmäßigen Sohn anerkennen zu lassen.
Wenn der jetzt Fünfzehnjährige nun, am Tage nach dem Besuche Abdallah Beys, durch die Ställe ging, ein kleines, zierliches Mädchen mit dem Namen Leila an der Hand und außer von seinem Freund Machmud von zwei Knaben begleitet, dann freuten sich Pfleger und Diener daran, wie innig die Geschwister zusammenhielten, und dachten nicht mehr an Saïds geheimnisvolle Herkunft.
Leila in Sonderheit, die kleine Dreijährige, war des großen Bruders ganzes Entzücken, und er hatte sie diesmal in die Ställe mitgenommen, um etwas – strenggenommen – Verbotenes mit ihr zu versuchen. Er war nämlich der Ansicht, daß die Verbundenheit mit dem Pferd aus frühester Kindheit stammen müsse, und wollte diese zierliche kleine Schwester nun zum erstenmal auf ein Pferd setzen. Sie würde sicher ohne Nachdenken dem Bruder und dem Pferde vertrauen, und Vertrauen war alles. Vertrauen ließ keine Angst zu. Vertauen war nur ein anderes Wort für Mut und Können.
Die Brüder, Fuad und Ferid, waren in das Unternehmen eingeweiht und kaum hatten Saïds sorgsame Arme Leila auf das Pferd gehoben

stürmten die beiden voraus zum Zelt der Mutter, um sogleich mit Geschrei hereinzuplatzen: »Verehrenswürdige Mutter, Saïd hat Leila reiten lassen!«
Sadlyn, die, mit einer der endlosen Goldstickereien vornehmer orientalischer Frauen beschäftigt, am Boden hockte, sprang erschreckt hoch: »Wo ist Leila – was ist ihr geschehen?« Hilel, der im Nebenraum das Geschrei gehört hatte, eilte herbei. Und die zwei Bösewichter standen befriedigt über die Unruhe, die sie verursacht hatten, halb verborgen in einem Winkel. Sie warteten, was nun geschehen würde, und hofften, bald wieder zum Mittelpunkt zu werden. Doch schon kam Saïd fröhlich herein, die lachende Leila am Arm. Er beugte sich zu seiner Mutter nieder, ließ Leila behutsam zu Boden gleiten und sagte heiter: »Verehrenswürdige und geliebte Mutter, hier bringe ich dir die jüngste Reiterin unseres berühmten Reiterstammes, Leila Hanoum al Fasal!« Sadlyns Schreck war verflogen, als dieser geliebte Sohn vor ihr stand und ihr lachend die kleine Tochter in die Arme legte. »Was beginnst du nur immer, Saïd, für Torheiten – du hast sie wirklich auf ein Pferd gesetzt?« Hier brachen Fuad und Ferid aus ihrer Verborgenheit hervor und schrien, daß Leila wirklich droben gesessen sei, und sie wollten noch vieles anfügen, als die Stimme ihres Vaters sie zum Schweigen brachte: »Begebt euch zu euren Dienern, Fuad und Ferid, und mischt euch nicht in Dinge, die euch nichts angehen! Wir werden allein mit Saïd, eurem älteren Bruder, reden. Geht, sagte ich!« Sie schlichen davon, aber eben in diesem Augenblicke hätte ein unbeteiligter Beobachter an ihren Gesichtern ablesen können, wie klug der Rat des alten Scheichs damals gewesen war, als er seinen Sohn drängte, Saïds rechtmäßige Stellung an der Spitze des Stammes auch den Geschwistern gegenüber für die Zukunft zu sichern.
Es war Hilel und Sadlyn willkommen, Saïd einmal ganz für sich zu haben. Die kleine Leila, die sich wieder zu ihm geschlichen hatte und nach all den Aufregungen bald in des großen Bruders Armen eingeschlafen war, störte nicht. Saïd fühlte sich immer, wenn er so zwischen den Eltern am Boden hockte, besonders wohl und in einer menschlichen Wärme geborgen, die für ihn Glück bedeutete.
Welche Stellung der Scheich Hilel Sadlyn einräumte, zeigte sich jetzt dadurch, daß sie sprach, ehe der Gemahl sie dazu aufgefordert hatte: »Saïd, mein Sohn, du weißt, daß die Zeit näherrückt, da du uns ver-

läßt, um die große Reise anzutreten. Ich hätte dir einiges zu sagen, darum auch dein Vater, der Scheich, weiß. Du sollst, wenn du in der Fremde bist, nie vergessen, daß dich Liebe und Vertrauen zurückerwarten – so du kommen willst, mein Saïd. Wenn aber die Stunde käme, da dir die Fremde besser gefiele, da du am Wesen der Feringhis und ihrer Glaubensart mehr Kraft erkenntest als an unserem Leben – dann, mein Sohn, handle nicht heimlich wie ein Dieb, der sich davonschleicht und glaubt, seine Tat erreiche ihn nicht mehr, handle vielmehr mit dem Mut des Reiters und lasse uns offen wissen, was du beschlossen hast. Ich gab dir nicht das Leben, um einen Sklaven deiner Träume aus dir zu machen – nein – einen Freien! Einen, der seinem Pferd in die Augen sehen kann und weiß, daß ein edles Tier sich nur der Hand des Aufrichtigen fügt.«
Saïd war es, als erblicke er seine Mutter, die er doch zu kennen glaubte, zum ersten Male. Er wurde sich dessen bewußt, welch starker Geist in dieser Frau lebte, und er erkannte, daß es auch für den größten Reiter nur Ehre und Auszeichnung bedeuten konnte, ihre Worte zu befolgen. Wer mit Pferden lebt, denkt als Reiter und mißt den Menschen an dem, was die Pferde ihm zu sein erlauben. Sadlyn Hanoum hatte soeben bewiesen, daß auch sie wie ein Reiter dachte.
Hilels Sohn neigte sich zu seiner Mutter, legte die Stirn auf ihre Schulter, und flüsterte ergriffen: »Geliebte Mutter, glaube mir: Niemals wird dein Sohn sich in seiner Seele von dir fort bewegen, niemals fremdem Glauben sich näher fühlen als dem, den du heiligst. Wenn er ›Allah‹ sagt, hier oder in der Ferne, dann wird er deiner gedenken, Mutter, wie auch deiner, mein geliebter Herr und Vater. Habe ich Antwort gegeben, o meine Eltern?«
Hilel erhob sich ein wenig, nahm den Kopf des Sohnes zwischen seine Hände und küßte ihm leicht die Schläfen, den Sitz der Gedanken. Sadlyns Augen standen voll Tränen, und sie legten die weichen Hände auf des Sohnes rotgoldenes Haar.
Dann aber richtete Hilel sich schnell auf, verkündete in seiner leichten und befreienden Art: »Da wir nun alles geklärt haben, Saïd, mein Sohn, möchte ich mit dir einiges besprechen wegen dieser Reise nach Ferenghistan. Komme in meinen Zeltteil mit mir, mein Sohn – dir, Sadlyn, meine Seele, werde ich später alles berichten. Gehab dich wohl bis dahin!«
Hilel und Saïd grüßten und begaben sich in den Selamlik des Zeltes,

wo bereits ein älterer, etwas fremdartig wirkender Mann in städtischer Kleidung wartete. Es war der Bote des alten Großen Scheichs, Mehmed Akuniyan, der noch immer für den Außendienst des Stammes verwendet wurde, dem er auch nach dem Tode seines ersten Herrn treu zugetan blieb.
Hilel begrüßte ihn freundlich, wies auf einen der niederen Sitze und auf die in offenen Kupferschalen liegenden Zigaretten und bat um seinen Rat für die geplante Reise.
Ruhig rauchend, sprach Mehmed halb vor sich hin: »Als ich gestern in Damas auf der Zollstelle zu tun hatte, weil wir Futtersäcke erwarteten, traf ich dort einen Mann von der Eisenbahn. Da ich bereits von dieser geplanten Reise gehört und mir einiges dafür überlegt hatte, fragte ich ihn so halb nebenbei, ob die Regierung wohl einen ganzen Eisenbahnzug für einige Monate mieten könnte, auf dessen Wagen in verschiedenen europäischen Sprachen zu lesen wäre: ›Der Zug des arabischen Pferdes‹. Dieser Mann geriet in große Erregung, nahm mich in ein nahe gelegenes Kaweh mit, und als ich andeutete, daß der Scheich der Beni Hussein freigebig sei – du vergibst Herr –, meinte er zusichern zu können, daß man uns einen Zug zusammenstellt, mit Stallwagen und allem Zubehör. Dieser Mann hat auch Beziehungen zu einem Schiffseigner in Beirut und glaubt, daß jener in Beirut ein älteres Schiff solcherart umgestalten würde, daß es einen Eisenbahnzug bis Marseille bringen und dort dann liegen und warten könnte, bis er zurückgebracht werden soll. So gibt es also keine Schwierigkeiten, Herr, falls du es mir überläßt, die nötigen Gelder zu verteilen. Der Mann meinte, an der Verbreitung solcher Leistungen, wie sie die Pferdezucht darstelle, habe jede Regierung Freude. Man würde also gerne helfen, wenn – du verstehst, Herr?«
Hilel mußte lachen, erklärte sein volles Verständnis und bemerkte dann zufrieden: »Dann wäre das also in die Wege geleitet. Ich denke, wir brauchen für unsere Vorbereitungen hier im Lager nicht mehr als einen Monat – du nenne mir morgen die nötigen Beträge, Mehmed, die wir dann nach Beirut überweisen, wo du sie entsprechend verteilst. Wenn die Leute ihr Schiff und ihren Zug in sechs Wochen bereitstellen können, sind wir zufrieden, zumal es dann gerade für die Fremde drüben eine günstige Jahreszeit ist, in der die Pferde keinen Schaden nehmen. Es wird für sie sein, als hätten wir einen ganz milden Winter. Ich danke dir, Mehmed!«

Der Halbarmenier erhob sich, grüßte höflich den Scheich und seinen Sohn und verschwand. Hilel wandte sich an Saïd: »Sollte dir einmal irgend jemand erklären, hier oder in der Fremde, es gäbe keine Dankbarkeit mehr und keine Ehrlichkeit, dann widersprich, mein Saïd, und denke an diesen Mehmed Akuniyan. Um der Guttat willen, die mein Vater ihm angedeihen ließ, als er halb verhungert und ganz verlassen hier im Lager auftauchte, hat dieser Mann, Sohn einer Araberin und eines Armeniers, von beiden Völkern damals verleugnet, sein Leben und seine Klugheit in den Dienst unseres Stammes gestellt. Sage mir noch eines, mein Saïd: Dieser Machmud, ist er ehrlich, ist er gerade und ohne Falsch? Es war mir sehr recht, daß Schükri ihm erlaubte, weiterhin bei uns zu bleiben, damit du mir von ihm berichten kannst. Beschützen wir in ihm auch gewiß keinen Verräter unter unseren Zeltdächern? Wie ist's, Saïd?«
Saïd antwortete ohne jede Spur von Erregung: »Herr und Vater, es gibt ein sicheres Mittel, herauszufinden, ob einer ehrlich ist oder nicht, und das ist, neben einem Knaben in der Schule zu sitzen. Machmud war immer mein Nachbar beim Unterricht in Damas, sowohl wenn wir auf dem Boden saßen vor dem Mollah wie auch auf den Stühlen vor den fremden Lehrern. Ich habe kein einziges Mal auch nur die geringste Unehrlichkeit an ihm entdeckt. Vielmehr scheute er sogar jene kleinen Spielereien, die fast alle Schüler üben und die schon an Unehrlichkeit grenzen, so das Verlachen der Lehrer, das Nichtausführen der Aufgaben und das Bezahlen der Ärmeren, um sie von ihnen hergestellt zu bekommen. Machmud wurde oftmals darum verhöhnt. Wäre es nicht denkbar, daß er sich selbst des Makels bewußt ist, der an seinem Stamme haftet, und aus diesem Anlaß auch die geringste Unaufrichtigkeit meidet?«
Was Hilel davon dachte, zeigte sich bald. Er ging auf seinen Sohn zu, zog ihn an sich und bekannte: »Wie bin ich gesegnet in dir, mein Saïd! Wie danke ich dem Kismet, daß du bei mir bist!«

5

Seit sich die Sache mit der Friedensbotschaft, dem Besuch des jungen Machmud und der beabsichtigten Reise entwickelt hatte, war Mehmed Akuniyan auf alles, was die Djebelli anlangte, sehr aufmerksam

geworden. Er wußte von der sogenannten Freundschaft zwischen Abdallah ibn Fasal und Schükri ibn Bekir, aber er hatte noch nicht genau herausbekommen, worauf sie sich gründete. Verkauf von Wagen seitens des Abdallah Bey an die Djebelli – gut – aber nicht genug. Empfehlung der Firmen von Beirut durch Abdallah an Schükri für Herstellung des Lichtnetzes und der Telefonleitung – auch gut, aber immer noch nicht genug. Erst an den neuerlichen Ereignissen begann Akuniyan zu erkennen, was Schükri plante: Wenn er sich nicht täuschte, dann galt es jetzt, herauszufinden, auf welche Art dieser verworfene Schükri die Beni Hussein betrügen und bestehlen wollte. Akuniyan glaubte an den alten Spruch: »Wer einmal stahl, schmeckte süße Frucht vom bösen Baume und sucht sie immer wieder zu kosten« – und war überzeugt, daß Schükri, der Gezeichnete, Betrug plane.
Nach langem Überlegen bat Akuniyan Hilel um eine geheime Unterredung. Hilel kannte den Mann, dem sein Vater vertraut hatte, gut genug, um zu wissen, daß Mehmed nur um sehr ernsthafter Dinge willen in solch feierlicher Art um ein Zusammensein bitten würde, und er tat etwas ganz Seltenes: Er brachte Akuniyan in das Zelt seines Vaters, das seither unverändert geblieben war bis auf den kleinen niederen Tisch mit den Bankbelegen, der sich jetzt in Hilels eigenem Zelt befand. Akuniyan verstand sogleich, warum ihm solche Ehre zuteil wurde, und noch feierlicher als sonst war sein Benehmen. So als trete er vor seinen verehrten alten Gebieter, begrüßte er Hilel und setzte sich dann, von einer Handbewegung dazu aufgefordert, ihm gegenüber nieder. Er begann: »Herr, ich glaube den Hintergrund dieser ganzen Sache mit der Pferdezucht und der Friedensbotschaft der Djebelli nun verstanden zu haben. Schükri, dieser Dieb und Verräter, bleibt sich auch jetzt treu. Er wird irgend etwas – ich weiß noch nicht was – anstellen, um dich, Herr, um uns zu betrügen und zu erreichen, daß uns draußen in Ferenghistan unsere Pferde gestohlen werden. O Herr, im Namen dessen, vor dem ich so oft hier saß, beschwöre ich dich, höre mich weiter an! Es muß jemand diesem Betrüger beobachtend nahe bleiben. Ich habe deshalb diesen Gedanken: Ich werde an einem der nächsten Tage hinübergehen, nein, besser, mich nachts hinschleichen. Sie werden mich kommen sehen, da sie ihre starken Lichter haben, und mich fragen, was ich will. Ich werde erklären, daß ich hier, bei dir, Herr, nicht mehr bleiben mag, weil es mir nicht fort-

schrittlich genug sei, und diese Diebssöhne werden mir glauben. Ich werde angeben, ich wolle für sie arbeiten und ihnen helfen in allem – verstehst du mich jetzt, o Herr? – Sie werden mir auch das glauben. In unserem und der Djebelli Zug werde ich dann mit ihnen reisen, um auf diese Weise alle ihre Absichten zu erfahren. Die Hauptsache ist, daß die Djebelli glauben, daß von den Beni niemand etwas um meine Doppelstellung weiß. Nur dem jungen Saïd, Herr, mußt du, ich bitte dich, alles genau mitteilen. Ich ertrüge es nicht, vor ihm als ein Verräter dazustehen. Zudem muß er in allem mit mir zusammenarbeiten. Er muß auch seinem Freund Machmud zu verstehen geben, wie sehr er es bedaure, daß ein getreuer Diener – so muß er sagen – durch Geld und Versprechungen zum Verräter geworden sei. Du hast mich verstanden, o Herr, du meine Heimat, du Sohn meines Herrn?«

Aus diesen letzten Worten klang die ganze Angst Mehmeds, mißverstanden zu werden. Wenn Mehmed Akuniyan sich vornahm, zwei große Stämme der syrischen Wüste gewissermaßen auf ihrem eigenen Gebiet, dem des lächelnden Betruges, hinters Licht zu führen, so konnte er das nur, weil er alles überschaute und weil er stets blitzartig die Auswirkungen eines Geschehens erkannte. Gewiß empfand er die Spaltung seiner Zugehörigkeit zum kleinasiatischen Volk der Armenier und zum mohammedanischen Arabertum als einen Nachteil, aber vielleicht verdankte er gerade ihr seine besondere Klugheit und Umsichtigkeit.

Hilel vertraute diesem Manne ebenso, wie sein Vater es getan hatte. Er stimmte dem Vorschlag zu und gab sogar noch neue Hinweise:

»Alles dieses hat meine volle Zustimmung, Mehmed, mein Freund«, sagte er, »ich möchte aber noch weiter gehen. Ich möchte, daß du als mein Bote mit den Djebelli die Beteiligung an den Kosten für den Zug und das Schiff besprichst. Die nötigen Vollmachten stelle ich dir aus. Auf diese Art wirst du leichter Vertrauen gewinnen, und das Hin und Her zwischen den Lagern kann dann keinen Argwohn erregen. Außerdem rate ich dir dringend, die bei solchen Abschlüssen üblichen Prozente ohne Protest anzunehmen; denn sonst könnte man mißtrauisch werden, und wir wären dann schutzlos den Machenschaften der Djebelli preisgegeben. Du mußt das Hauptaugenmerk auf Schükri richten, denn auch mir will seine plötzliche Friedensbotschaft recht verdächtig erscheinen. Saïd hat mir erklärt, der junge Machmud sei über jeden Verdacht erhaben, aber – nur dir gesagt – ich bin dessen

nicht ganz sicher. Was denkst du darüber, Mehmed?«
Akuniyans ruhiger Stimme war keine Erregung anzumerken. »Ich würde dem jungen Machmud trauen, Herr, wenn ich wüßte, daß er Schükri für schuldig hält an seines Vaters Tod. In diesem Falle wird er mit uns gehen, wohin und wie immer das sich auch gestalte – aber nur in diesem Falle! Gib dem Herrn Saïd den Auftrag, das herauszufinden, und wir wissen, woran wir sind.« Auch damit war Hilel einverstanden, und so trennten sie sich in vollkommenstem Verstehen. Das Netz war gespannt, in dem sich Schükri verfangen sollte.
Zunächst aber ging dem Djebelli noch alles nach Wunsch, und er war in strahlender Laune, als ihm am späten Nachmittag ein Bote des Scheichs Hilel gemeldet wurde. Mehmed Akuniyan, dessen Verstellungskunst über jedes Lob erhaben war, kam mit allen Anzeichen eines demütigen Bewunderers zum Scheich der Djebelli. Er verbeugte sich mehrmals tief, was um so auffallender wirkte, als er – wie immer – städtische Kleidung trug und lediglich der Fes an ihm orientalisch war. In der für Orientalen üblichen Haltung des Dieners vor dem Herrn hielt er die Hände vor der Mitte gefaltet und verkündete leise und ergeben:
»Herr, ich komme als Bote des Scheichs der Beni Hussein, in seinem Auftrage mit dir, Herr, zu verhandeln über die Beteiligung deines erhabenen Stammes an den Kosten der bevorstehenden Reise. Die Vollmachten habe ich hier – wolle sie einsehen, Herr!«
Mehmed trug an einem Lederriemen über der Schulter eine Mappe, der er umständlich verschiedene Papiere entnahm. Aus offensichtlicher Ungeschicklichkeit ließ er einige Geldscheine und Schecks zu Boden fallen. Er war heftig verlegen und lachte beklommen, dann bückte er sich schnell und nahm alles wieder vom Boden auf. Dabei gab er acht, daß Schükri den Betrag auf einem der Schecks, der unmittelbar neben ihm niedergefallen war, genau lesen konnte. Der Djebelli sagte erheitert: »Du streust reichlich Geld aus, mein Freund, und das will mir etwas unvorsichtig erscheinen bei so hohen Beträgen. Nun, zeige mir deine Vollmachten, gib her!«
Mehmed murmelte vor sich hin: »Soeben erst erhalten – schlecht verwahrt, geringe Kommission -- komme unmittelbar aus Damas – wolle entschuldigen, Herr!«
Schükri winkte nachlässig ab, sah sich aber doch diesen Boten der Beni sehr aufmerksam an, der so hohe Beträge als »geringe Kommis-

sion« bezeichnete. Er überflog hastig die ihm gereichten Vollmachten, gab sie gleichgültig zurück, fragte scheinbar oberflächlich und nur ganz nebenbei interessiert: »Ja, also – was willst du von mir wissen, Mehmed Akuniyan? Du bist Armenier, ja? Ein kluges Volk, dem du angehörst, eines, mit dem ich gerne Geldgeschäfte mache! Rede – ich höre.«

Mehmed hatte es leicht, sich seines Auftrags zu entledigen; denn dieser verlangte von den Djebelli nur, daß sie die Hälfte aller Kosten übernahmen und die Hälfte aller Pferde und der dazugehörigen Pfleger stellten. Schükri machte keinerlei Schwierigkeiten, war ihm doch die ganze Angelegenheit höchst gleichgültig, da er gedachte, drüben in Europa baldigst zu verschwinden und mit allem, was da beredet wurde, nichts, aber auch gar nichts mehr zu tun zu haben. Es lag ihm lediglich daran, den Betrag, den die Beni Hussein beisteuern würden, in die Hände zu bekommen, denn damit mußte er zunächst einiges bezahlen, um erst einmal fortzukommen, später mochten dann die anderen auslöffeln, was er ihnen einbrockte. So war es Schükri eigentlich nur darum zu tun, die Beni eine möglichst hohe Summe zahlen zu lassen, und er betonte immer wieder, daß die Djebelli genau den gleichen Betrag zahlen würden. Da Mehmed die Sinnlosigkeit dieser Rechnung auffiel, fragte er vorsichtig: »Und du, Herr, du wirst – so hörte ich sagen – die Reise mitmachen?« Schükri lachte erheitert und gab nachlässig zu: »Ich werde sie mitmachen, gewiß, denn ich wüßte niemanden, dem ich meine Pferde im fremden Lande anvertrauen möchte. Aber nichts wird mich in diesen schrecklichen Zug hineinbringen, von dem du mir berichtest – ich fliege hinüber und werde schon dort sein, wenn ihr alle ankommt, und bereits einiges drüben vorbereitet haben. Es wäre mir lieb, vor meinem Abflug noch einmal den jungen Machmud zu sprechen – würdest du es ihm von mir ausrichten, du Bote der Beni?« Bei diesem Ersuchen lachte Schükri nochmals.

Da es im allgemeinen als würdelos angesehen wird, ohne Anlaß zu lachen, fiel Mehmed dieses zweite Lachen jetzt noch mehr auf als das erste. Wenn Schükri sich dazu einem Tiefergestellten, einem ihm Unbekannten gegenüber, so verhielt, dann mußte das schon eine besondere Ursache haben. Mehmed dachte an die sinnlose Steigerung der Kosten, und auch die Botschaft an den jungen Machmud erschien ihm seltsam. Trotzdem – nein, eigentlich gerade deshalb – gedachte er

seinen Plan auszuführen. Er verbeugte sich und murmelte: »Wie beklagenswert, daß du nicht mit uns im Zug sein wirst, Herr!«
Erstaunt sah Schükri auf den Mann, fragte voll wirklicher Neugier: »Und warum beklagenswert? In welcher Art kann dich meine Anwesenheit dort berühren, Ermeni?« Schükri hätte auch bei angestrengtem Nachdenken kein besseres Mittel finden können, Mehmed aufzureizen, als durch diese Anrede. Trotzdem vernahm er nur die leise Antwort: »Ich hatte gehofft, dir unterwegs einige kleine Dienste leisten zu dürfen, Herr.« Völlig erstaunt bemerkte Schükri, etwas Verächtliches am Ton: »Du? Warum das? Ich habe meine eigenen Diener und bedarf deiner Dienste nicht.« Mehmed stellte bei sich fest, wie schnell es doch einem Manne wie Schükri gelang, sich einen anderen zum Feinde zu machen, und wie gern er, Mehmed, zum Sturze dieses Menschen beitrug. Aber er gab leise und ergeben zurück: »Ich dachte nicht an Dienste, deren einem großen Scheich wie dir gewißlich genug geboten werden. Ich glaubte vielmehr, dir hie und da einige Hinweise geben zu können, über das, was die Beni betrifft – ihre Pferde – ihre Absichten . . .« Mehmeds Stimme war immer leiser geworden, und seine Worte verhallten, während er angestrengt von Schükri fortblickte. Der aber hatte verstanden. Er stand auf, kam nahe zu Mehmed und legte ihm die künstliche Hand auf die Schulter, ihn damit hin und her bewegend.
Mehmed schaute in die Augen des Djebelli, deren Blick von abgründiger Verschlagenheit war. »Jetzt endlich verstehe ich dich, Ermeni«, höhnte Schükri, »du willst dich erbieten, an deinem bisherigen Herrn Verrat zu üben, wenn ich gut bezahle – ist es nicht so? Antworte, ich will es hören!« Kaum vernehmbar preßte Mehmed hervor: »So ist es.«
Schükri ging an seinen großen Schreibtisch, zündete sich einen Zigarette an, setzte sich bequem in seinem Riesensessel zurecht und rauchte gemächlich. Unter halbverschlossenen Lidern hervor betrachtete ihn Mehmed voll Haß und Abscheu, schwor sich zu, diese Beschmutzung seiner Ehrlichkeit an dem, der sie notwendig machte, tausendfach zu rächen.
Schükri erläuterte jetzt: »Das paßt mir ausgezeichnet, und gerade das hatte mir bisher gefehlt. Dieser Narr, der Machmud, ist für dergleichen zu dumm. Du brauchst ihm nun meine Botschaft nicht mehr auszurichten. Wenn ich auch nicht im Zuge mitfahre, so kann ein geschickter Mann wie du mir doch sehr behilflich sein. Ich bedarf kei-

ner besonderen Nachrichten – es gibt nur eines, darin du mir von Dienst sein kannst: Du mußt versuchen, die Pferde der Beni in irgendeiner Art zu beschädigen – aber so unauffällig, daß es erst nach längerer Zeit zu bemerken ist. Ich kenne da einige Mittel, um Zuchtpferde unbrauchbar zu machen. Ich werde sie dir unauffällig zukommen lassen, wenn du mir die Mappe, die du dort an der Schulter hängen hast, hier läßt. Sie sende ich dir zurück – nein, besser noch – du kommst wieder, wenn der Beni-Scheich unsere Abmachungen unterschrieben hat! Sage ihm von mir, er solle den Hintransport bezahlen, ich zahle in gleicher Höhe, wie ausgemacht, den Rücktransport. Ist er damit einverstanden, kann alles sehr schnell erledigt sein. Dich werde ich für deine Dienste bezahlen, wenn ich ihre Wirksamkeit erprobt, wenn ich gesehen habe, daß in Europa nur unsre Pferde zum Verkauf kommen für die Zucht. Gehe jetzt und kehre bald mit der Unterschrift zurück. Ich bin sehr zufrieden und dem Beni-Scheich dankbar, daß er dich schickte!« Wieder lachte Schükri sein höhnisches Lachen, und Mehmed war froh, daß er die Hände fest über der Mitte verschränken konnte, um sie nicht an des Verhaßten Hals zu legen. Da rief Schükri ihn nochmals zurück, sagte gnädig: »Ich lasse dich in einem unsrer Wagen zurück zu den Beni bringen, mein ergebener Diener!« Mehmed wandte sich um und stieß gepreßt und kurz hervor: »Es bedarf dessen nicht, ich kam in einem Wagen von Damas, der mich auch fortbringt.« Am Ende seiner Kraft, wandte er sich ab. Hinter ihm klang wieder das Lachen auf und dazu die Worte: »Kein Wunder, kannst es ja bezahlen mit deinen kleinen Kommissionen!« Tief atmete Mehmed draußen die Luft der Wüste ein, sich an ihr zu reinigen. Doch er wußte, was zu erfahren er ausgezogen war, und mußte sein Wissen bald dem Sohne seines alten verehrten Herrn mitteilen.

6

Der Orientale hat Zeit; Zeit für Liebe, Zeit für Haß, Zeit für Vertrauen und für Mißtrauen. Und es dauert lange, bis die starke Selbstbeherrschung, die sein uraltes Erbteil ist, es ihm gestattet, einem Gefühl lebhaften Ausdruck zu geben. Wenn er aber erst einmal an jene Grenze gelangt, die das Gefühl von der Tat trennt, dann gibt es auch

für ihn keine Rücksicht oder Erwägung der Vernunft mehr.
Es hatte eine Weile gedauert, bis die Beni Hussein ganz erfaßt hatten, daß die geplante Reise nach Ferenghistan in der Gemeinschaft der seit Jahrhunderten verhaßten Djebelli vor sich gehen sollte. Sieben Tage lang sollte der junge Machmud damals nach der feierlichen Überbringung der Friedensbotschaft als Geisel bei den Beni Hussein bleiben, und es war ihnen selbstverständlich gewesen, dem Gebot der Gastlichkeit, dem höchsten Gesetz der Wüstenstämme, zu folgen, weshalb sie den Djebelli in ihrer Mitte mit allergrößter Höflichkeit behandelt hatten. Jetzt aber hatte sich alles gewandelt, aber auch alles! Nicht nur, daß der Häuptlingssohn der Djebelli bereits wochenlang als geehrter Gast im Zelt des jungen Herrn Saïd weilte, nein, es hieß auch, daß die Pferde, die geliebten, in Gemeinschaft mit den Djebelli und deren Pferden die weite Reise nach Ferenghistan antreten sollten. Man würde also wochenlang mit den verachteten Feinden freundschaftlich zusammenleben müssen, dort draußen, im fernen, fremden Lande, wo andere Sprachen gesprochen, andere Götter verehrt, andere Sitten befolgt wurden. Die Unruhe, die sich mehr und mehr des ganzen Lagers bemächtigte, teilte sich auch den Pferden mit. Ebenso wie die Angst eines fremden Reiters dem Tiere, das er reiten soll, sogleich kenntlich wird und es sich Ungezogenheiten erlaubt, ebenso spürt es auch eine plötzliche Veränderung an seinem Pfleger, bemerkt, wenn er dieses und jenes hastiger tut, ja vielleicht sogar unterläßt; und es dauert nicht lange, da wird das Tier unruhig zuerst, dann störrisch und endlich völlig unbrauchbar.
Das war es, was in den Stallungen der Beni Hussein vor sich ging. Als erster spürte Saïd, daß irgend etwas nicht stimmte. Er war mit seinem jungen Catoul so innig vertraut, da er den Sitten der Urzeit gemäß seinerzeit bei dem Fohlen in der Box geruht hatte, so daß keiner der beiden dem anderen etwas vormachen konnte. Als Catoul nun bei einem etwas heftigen Striegelstrich unwillig schnappend den Kopf wandte, wußte Saïd, daß durch irgendeinen Zeltspalt ein unguter Djin in den Stall geschlüpft war, und es dauerte nicht lange, bis er weiter bemerkte, daß ihm nicht in der gleichen warmen und heiteren Art auf seinen Gruß geantwortet wurde wie früher und wie manch einer, der allzeit ein frohes Wort für ihn gehabt hatte, zur Seite sah, wenn er vorüberging, und nichts von ihm zu wissen schien.
Das beobachtete Saïd noch so vier, fünf Tage. Dann entschloß er sich

zu einem sonst für den Orientalen unbeliebten Vorgehen, zu einer unmittelbaren Befragung. Er holte sich Ferid herbei, der ihn als sein alter Reitlehrer besser kannte als sonst einer, und mußte Ferid an seiner Djebelhabieh festhalten, als er, der sonst immer ein Lächeln für seinen Schüler gehabt hatte, ernst und verschlossen an ihm vorbeigehen wollte, so als sähe er nur den schadhaften Steigbügel in seiner Hand. Sie standen in einem der wenig gebrauchten Zugänge zu den Stallungen und waren für den Augenblick allein. Saïd fragte mit einem unsicheren kleinen Lachen: »Ferid, mein Freund und Lehrer, warum meidest du mich? Warum blickst du zu Boden, wenn ich dir begegne? Warum ist Catoul erregt?« Es war wohl diese letzte Frage, die des Reiters, die Ferid veranlaßte, den vertrauten und bisher geliebten Saïd anzusehen; denn er sagte leise: »Catoul wird wissen, daß wir nichts mit einem Freund der Djebelli zu tun haben wollen, der seine Nächte in vertrauter Gemeinschaft mit einem Verräter verbringt.« Ferid wandte den Blick ab, blieb aber stehen, um zu hören, was sein Schüler, der bisher sein Stolz war, zu entgegnen hätte. Saïd starrte ihn verständnislos an, brachte mühsam hervor: »Ich verbringe meine Nächte mit einem Verräter? Djanoum, Ferid, mein Freund und Lehrer, welche Torheit spricht aus dir? Im Namen des Großen alten Scheichs, der mich dir in die Hand gab, beschwöre ich dich, mir diese Worte zu deuten!«

Diese Anrufung dessen, der ihnen beiden der Inbegriff der Wahrhaftigkeit und Weisheit war, bewirkte, daß Ferid den Steigbügel fallen ließ, seine Hände auf Saïds Schultern legte und ihm fest in die Augen sah. Er forschte: »Ein Reiter fragt den anderen, fragt es im Namen der edlen Pferde, die unter uns, dem Shimoum gleich, dahinbrausen – Saïd ibn Fasal, bist du ein Freund der Djebelli?« Saïd hatte allerlei erwartet, aber dieses nicht. Er antwortete, ohne sich zu besinnen: »Ich ein Freund der Djebelli? Wie kommst du zu dieser törichten Frage, Ferid? Sie sind Lügner, Betrüger und Diebe und werden es immer sein. Was hat das mit dir und mir zu tun, aman Dosdum?«

Zu seinem größten und peinlichsten Erstaunen mußte nun Saïdd mitansehen, wie ein Reiter die Fassung verlor; Ferid wandte sich zur Seite, lehnte sich an die leise schwankende Zeltwand, zog den Zipfel seiner Djelhabieh über sein Gesicht und verharrte so einige Herzschläge lang.

Ratlos stand Saïd dabei, wußte nicht, was tun, doch faßte sich Ferid schnell, wandte sich um, hob den Steigbügel vom Boden auf und sprach ruhig und mit dem gleichen Lächeln, das er immer für Saïd gehabt hatte: »Saïd, mein Freund und Schüler, vergib einem Toren, der an dir zweifeln konnte, und vergiß die sinnlosen Worte, die ich sprach. Und um deine Großmut zu beweisen, kommt mit mir zum Zelt des alten Achmed, wo einige unserer Reiter dich erwarten, die dir Wichtiges zu sagen haben, was uns alle angeht. Willst du mit mir kommen, Saïd, mein Schach?« Über diese Anrede mußte Saïd wie immer lächeln. Er merkte, was auch die Wolke bedeutet habe, die über den Himmel seiner frohen Tage gezogen war, sie hatte sich in nichts aufgelöst, und frei durfte er wieder atmen. Er strich Catoul über die Nüstern und folgte Ferid.

Als sie in Achmeds Zelt eintraten, grüßten alle Männer voll Höflichkeit, und Saïd erwiderte die Grüße, ging dann zu Achmed, bei dem er einstmals die erste Nacht im Lager der Beni verbracht hatte, und sagte leise die Worte der Ergebenheit, wie er sie ihm gegenüber empfand.

Dann wandte er sich zu den Männern um, fragte: »Ihr wollt mich sprechen, sagt mir Ferid. Redet, ich höre!« Die Männer standen etwas verlegen herum und blieben stumm. Saïd, der jeden von ihnen kannte, hatten sie doch unzählige Male im Stall miteinander gearbeitet, sah sie fragend der Reihe nach an, und da traf ihn ein freies Lächeln, das er gut kannte von gemeinsamen Ritten her. Er ging auf Hikmet zu, zog ihn am Gürtel zu sich heran und bat heiter: »Nun, Hikmet, mein Gefährte vieler Ritte, rede du, da keiner hier mich eines Wortes wert hält. Worum geht es, sage?« Hikmet gab bereitwillig Auskunft. Er sagte einfach: »Keiner will mit den Djebelli zusammen reisen. Das ist's, Herr.«

Saïd wandte sich wieder den Männern zu, und da nun der Jüngste den Bann gebrochen hatte, stürmten Worte auf ihn ein, viele Worte, in der gleichen Art, in der sie vorhin wie Hagelkörner auf Achmed herabgesaust waren. Unfähig, irgend etwas zu verstehen, sah sich Saïd nach Ferid um, und es gelang diesem entschlossenen Mann, Ruhe zu stiften. »Wie soll er denn verstehen, was ihr wollt, Freunde und Brüder, wenn ihr ihm die Ohren anfüllt mit den harten Maiskörnern eures Geschreis? Sage einer nach dem anderen, was er zu sagen hat – beginne du, Saifullah!«

Der älteste Pferdepfleger trat vor, grüßte und begann ruhig: »Es ist dieses, Saïd Bey, wir können uns nicht entschließen, zusammen mit den Djebelli, die unseren Vätern und Vorvätern als Diebe und Betrüger bekannt waren, zu reisen oder auch nur eine Nacht lang unter einem Zeltdach mit ihnen zu verweilen. Wir leiden schon darunter, daß ein Djebelli hier unter uns lebt – vergib, Herr, da er dein Freund ist –, und wir wollen und können nichts mehr von ihnen dulden. Es wird das erste Mal sein, daß die Beni Hussein ihrem Scheich nicht gehorchen, aber wenn er uns auch alle in die Wüste hinaustreibt, auf daß wir elendiglich verkommen – immer noch besser, so vernichtet zu werden, als an unserer Ehre zu leiden, wie es geschähe, müßten wir mit diesem Auswurf zusammenleben.« Der Mann schwieg, Saïd überlegte genau; denn es war etwas ganz Bestimmtes, was er als erstes vorzubringen gedachte. Sie waren alle so ganz in ihre Gedanken versunken, daß sie nicht bemerkten, wie der Zeltvorhang leise gehoben wurde und Mehmed Akuniyan eintrat. Nur Achmed bemerkte ihn und neigte leicht den Kopf zum Gruß; denn er freute sich, daß dieser besonnene Mann gekommen war. Saïd nahm nun ruhig und bestimmt das Wort: »Ehe ich dem antworte, was gegen die Reise gesagt wurde, will ich auf etwas Antwort geben, das mir vorhin entgegengehalten wurde, dieses, daß ich meine Nächte mit einem Verräter verbringe und daß auch ihr, Freunde und Brüder, darunter leidet, daß ein Djebelli unser Gast ist. Ich verstehe das vollkommen, aber ich will euch etwas anvertrauen, was Machmud ibn Muled mir verriet: Er ist der Überzeugung, daß Schükri, der jetzige Scheich der Djebelli, seinen Vater, den Scheich Ali Muled, töten ließ – darum ist er beglückt, hier Zuflucht gefunden zu haben, weil er sich keinen Atemzug lang sicher fühlt drüben im Lager. Sagt mir, meine Freunde und Brüder, soll einer, der sich von Mördern umgeben weiß, von uns zurückgeschickt werden? Wenn ihr es wollt, werde ich ihn zum Gehen überreden; denn jeder von uns kann nur eines Todes sterben. Aber schmerzlich wäre es mir, weil er mein Freund ist, den ich als ehrlich erkannte. Entscheidet also, ich warte und werde mich eurem Beschluß fügen.« Saïd trat beiseite und sah jetzt erst Akuniyan. Der zog ihn in den Schatten des Zeltwinkels und flüsterte: »Tu was du kannst, Saïd Bey, sie in deine Hand zu bekommen, denn uns droht der Aufstand des ganzen Stammes. Soeben kehre ich aus Damas zurück, sogar dort flüstert man schon davon. Ich berichte dir nachher von meinem Besuch bei den Djebelli. Tu was du kannst, ehe wir zum Scheich gehen.

Besser, du gibst Machmud auf, als wir bekommen einen Stammeskampf. Sei vorsichtig – hab acht!«

Saïd nickte zustimmend und ging nach einer kleinen Weile zu den Männern zurück, die ihre Beratung beendet hatten. Saifullah trat vor und berichtete ernst und eindringlich: »Herr, wenn dein Freund sich bereitfindet, den Eid auf unseren Stamm zu leisten und niemals mehr zu den Djebelli zurückzukehren, dann mag er bleiben als einer der unseren. Tut er das nicht, so werden wir ihn den Djebelli ausliefern mit dem ersten Morgenlicht, und Allah möge ihm gnädig sein. Ich habe gesprochen.«

Saïd sah den Mann an und erkannte, daß es dem sehr ernst sei und hier mehr auf dem Spiele stand als nur das Schicksal des jungen Machmud. Er fragte ruhig: »Würde einer von euch geneigt sein, mir Machmud hierherzuholen? Bestellt ihm, Saïd erwarte ihn. Wollt ihr mir diesen Dienst erweisen? Ich werde ihm dann hier vor euch erklären, was eben beschlossen wurde, und ihr könnt seine Antwort sogleich erfahren. Ist es euch so genehm?« Lebhafte Zustimmung erfolgte, und Akuniyan blickte mit leuchtenden Augen zu Saïd, der auf diese geschickte Art größeres Unheil abgewandt hatte. Hikmet wurde abgeordnet, Machmud herbeizuholen, ihm aber nichts zu sagen von dem, was besprochen worden war. Zum Zeichen des Einverständnisses legte er den Finger auf die Lippen und lief davon.

Saïd trat wieder zu Akuniyan, flüsterte: »Was ist das alles, Mehmed, und seit wann kocht es denn auf diese Art unter uns?« Akuniyan zuckte mit den Achseln, hauchte zurück: »Weiß es auch nicht, nehme Verrat von Schükri an, schon jetzt. Auch mein Plan ist unmöglich geworden, müssen Neues ersinnen. Achtung – er kommt – sei klug, ich beschwöre dich!«

Saïd nickte beruhigend, ging Machmud, der eifrig herbeikam, entgegen, faßte ihn am Arm und führte ihn vor die Männer, die fast sogleich einen Halbkreis gebildet hatten und die zwei Jünglinge darin einschlossen. Von einem Winkel aus beobachtete Achmed den Vorgang, von der andren Seite Akuniyan. Sie waren bereit, sich jederzeit einzumischen, wenn Saïd irgendeinen Fehler begehen sollte.

Machmud sah etwas erstaunt auf die Männer, fragte dann heiter: »Du hast mich holen lassen, Saïd? Was ist denn? Und was wollen diese hier? Geschah etwas?«

Saïd kam sofort zum Kern der ganzen Sache: »Machmud, mein

Freund, hast du mir nicht einmal gesagt, du glaubest, Schükri sei deines Vaters Mörder?«
Machmud schaute erschreckt um sich, fragte bedrückt: »Müssen diese es auch erfahren, Saïd?« Ernst gab Saïd Antwort: »Ja, mein Freund, sie müssen es erfahren; denn es geht jetzt um eine schwere Entscheidung. So sage mir denn – wenn du mir vertraust, Machmud –, glaubst du, er habe ihn töten lassen?«
Machmud verstand seinen Freund in diesem Augenblick nicht, aber er vertraute ihm. Furchtlos bekannte er: »Ja, ich glaube, daß er ihn töten ließ, um selbst Scheich zu werden. Ich glaube, daß er mich töten lassen wird, wenn er meiner habhaft werden kann. Und ich glaube, daß er, wenn diese Reise zustande kommt, euch alle Pferde stehlen wird. Ich glaube, daß es keinen böseren und verlogeneren Menschen gibt als diesen Schükri und daß er, reiste er wirklich mit uns und den Pferden, uns alle in der Fremde verließe und seiner Wege ginge, uns in Schande und Elend zurücklassend, ohne Geld. Das alles glaube ich und will dafür einstehen, wie ihr es verlangt; denn ich fühle wohl, ich stehe hier vor Gericht, wenn ich auch nicht weiß, um welcher Schuld willen außer der, daß ich ein Djebelli bin.«
Sie hatten ihn schweigend angehört, in seinem Gesicht geforscht, seine Worte geprüft. Jetzt blickten sie auf die beiden Jünglinge in ihrer Mitte. Saïd hielt den Freund mit einem Arm umschlungen, aber Machmud stand frei und furchtlos dort, und es war unmöglich, ihn für einen Lügner zu halten!
Saifullah ergriff auch jetzt wieder das Wort. Er trat auf Machmud zu und erklärte: »Machmud ibn Muled, du hast recht gesprochen, deine Schuld vor uns ist es, daß du ein Djebelli bist. Doch es gibt auf dieser Erde Allahs nahezu für jede Schuld eine Sühne, es sei denn für hinterlistigen Mord und Lüge. Willst du, so kannst du die Schuld von dir werfen, ein Djebelli zu sein – werde einer der unseren, sei ein Beni Hussein, und sage dich los von deinem Stamm! Dann kann auch dieser verräterische Schükri nicht mehr an dich heran, es sei denn, er griffe unseren Stamm an. Willst du, Machmud ibn Muled?«
Eifrig machte sich Machmud von Saïd los, ging zu Saifullah, packte ihn am Arm, fragte hastig: »Geht denn das? Wie kann das geschehen – o sage.« Da war kein Zweifel an der Willigkeit und über das ernste Gesicht des älteren Mannes ging ein Lächeln, als er dem Jüngling Antwort gab: »Ja das geht. Du leistest unseren Stammeseid, du hast

eine Prüfung als Reiter und Fechter zu bestehen, und du gehst mit uns zur Türbeh des Großen Scheichs. Wenn das geschah, bist du einer der Unseren, so als seist du unter uns geboren und aufgewachsen. Willst du?«

Machmud lief zu Saïd zurück, umfing ihn, erdrückte ihn fast, rief jubelnd: »Ob ich will?! Ach, nur zu gerne! Dann kann ich immer bei euch bleiben und muß nie mehr zurück. – Oh, wie schön, wie herrlich ist das!«

Sie sahen ihm halb lächelnd zu, diese Männer, aber sie verstanden ihn nicht ganz, denn es erschien ihnen unbegreiflich, daß ein Mensch freiwillig seinen Stamm aufgab, und manch einer dachte, daß so etwas doch nur einem Djebelli möglich sei und daß jeder von ihnen lieber einen schrecklichen Martertod erlitten als seinen Stamm verleugnet hätte.

Indessen hing Machmud an Saïds Hals und flüsterte: »Nun werde ich deine Schwester Leila heiraten können, und dann bin ich wirklich dein Bruder, Saïd!«

Aber mit so spielerischen Gedanken vermochte sich Saïd jetzt nicht zu beschäftigen. Er trat ernst auf die Männer zu, befahl: »Alles dieses muß sogleich meinem Vater, dem Scheich, vorgetragen werden. Ihr werdet jetzt mit mir kommen und ihm auch eure Weigerung wegen der Reise mit den Djebelli vortragen. Das mit Machmud teile ich ihm selbst mit. Kommt, Freunde, und laßt uns eins bedenken: Noch niemals hat es bei den Beni einen Aufstand gegen den Willen des Scheichs gegeben – achtet darauf, daß es dabei bleibe. Kommt!«

Akuniyan schloß sich ihnen an und freute sich an der Erkenntnis, daß in diesem jungen Saïd alles das lebte, was einen großen Führer seiner Leute ausmachte. Glücklich würde der Stamm durch ihn sein, wenn er einmal zu befehlen hätte. Wie spielerisch und kindlich war dagegen noch dieser Machmud! Aber gut, daß er wenigstens kein Verräter zu sein schien. Sein, Akuniyans, eigener Plan aber, zwischen den Djebelli und den Beni hin und her zu gehen, mußte jetzt fallengelassen und etwas Neues erdacht werden. Was aber – was? Allah bilir – Gott wußte es, und zu seiner Zeit würde er es enthüllen.

7

Vor Hilels Zelt angelangt, winkte Saïd den Männern zurückzubleiben und sagte über die Schulter zurück halblaut:
»Holt alle herbei, die sonst noch eurer Meinung sind. Verhaltet euch ruhig und wartet. Seid gewiß, der Scheich wird euch anhören. Warte auch du, Machmud.« Keinem kam es in den Sinn, Saïd nicht zu gehorchen.
Er betrat das Zelt seines Vaters wie immer in freudiger Erwartung, denn jedes Zusammensein mit Hilel bedeutete ihm ein neues Erleben ihrer vertrauenden Gemeinschaft. Auch daß er jetzt ungute Kunde zu bringen hatte, änderte nichts daran. Voll Ruhe sah der Scheich der Beni Husein auf, rief freudig: »Da bist du, mein Saïd. Wie gut, dich zu sehen. Deine Pferde für die Nacht versorgt?« Diese Worte benützte Saïd, nachdem er den Vater gebührend begrüßt hatte, sogleich zum Anlaß seiner Mitteilung: »Für diese Nacht, geliebter Herr, sind unsere Pferde gut versorgt, nicht aber für die kommende Zeit.« Erstaunt blickte Hilel den Sohn ob dieser seltsamen Antwort an, fragte halb lachend, was er mit seinen geheimnisvollen Worten meine. Saïd setzte sich neben ihn auf das Sitzkissen, nahm die ihm gebotene Zigarette und erläuterte, ruhig rauchend: »Es geht darum, geliebter Herr, daß deine Untertanen, die Beni Hussein, sich weigern, mit den Djebelli zu reisen. Unsere Pferde werden also nicht nach der gebotenen Art versorgt sein.«
Hilel rauchte seine Zigarette zu Ende, drückte sie aus und wandte sich dem Sohne zu: »Soll das ein Scherz sein, mein Saïd? Ich finde ihn unziemlich.« Saïd nickte: »Du hättest zum Tadel Anlaß, Herr, wäre es ein Scherz. Doch draußen vor deinem Zelt stehen sie und wollen dir, Herr, erklären, du könntest sie zum Tod in der Wüste verdammen, nicht aber sie zwingen, mit den verachteten Djebelli zu reisen und unsere Pferde deren Machenschaften auszuliefern. Um ihrer Meinung Nachdruck zu verleihen, haben sie Machmud gezwungen, ein Beni Hussein zu werden oder sofort zu den Djebelli zurückzukehren.« Ein Lächeln glitt über Hilels Züge, und er fragte erheitert: »Und was hat dein Freund Machmud geantwortet? Ich glaube, ich kann es mir ausdenken – er hat erfreut zugestimmt, ja?«
Saïd lachte: »Du sagst es, Herr, und dieser liebenswerte Tor hat beglückt erklärt, so könnte er dann Leila, meine Schwester, ehelichen

und ganz mein Bruder werden.« Auch Hilel lachte und kam dann ernst auf die bedeutsame Sache zurück: »Und wo sind meine Männer, die den Tod in der Wüste erleiden wollen? Kommen sie zur Nacht, um ihren Scheich zu töten?« Saïd gab ernsthaft zur Antwort: »So ist es, Herr, doch nicht erst zur Nacht, nein, sogleich. Sie warten draußen, wie ich es dir anzeigte, darf ich sie einlassen?«
Hilel stand auf, schüttelte die Asche von seinem Gewand und bemerkte friedlich: »Sie mögen kommen – ich bin bereit.« Saïd erkannte die ganze gelassene Überlegenheit des Scheichs an der scherzhaften Art, in der er die Gehorsamsverweigerung aufgenommen hatte. Er blieb auf dem Weg zum Zelteingang für eines Herzschlags Dauer neben Hilel stehen, legte den Kopf leicht an dessen Schulter und murmelte: »Geliebter Herr ...« Dann stand er schon am Vorhang, rief in das Dunkel hinaus: »Kommt herein, Freunde und Brüder, der Scheich will euch anhören.«
Draußen entstand eine kleine Unruhe, bis sie alle ihre Schuhe abgestreift hatten. Dann kamen sie einer nach dem anderen herein, ohne zu drängen und zu schieben, grüßten und standen wartend dort, hohe Reitergestalten, ruhig und ehrfürchtig. Hilel sah sie an, und der Stolz, über sie zu herrschen, leuchtete in seinem Blick. Er trat auf sie zu, fragte freundlich: »Mein Sohn sagt mir, ihr wollt nicht mit den Djebelli zusammen reisen. Es ist so, ja?« Ein zustimmendes Murmeln antwortete. »Gut, ich verstehe das. Auch mein Mißtrauen ist groß, und was mir Akuniyan gestern über Schükri berichtete, hat es noch erhöht. Ich hatte von Anbeginn einen Widerwillen gegen diese Gemeinschaft, und so wollen wir beraten, wie wir ohne die Djebelli eine Reise zustande bringen können, die unseren Pferden, den Pferden Arabiens, zur Ehre gereicht in Ferenghistan. Ich bitte euch, setzen wir uns wie in alten Zeiten in einem Kreise zusammen. Ist es euch so recht? Ich möchte euch mitteilen, welche Ansicht der Große alte Scheich, mein geliebter und verehrter Vater, hatte – denn sogar er sprach mir schon von dieser Sache. Setzt euch, und rauchen wir zusammen, es spricht sich dann besser, Freunde und Brüder.«
Sie standen noch eines Gedankens Dauer beisammen, dann löste sich einer aus ihren Reihen, ging auf Hilel zu, nahm dessen Hand, führte sie an Lippen und Stirn und murmelte: »Mein Scheich, ich bin dein Diener.« Alle folgten diesem Beispiel, und da war keiner unter ihnen, der von diesem Tage an nicht alles für den Scheich Hilel getan hätte.

Hilel berichtete seinen Stammesbrüdern nun, was der alte Scheich ihm damals geraten hatte für die Zukunft des Stammes und für die Haltung gegenüber dem Andrängen der neuen Zeit, und fuhr fort: »Ihr müßt bedenken, meine Brüder, daß es in Zukunft nicht genügen wird, zu reiten und sich daran zu erfreuen, denn es wird immer weniger Möglichkeiten geben, das Leben auf eines Pferdes Rücken zu verbringen. Wenn wir mit unseren Pferden nicht ganz von den neuen Wagen auf die Seite geschoben werden wollen, müssen wir etwas unternehmen. Ich glaube, daß drüben in Ferenghistan die Nachfrage nach unserem arabischen Pferd immer groß sein wird, denn besseres Blut gibt es nicht. Deshalb hatte ich geplant, die beiden Stämme mit der größten Pferdezucht, der unsere und der der Djebelli, sollten gemeinsam etwas unternehmen. Es war ein Fehler, ich gebe es zu, und ich bitte euch, eurem Scheich zu verzeihen. Beraten wir nun, wie wir unseren Plan ohne die Djebelli ausführen könnten. Wollet mir eure Ansichten bekanntgeben.«
Sie saßen sehr gedankenvoll um ihren Scheich herum; aber zunächst fiel keinem etwas ein, das von Nutzen gewesen wäre. Hilel und Saïd warteten geduldig. Endlich schob sich Mehmed Akuniyan vor, der sich die ganze Zeit über im Hintergrunde gehalten hatte. Er kam nahe zu Hilel und flüsterte fragend: »Erlaubst du, Herr, daß ich diesen allen hier mitteile, was ich bei Schükri erfuhr und was ich zuerst plante?« Etwas erstaunt gab Hilel zurück: »Wenn du nicht fürchtest, dir dadurch den Zorn der Brüder zuzuziehen, tue es!«
Akuniyan verneigte sich vor dem Scheich und sah auf die Männer. Wenn er auch Gefahr lief, von ihnen mißverstanden zu werden, so hatten sie doch jetzt ein Recht darauf, alles von ihm zu erfahren, und er wollte sich ihrem Urteil fügen. So begann Mehmed seine Rede in aller Gelassenheit: »Euch, die ich immer als meine Brüder angesehen habe, muß ich mein Tun darstellen, denn leicht haltet ihr auch mich sonst für einen Verräter.« Wort für Wort berichtete er von seinem Gespräch mit Schükri und davon, daß der Scheich Hilel um alles gewußt habe. Keinem kam es in den Sinn, ihn als Verräter zu verachten, sondern sie dankten ihm für den Dienst, den er dem Stamm hatte erweisen wollen, und begehrten von ihm zu wissen, was mit Schükri geschehen könne und wie man sich verhalten solle, um seiner Rache zu entgehen. In diesen schweren Fragen wurde ihnen unerwartete Hilfe: Bescheiden trat Machmud vor und bat Hilel leise: »Ist es erlaubt,

Herr, daß ich einige Worte spreche, da ich Schükri von allen hier am besten kenne?« Sie sahen ihn erstaunt an, aber Hilel, der den kindlichen Knaben nicht ernst nahm, gebot lächelnd: »Sprich, Machmud ibn Muled, der du bald zu uns gehören wirst, so du etwas zu sagen hast, das uns helfen könnte. Sprich!«
Machmud verneigte sich höflich und fragte Mehmed Akuniyan: »Sage mir, Mehmed, hat Schükri, während du mit ihm sprachst, jemals gelacht?« Schon wurde unruhiges Gemurmel hörbar, denn sie hielten diese Frage für töricht. Da hob Hilel Schweigen gebietend die Hand und beugte sich vor, um Machmud ebenso aufmerksam zu betrachten, wie Saïd es tat. Mehmed besann sich ein wenig, ehe er bestätigte: »Ja. Er lachte dreimal.« – »Kannst du mir sagen, wann das geschah, ich meine, was gerade zwischen euch gesprochen wurde?« Wieder dachte Mehmed ein Weilchen nach, und alles wartete gespannt, da ein jeder jetzt die Bedeutsamkeit dieser Frage spürte. Dann kam die Antwort, langsam und sichtlich aus der Erinnerung heraus: »Er lachte zum ersten Male, als er erklärte, er werde nicht mit dem Zuge fahren, sondern fliegen. Zum zweiten Male lachte er, als von dir gesprochen wurde, Machmud Bey, und zum dritten Male, als ich mich von ihm verabschiedete.« Machmud nickte, sagte leise: »Erlaube mir, Herr, es nachzumachen – allzu gut kenne ich dieses Lachen –, war es so, Mehmed?«
Vor dem erschreckten Akuniyan erklang – genau wie damals von Schükris höhnischen Lippen – ein Lachen, bei dem ihn auch diesmal ein Schauder überlief. Von denen, die es jetzt zum erstenmal vernahmen, verhüllten einige Ohren und Augen mit den Turbanbändern, andere starrten erschreckt auf Machmud. Er sah in diesem Augenblick wahrhaft unheimlich aus, verändert in einer grauenhaften Art. Mehmed ging hastig auf den Knaben zu, packte ihn an der Schulter, redete leise auf ihn ein: »Nicht – tu es nicht noch einmal! Aber es war genauso, furchtbar genau!«
Saïd war aufgesprungen, lief zu seinem Freunde, der an allen Gliedern bebte, umschloß ihn, suchte ihn zu beruhigen; aber Machmud schob ihn sanft zur Seite und erklärte: »Wenn Schükri auf diese Art lacht, dann bedeutet das schlimme Dinge. Ich habe es auch dreimal gehört, sein Lachen; einmal, als sie meinen Vater tot ins Lager brachten; einmal, als ein Bettler von Schakalen zerrissen wurde; einmal, als man mich zu ihm führte als den Sohn des toten Scheichs. Ich ver-

mochte das Lachen nachzuahmen, ehe ich richtig sprechen konnte. Die Frauen haben sich immer erschreckt, wenn ich es tat. Wenn Schükri so lachte, Mehmed, so sei sicher, daß es das erstemal, während er von seinem Flug redete, einen großen Betrug bedeutete. Das zweite Lachen bei der Erwähnung meines Namens entsprang Schükris Gedanken an meinen Tod, und das dritte zeigt, daß er dich beim Abschied schon durchschaut hatte und nachdachte, wie er sich deiner am besten entledigen könnte, ohne Verdacht zu erregen. So, o meine Brüder, steht der Sinn Schükri ibn Bekirs, des Scheichs der Djebelli.«
Nach diesen Worten sank der Knabe Machmud, den bisher alle nur kindlich und lachend gekannt hatten, auf dem Boden in sich zusammen. Hilel hob ihn auf und schloß ihn in seine Arme. Die anderen kamen von allen Seiten herbei, denn nun wußten sie, warum Machmud so freudig der ihre werden wollte. Sie brachten Wasser, sprachen Machmud gut zu, und ein jeder hörte in sich noch dieses gräßliche Lachen des Bösen. Ein Kind hatte es nachzuahmen vermocht, noch ehe es sprechen konnte – welch ein Jammer!
Von dieser Stunde an mißtraute niemand mehr dem Knaben Machmud, und ein jeder gönnte ihm Zuflucht und Frieden. Hilel überließ dann Machmud den Tröstungen seines Freundes Saïd und sagte entschlossen: »Wir haben immer Gnade des Kismets erfahren, auch jetzt wieder, da uns ein Knabe die ganze Gefahr zeigt, in der wir uns befanden. Ich danke euch, Freunde und Brüder, für euren Entschluß, nicht mit den Djebelli zu reisen. Aber ich will den Plan nicht aufgeben, Arabiens Pferde nach Europa zu bringen. Weiß keiner einen Rat, wie es anzupacken wäre?« Sie schwiegen und sahen sich ratlos an.
Da sprach eine ruhige junge Stimme einen Namen aus, tat es zum zweiten Male, als keine Antwort kam: Saïd hatte seinen Freund ein wenig zurückgeschoben und wiederholte zum dritten Male: »Abdallah ibn Fasal.« Hilel starrte sprachlos auf seinen Sohn, die Männer neigten sich vor, als hätten sie nicht recht gehört. Allein Mehmed Akuniyan forschte fast atemlos: »Was hast du gesagt, Saïd Bey?« Saïd nickte dem Boten des alten Scheichs lächelnd zu und wiederholte bestimmt: »Ich sagte: ›Abdallah ibn Fasal.‹ Er allein kann dem Stamme seines Vaters jetzt helfen. Er allein kennt Schükri genügend, um uns einen Rat zu geben, und – vergeßt es nicht, Freunde und Brüder! – er hat, wenn er auch in Beirut in einem europäischen Haus lebt, das gleiche Reiterblut in seinen Adern wie wir. Er ist der Bruder unseres

Scheichs, der Sohn des Großen alten Scheichs. Wer sonst könnte uns und unseren Pferden helfen? Ich frage euch: Wer?«
Jetzt war es mit der Ruhe und Gelassenheit vorbei. Sie kamen alle herbei, ein jeder wollte einen Zipfel von Saïds Gewand fassen, ein jeder ihm seine Zustimmung beweisen. Saïd aber neigte sich bittend zu Hilel, der ihn betrachtete, als sähe er ihn zum ersten Male: »Vergib, geliebter Herr, wenn ich zu schnell sprach, aber es mußte gesagt werden. Nur so können wir vielleicht den Willen des Großen Vaters erfüllen. Glaubst du nicht auch, ihm wäre es recht so?« Da schüttelte Hilel die Erstarrung ab, sprang auf und murmelte nahe an Saïds Ohr: »Mein Stolz und meine Freude, mein kluger, weitblickender Sohn! Allah mit dir! Morgen in aller Frühe fahren wir zu Abdallah. Mehmed, verschaffe uns einen Wagen für den Tag. Das Reiten nimmt zuviel Zeit bis Beirut.« Lauter wandte er sich dann wieder an alle: »Heute aber wollen wir, Freunde und Brüder, noch die Feier begehen, durch die Machmud der unsere werde, damit ihn aller Schutz unseres Stammes schon diese Nacht umgibt. Ist es dir recht, Machmud? Oder hättest du noch ...?« Aber Machmud unterbrach den Scheich, wieder heiter und voll Frohsinn:
»Nichts, Herr, hätte ich, das mich abhalten könnte, der eure zu werden. Nur eine Bitte habe ich, nicht so sehr meinet- als euretwegen: Laßt es nicht den Djebelli zu Ohren kommen. Unheil brächte es dem ganzen Stamm, und ich müßte eines langsamen und grauenvollen Todes sterben. Auch Saïd würde leiden. Ich bitte, Herr, laßt es nicht bekanntwerden!« Hilel dachte nach, wandte sich dann an Saifullah: »Mein Freund, gehe und hole vom Imam die grüne Fahne. Wir werden bei ihr Schweigen geloben, und zugleich wird Machmud unsren Stammeseid auf sie leisten. Geh, und laß niemanden wissen, warum du ausgeschickt wirst. Fragt dich der Imam, so sage ihm, ein Bote müsse um einer geheimen Sendung willen Verschwiegenheit schwören. Er wird dann nicht weiter darüber sprechen. Beeile dich, Saifullah.«

8

Im Auto nach Beirut zu fahren, wo es so viele Möglichkeiten eines schönen, gleichmäßigen Galopps gab, erschien Hilel immer noch als eine ausgemachte Torheit. Aber dieses Mal ging es nicht anders, denn die Zeit drängte. Mehmed hatte gemeldet, daß die Regierung bereit sei, den Zug und das Fährschiff zur Verfügung zu stellen, wenn der Aufbruch innerhalb der nächsten drei Wochen erfolgte, habe später erst einmal die Flut des Fremdenverkehrs eingesetzt, werde dieses Entgegenkommen nicht mehr möglich sein. Also galt es Eile, auch etwas, das dem Orientalen als Torheit erscheint – und es meistens zu sein pflegt.

Mehmed saß neben dem Fahrer, der Glasschirm im Wagen war geschlossen, und Hilel und Saïd konnten unbelauscht miteinander reden. »Ich möchte gerne wissen, mein Saïd, was du dir von diesem Besuch versprichst; denn ich komme nur mit, um mein Einverständnis mit deinem Tun – was es auch sei – zu bezeugen. Das Reden will ich dir überlassen, denn diese ist deine Reise, und du mußt beweisen, daß du weißt, was du willst, und dafür einstehen. Wenn also mein Bruder dich abweist, so rechne nicht auf meine Unterstützung. Du bist schon jetzt allein für alles verantwortlich, auch wenn ich noch bei dir bin, mein Saïd.«

Saïd legte die Hand auf des Vaters Arm: »Ich fühle dein Vertrauen, geliebter Herr, und das gibt mir Kraft. Du wirst bald erkennen, daß ich recht hatte – auch im Vertrauen auf das Reiterblut deines Bruders. – Oh, da ist das Meer! Weißt du, daß ich mich nach dem Meer immer sehne, geliebter Herr? Es ist das einzige, was ich in meinem Glück entbehre. Höre nur! Das Rauschen! – Ach, darf er einen Augenblick halten, damit ich es besser höre?« Hilel gab ein Zeichen, und der Wagen stand. Mit einem Satz war Saïd draußen und lief bis zum Ufer, stand dort und ließ sich den leichten Meereswind um die Stirn wehen, lauschte gebannt auf das An- und Abschwellen im Brausen der Wogen. Die Sonne blendete, und die Luft war voll salziger Frische. Trotz allen Elends, das der junge Saïd einstmals im Hafen von Beirut erlitten hatte – das Meer, das vergaß er niemals, nach ihm sehnte er sich sein Leben lang zurück. Hilel war jetzt neben ihn getreten, zog ihn sanft wieder zum Wagen und tröstete liebevoll: »Es ist gut, mein Saïd, auch im Glück noch eine Sehnsucht zu behalten, sonst wird der Geist träge und das Herz schlaff. Aber sage mir, was hindert dich, nach deiner Reise immer wieder einmal hierherzureiten und die Meeresluft einzuatmen? Man kann fast den ganzen Weg lang galoppieren, und dein Catoul läuft, wie die Wolke fliegt. Willst du das nicht tun, Saïd, mein Sohn?« Saïd nickte. Er wollte Hilel nicht eingestehen, daß die Sehnsucht wuchs mit jedem neuen Abschied. Besser ganz verzichten, als sich halb etwas gewähren, gebot ihm sein strenger junger Sinn, aber er schwieg.

Bald waren sie mitten im Gebrause der immer mehr anwachsenden Stadt Beirut, die zugleich ein großer Hafenplatz und eine ganz moderne Zentrale für das gesamte Hinterland geworden war. Die zwei Wüstenbewohner sahen voll Verwirrung auf das hastende Treiben rings um sich, und Saïd wandte sich lachend an Hilel: »Wie, o Herr, würdest du hier zu Pferde weiterkommen? Und unsre Tiere, wie stellst du dir vor, könnten sie in diesem Durcheinander bestehen?« Ernsthaft gab Hilel zur Antwort: »Und wie stellst du es dir vor, Saïd, daß unsre Pferde in dem Durcheinander der europäischen Orte bestehen sollen? Mich ängstigt das, ich verhehle es dir nicht.« Das hatte Saïd bisher nicht in Erwägung gezogen, und es gab ihm in den kommenden Tagen viel zu denken.

Jetzt langten sie vor dem Konak von Abdallah an, und Hilel legte den Arm um Saïds Schulter: »Dort sah ich dich zum ersten Male, mein Sohn – welch ein schönes Kismet!« Kaum vernehmlich murmelte Saïd: »Geliebter Herr«, und konnte sich kaum vorstellen, daß der halbtote Bettlerknabe von damals und der Sohn des Scheichs der gleiche waren.

Mehmed Akuniyan hatte am frühen Morgen von Damas aus Hilels Kommen angemeldet, und so stand Abdallah bereits an der Pforte seines Hauses, um den Bruder und dessen Sohn feierlich zu begrüßen. »Sei dein Eintritt in mein Haus gesegnet, mein Bruder Hilel, und auch deiner, mein Neffe Saïd! Welch seltener Besuch! Darum doppelt und dreifach willkommen! Es muß etwas Wichtiges sein, das euch herführt aus eurem stillen Wüstenheim. Was es auch sei, ich freue mich eurer Anwesenheit.« Mit aller höflichen Förmlichkeit des Orients wurden die Begrüßungsworte erwidert, und dann reinigten die Diener die Gewänder der Gäste vom Staub, brachten ihnen andere Schuhe zum Betreten des Hauses und geleiteten sie in das große kühle Gemach, wo die Mahlzeit angerichtet war.

Sie hatten jetzt viele Stunden Zeit, denn die Rückfahrt konnte erst in der Abendkühle angetreten werden. So speisten sie ruhig, und die Unterhaltung schleppte sich dahin, berührte zunächst nur Nebensächlichkeiten und vermittelte unwichtige Nachrichten, kurz, sie zeigte jenes Herumtasten aneinander, das die orientalische Höflichkeit als Einleitung eines jeden Gespräches verlangt.

Jedoch wie ein Windstoß den Nebel, so zerriß plötzlich ein Wort Saïds den Vorhang der höflichen Reden. Es klang wie nebenbei hingeworfen, und die Aufmerksamkeit des Sprechers galt offenbar ganz der Zigarette, die er sich nach der Mahlzeit drehte: »Es ist wirklich ein Glück, daß mein Freund Schükri, o mein Oheim, sich entschloß, auch drüben in Europa nicht zu reiten, wie ich erfahre.« Sowohl Abdallah wie auch Hilel blickten fassungslos auf Saïd. Der Abmachung gemäß schwieg Hilel, während Abdallah hastig fragte: »Was sagst du da, mein Neffe? Er habe sich entschlossen, in Ferenghistan nicht zu reiten? Welch eine Torheit hat man dir da berichtet! Der beste Reiter, den es bei den Djebelli gibt, sollte seine Kunst da drüben nicht zeigen? Torheit sage ich nochmals, höchste Torheit!« Saïd hatte die Zigarette nun entzündet, rauchte gemächlich, zuckte mit den Achseln. »Wie du befiehlst, mein Oheim. Nenne es Torheit, wenn es dir so erscheint. Ich nenne es Weisheit, die eigene Schande vor den Ferenghis zu verbergen, höchste Weisheit nenne ich es. Vergib mir, daß ich dir nicht zustimme, mein Oheim!« Abdallah suchte Rat bei Hilel, aber der konnte auch nichts anderes tun, als die Hände auszubreiten in einer Gebärde ehrlicher Ratlosigkeit. Er unterhielt sich ausgezeichnet dabei, beobachtete Saïd scharf und war gespannt, was der im Schilde führte. Bis jetzt, so fand Hilel, hatte er sein Spiel gut angefangen.

Abdallah aber ärgerte sich, und da er im Verkehr mit Fremden vieles von den orientalischen Sitten verlernt hatte, forderte er ungewöhnlich scharf: »Wolle mir erklären, mein Neffe, was du mit diesen Ungereimtheiten meinst! Ich will es genau wissen; denn ich dulde nicht, daß man in meinem Hause über die Schande eines Freundes spricht. Rede!«

Saïd drückte sorgfältig eine Zigarette aus, richtete sich ein wenig auf, und sein gerader Blick traf Abdallah: »Ich glaubte, o mein Oheim, du, ein Sohn der Beni Hussein, teiltest die Meinung deines Stammes, daß es eine Schande ist, wenn ein edles Pferd einen Reiter abweist. Doch wenn ich irrte, so wolle mir vergeben. Ich dachte, dein Reiterblut hättest du dir auch in diesem unruhigen Beirut bewahrt. Verzeih, wenn ich mich täuschte, o mein Oheim!«

Längst gehörte Hilels ganze Aufmerksamkeit den Worten seines Sohnes, mit Abdallah aber war eine seltsame Wandlung vor sich gegangen. Es war viele Jahr her, seit irgend jemand ihn einen Beni Husein genannt hatte, ebenso lange, daß zu ihm von »seinem Stamm« gesprochen worden war und gar von seinem Reiterblut. Ihm wurde plötzlich bewußt, daß er wirklich immer noch ein Beni Hussein sei, und er fühlte sich plötzlich wieder als Reiter, als er sich vorbeugte zu der einen Frage: »Saïd, du sagst, ein edles Pferd habe Schükri abgewiesen – was meinst du damit?«

Saïd hatte alle Mühe, ruhig hocken zu bleiben, nicht hochzuspringen und zu jubeln – gewonnen – gewonnen! Aber ein Reiter mußte warten können. Höflich kam darum die Antwort: »Du weißt, o mein Oheim: Ebenso wie wir immer unseren Catoul haben, besitzen die Djebelli ihren Schirdar . . .« Ungeduldig winkte Abdallah ab: »Wie sollte ich das nicht wissen – weiter! So rede doch!« Saïd stellte sich tugendhaft und ergeben: »Wie du befiehlst, mein Oheim – schon redete ich, als du mich unterbrachst –, ich sprach von Schirdar, fürwahr, ein edles Tier. Es duldet deinen Freund Schükri nicht mehr, o mein Oheim.«

Abdallah sprang auf, er ertrug das Hocken nicht mehr, das er ohnehin kaum noch gewohnt war. Wie ein Raubtier lief er in dem weiten Gemach auf und ab, auf dem dicken Teppich blieben seine Schritte fast unhörbar. Hilel und Saïd folgten ihm mit den Augen, und als er ihnen wieder einmal den Rücken wandte, blinzelte Hilel seinem Sohn verständnisvoll zu. Sobald Abdallah sich wieder ihnen zuwandte, blickten sie starr geradeaus und erwarteten höflich die Worte des Hausherrn. Vor Saïd blieb Abdallah stehen und fragte knapp und schnell zu ihm herab: »Wann geschah das?«

Ebenso kurz antwortete Saïd: »Seit zwei Wochen fast täglich.«

»Von wem weißt du es – ich meine woher?«

»Von Machmud ibn Muled.«

»Der Schükri haßt und fürchtet, also gelogen hat!«

»Weil ich seinen Haß kenne, ließ ich nachforschen. Es ist die Wahrheit. Der ganze Stamm der Djebelli sieht, wie Schükri täglich wieder versucht, Schirdar zu reiten.«

»Und welchen Widerstand leistet Schirdar?«

»Er läßt sich nicht anrühren, weicht zur Seite, ja, er beißt sogar. Schükri will ihn töten lassen, wenn er in drei Tagen immer noch in seiner Abwehr verharrt.«
»Töten? Schirdar töten lassen?! Handelt so ein Reiter? Hilel, mein Bruder, sprich – ist das eines Reiters würdig?« Hilel stand auf, und auch Saïd erhob sich. Sie merkten, jetzt war der Höhepunkt erreicht, jetzt galt es. Hilel blieb äußerlich ganz ruhig, obgleich er innerlich stark erregt war bei dem Gedanken, daß er in der nächsten Stunde vielleicht einen nahezu verlorenen Bruder wiedergewinnen könnte. Er gab zur Antwort: »Nein, mein Bruder, es ist eines Reiters nicht würdig; aber es mag zu verstehen sein, wenn dieser das Urteil seines Pferdes fürchtet.«
Abdallah war ehrlich erstaunt, daß sein Bruder so milde urteilte: »Glaubst du, Hilel, mein Bruder, daß ein edles Pferd Richter eines Mannes werden kann – glaubst du es?«
Hilel nickte ernst: »Ich würde keinem Manne trauen, dem Unwille entgegenkäme von einem meiner Pferde, denn von unserem Vater lernte ich, meine Aufmerksamkeit darauf zu lenken. Aber wenn du, mein Bruder, dennoch an deinen Freund Schükri glaubst, so achte nicht auf unsren Vater.« Das war eine wunderbar geschickte Wendung, und sie verfehlte ihre Wirkung nicht. Abdallah redete leise vor sich hin: »Nicht auf unsren Vater achten, hat mir schon viel Kummer bereitet. Doch sage mir, Saïd, ist dir noch etwas bekannt, das erkennen ließe, was man von Schükri denkt?«
Saïd hatte diese Frage erwartet. Und vor Hilels erwartungsvollem Blick bemühte er sich, ruhig zu wirken, und klar und überzeugend zu sprechen: »Ich weiß nur, mein Oheim, daß Schükri erklärt hat, er werde sich an den Unkosten für die Hinfahrt unserer Pferde nie beteiligen – höchstens an denen für die Rückfahrt. Dabei lachte er.«
»Er lachte«, wiederholte Abdallah. Dann richtete er sich auf: »Wie denken unsre Brüder« – er gebrauchte diese Wendung zum erstenmal seit vielen Jahren – »über ein Zusammenreisen mit den Djebelli?«
Hilel atmete tief: »Sie werden nicht reisen, wenn die Djebelli uns begleiten.«
Abdallah schaute forschend zum Scheich. »Du heißt das gut, Scheich der Beni Hussein?« Und Hilel antwortete im gleichen feierlichen Tone: »Ich heiße das gut, Abdallah ibn Fasal!«
Schweigen herrschte, und die behütete Stille des großen Raumes

ward fühlbar. Abdallah hatte den Kopf gesenkt, vollendete leiste: »Ich danke dir, mein Bruder – so hat mich viele Jahre lang niemand mehr genannt. Es tat mir wohl, ich danke dir. Und ich verstehe deine – nein, unsere – Leute, verstehe sie ganz. Mir scheint, auch dieser, dein junger Sohn, versteht sie, ist es so, mein Bruder?«
Jetzt lächelte Hilel, erwiderte gemessen: »Er versteht mehr, als man seiner Jugend zutraut. Du aber, Abdallah, was rätst du uns nun zu tun? Um dich dieses zu fragen, kamen wir hierher. Ist es gut und richtig, daß Ferenghistan das Pferd Arabiens kennenlernt, wie es jene Djebelli halten, die es töten, wenn es nicht gehorcht, einem Manne noch dazu, der so grausam lacht? Oh, vergib, er ist dein Freund.«
Abdallah richtete sich auf, besann sich: »Ist er mein Freund? Ist er es jemals gewesen? Es war immer eine Geschäftsverbindung und mehr nicht. Er ist fortschrittlich gesinnt, und das habe ich gern. Aber mit einem Manne, der sein Pferd töten will – nein, mein Bruder, mit einem solchen Manne will ich nichts mehr zu tun haben! Und wenn deine Leute – unsre Brüder, sollte ich sagen – die Djebelli nicht wollen, nun, dann reisen wir allein! Ich bin reich, mein Bruder, und ich habe gute Beziehungen in Europa. Wenn unsre Regierung . . .«
Hier vermochte Saïd nicht mehr zu schweigen, er sprudelte alles hervor, von dem Zuge, den die Regierung zu stellen bereit war, von dem Fährschiff und von der gesetzten Frist der drei Wochen.
Abdallah mußte über den jugendlichen Eifer lächeln, und von da an war schon alles nahezu beschlossene Sache. Abdallah erklärte, daß er am nächsten Morgen bereits Schirdar kaufen lassen wollte; und die folgenden Stunden brachten den Brüdern eine nie gefühlte Gemeinsamkeit, die sie viele gleiche Ziele entdecken ließ. Abdallah geriet in Eifer und erklärte es für einen Segen, daß er mit seinem guten Geschäftssinn die ganze Sache in die Hand nahm. »Denn ihr weltfremden Wüstensöhne würdet doch nur übervorteilt. Und Saïd soll das Unternehmen von unserer Seite her anführen? Unmöglich! Zu jung, zu unerfahren – nein – da muß ich schon mitreisen. Ich habe viele Beziehungen in Frankreich – dort soll unsre erste Station sein.«
Abdallah war vor Hilel stehengeblieben und betrachtete gedankenvoll diesen in seiner arabischen Kleidung vor ihm sitzenden Mann, den er für so weltfremd gehalten und immer ein wenig bemitleidet hatte in der Anmaßung seiner halbeuropäischen Lebensart. »Es ist ja eines der besten Werbeunternehmen für uns alle, Maschallah, mein Bruder Hi-

lel, und wie froh bin ich, nun doch noch daran beteiligt zu sein. Aber wie fangen wir es an, Schükri auszuschalten?«

Abdallah begann wieder auf und ab zu laufen. Dabei sprach er teils vor sich hin, teils zu den anderen zwei: »Mir fällt etwas anderes ein – es hängt mit dem Tod von Ali Muled zusammen – ja – das ginge!« Er blieb vor Hilel stehen: »Bruder, wenn uns das alles wieder zusammenbrächte, das wäre sehr schön. Dein Sohn hat recht, ich fühle doch das Reiterblut noch. Was denkst du, Hilel, mein Bruder, darüber, daß ich die geschäftliche Leitung der Reise übernehme, dein kluger Sohn mit einem älteren Pfleger zusammen aber die Sorge für die Pferde? Die Sache mit Schükri werde ich in Ordnung bringen. Ich fahre dann gleich zu ihm. Nur eine Frage noch: Die Reisevorbereitungen werden viel Hin und Her verlangen – dürfte ich dir eine Hilfstelefonleitung legen lassen? Es könnte in drei Tagen erledigt sein. Später kann es dann besser gemacht werden, solider. Willst du es gestatten?«

Gespannt erwartete auch Saïd Hilels Bescheid: Wie wäre das schön, wenn der Scheich zustimmte! Hilel mochte wohl an seines Vaters schriftliche Mahnung denken; denn er neigte den Kopf und erwiderte leise: »Ich danke dir, Abdallah, mein Bruder, und nehme dein Angebot an.« Jubelnd packte Saïd des Vaters Hände, drückte sie an Wangen, Stirn und Mund, rief, vor Freude halb erstickt: »Wie schön, o geliebter Herr, wie wunderschön – ich danke dir!«

Abdallah nahm sich vor, in Zukunft diesen jungen Saïd zu seinem Bundesgenossen zu machen bei allen Neuerungsplänen für das Lager der Beni Hussein, ja, er ertappte sich dabei, deutliche Freude zu verspüren bei der Aussicht, den Sohn Hilels zum Reisegefährten zu haben. Der Scheich stand auf, umarmte den Bruder und sagte leise ein gutes Wort zu dem Wiedergewonnenen. Dann verabschiedeten sich Hilel und Saïd und kehrten mit Mehmed und dem fremden Fahrer sehr zufrieden ins Lager zurück.

Abdallah aber ließ seinen schnellsten Wagen vorfahren, um sich zu Schükri zu begeben. Auf dem Weg hatte er noch Zeit genug, über seine Freundschaft zum Scheich der Djebelli nachzudenken. Er erkannte, daß ihn die eingebildete Gegnerschaft zum Bruder, mehr noch die Frage der europäischen Lebensform, zu der Annäherung an den Djebelli bewogen hatte, und es fiel ihm auch ein, wie er immer wieder ein leichtes Schaudern verspürt hatte beim Anblick der künstlichen Hand. Seines eigenen Vaters Richtschwert hatte einst die Diebeshand vom Körper des Betrügers getrennt. War es nun die große, immerwaltende Gerechtigkeit, die ihn, den Sohn, dazu bestimmte, die letzte Strafe an dem Verräter und Mörder zu vollziehen? Bald würde es klar erkenntlich werden.

Ein Diener benachrichtigte Schükri vom Nahen seines Freundes Abdallah ibn Fasal. Als der Wagen vor dem Zelt des Scheichs der Djebelli hielt, stand dieser schon im Zelteingang, das Lächeln des Willkommens auf seinen so wandelbaren Zügen. Dem freudigen Empfang mußte sich Abdallah fügen, aber er wunderte sich plötzlich, daß ihm die Verschlagenheit im Blick des lebhaften Mannes bisher nicht aufgefallen war. Trotzdem tat auch er sehr erfreut und verstand es vortrefflich, selbst den gerissenen Schükri zu täuschen. Während er den Kaweh schlürfte, sagte er halb lachend: »Du wirst es niemals erraten, mein Freund, warum ich heute zu dir gekommen bin. Ein Verlangen zu stillen, kam ich, dem ich nicht mehr zu widerstehen vermag. Hilf mir, ich bitte dich inständig, es zu befriedigen.«

Schükri lachte auf, fragte lauernd: »Eine meiner Tänzerinnen, Abdallah, mein Freund, diese Zinghan-Mädchen, die du einmal sahst? Nenne mir den Betrag deines Verlangens, dann können wir uns gegenseitig helfen. Ich bedarf gegenwärtig alles Geldes, dessen ich habhaft werden kann. Rede, mein Freund!« In Abdallah stieg ein heftiger Widerwille auf, und er mußte sich zusammennehmen, um dem grinsenden Djebelli nicht den Kaffeesatz ins Gesicht zu schleudern. Aber er beherrschte sich und lachte scheinbar heiter: »Oh, wie du irrst, mein Freund! Um einen solch geringen Handel geht es nicht. Mehr will ich von dir, viel mehr. Mich verlangt nach deinem schwarzen Pferd, nach deinem und der Djebelli Stolz – nach Schirdar.«

Der Scheich der Djebelli sprang auf, denn es gibt wohl keine größere Beleidigung für einen Wüstenscheich als das Verkaufsangebot für sein edelstes Pferd. Gespannt beobachtete Abdallah die Wirkung seiner Worte und fürchtete schon, sein Plan könne mißlingen und es könnte in Schükri doch noch etwas vom echten Wüstenreiter leben. Aber nach seiner heftigen, wenn auch stummen Abwehr sank Schükri auf seinen niederen Sitz zurück. Er drehte sich gedankenvoll eine Zigarette und zündete sie langsam an, indem er mit einer kleinen Messingzange eine glühende Holzkohle vom Mangal nahm.

Regungslos wartete Abdallah. Schükri rauchte einige Züge, dann sagte er, ohne aufzublicken, leise und gedämpft: »Und wieviel, o Ab-

dallah, würde dir die Befriedigung dieses Verlangens wert sein?«
Die Antwort hatte Abdallah natürlich bereit, er nannte eine erstaunlich hohe Summe, deren Betrag alle Abwehr in Schükri erstickte. Der Scheich sprang auf, klatschte in die Hände und befahl dem eintretenden Diener: »Man bringe Schirdar!« Der Mann verbeugte sich, warf aber einen seltsamen Blick auf seinen Scheich, der Abdallah nicht entging. Als habe er es sich soeben erst überlegt, fuhr Abdallah fort: »Noch eines, o Schükri! Wenn ich dieses edle Tier wirklich kaufen, diesen Talisman der Djebelli wirklich für mich erwerben kann, dann liegt mir daran, daß der Scheich es mir vorreite – ein letztes Mal dem scheidenden edlen Tier diese Ehre erweisend. Willst du das tun, o Schükri?«
Es war deutlich zu erkennen, wie unangenehm dem Djebelli dieses Ansinnen war. Er gebrauchte allerlei Ausreden und gab an, daß Schirdar unter dem zu ihm gehörigen Pfleger viel besser zu beurteilen sei. Da aber fragte Abdallah leise: »Der beste Reiter der Djebelli scheut sich, sein bestes Pferd zu besteigen? Was kann das bedeuten!« Da mußte sich Schükri wohl entschließen. Zum Ausgang gehend, wandte er sich noch einmal um: »Wann zahlbar?«
»Wenn du dreimal um das Lager reitest – morgen!«
Schükri zuckte mit den Achseln und ging. Der Diener am Zelteingang meldete: »Schirdar kam, o Scheich«, dabei sah er Schükri an, wie es sich für einen Diener nicht geziemt, den Scheich anzublicken. Abdallah bemerkte auch das und erkannte die Bedeutung. Beim Anblick des wunderbaren, stolzen Tieres aber tat dann sein Reiterherz, das heute so ganz wieder erwacht war, einen wilden Sprung.
Ruhig, aber aufmerksam gespannt wartete Schirdar. Es war später Nachmittag, aber die Sonne stand noch hoch am Himmel, so daß alles rings von Licht überflutet war, auch das schwarze Pferd. Sein Fell glänzte, und die Muskeln spielten. Sobald Schirdar den gehaßten Schritt vernahm, ward kenntlich: Er sammelte sich zur Abwehr. Sein schmaler Kopf hob und senkte sich, die Mähne flog, der schöngeschwungene Schweif wurde herumgeworfen, das ganze edle Tier bebte. Der Pfleger, der es am Nasenriemen hielt, sprach ihm sanft zu, aber Schirdar schüttelte sich, wollte der vertrauten Stimme nicht lauschen, sondern horchte mit zurückgestellten Ohren auf den verhaßten Schritt! Abdallah merkte kaum, wie lautlos mehr und mehr Djebelli herangeschlichen waren. Er richtete alle Sinne auf das schöne Schau-

spiel, das das edle Tier bot, und in ihm regte sich die Freude darüber, daß Saïd ihm die Wahrheit berichtet hatte. So mußte auch alles andere wahr sein, was er angab.
Schükri ging langsam auf das erregte Tier zu, redete ihm leise ebenfalls zu. Im Schreiten warf er seinen weiten Burnus ab, und seine schlanke Gestalt wurde sichtbar. Er war, das wußte ein jeder, wirklich ein vorzüglicher Reiter. Nahe bei Schirdar angelangt, sprang er vom Stand aus mit einem prächtigen Satz auf das Pferd.
Ein hörbares Aufseufzen ging durch die Zuschauer, und da war keiner, der diesem großartigen Reiter nicht doch Erfolg wünschte. Aber Schirdar wollte nicht. Das leuchtende Schwarz seines Felles bedeckte sich mit weißen Flocken, so sehr strengte er sich an, den unerwünschten Reiter abzuwerfen. Noch hielten die festgeschlossenen Schenkel eisern fest, und der Mann behauptete seinen Sitz. Da aber geschah etwas in der arabischen Wüste höchst Ungewöhnliches: Schirdar warf sich zu Boden! Es wirkte fast so, als streifte er ein wildes Tier ab, das ihm auf den Rücken gesprungen war, aber der Reiter konnte sich hiergegen nicht mehr wehren. Ein Aufschrei ging durch die Reihen. Atemlos hatten die Männer zugesehen, wie sich der uralte Spruch bewahrheitete: »Edles Blut duldet nur edle Hand!« Ihr Scheich war vor ihren Augen einem Urteilsspruch zum Opfer gefallen, gegen den es für einen Reiter Arabiens keine Verteidigung gab. Sie liefen eilends herbei, um dem Scheich wenigstens das Leben zu retten; denn Schirdar begann sich nun zu wälzen, und sie brachten Schükri in sein Zelt. Er stöhnte und litt offenbar große Schmerzen, fand aber noch Kraft, »Abdallah« zu seufzen und gleich danach erstickt zu rufen: »Töten – Schirdar töten!«
Sie alle nahmen auf diese Worte hin eine drohende Haltung an. Abdallah trat schnell zu dem Pferdepfleger, der damit beschäftigt war, das zitternde Tier so gut wie möglich zu beruhigen. Dabei entnahm er dem Gemurmel der Männer deutlich die Worte: »Nicht Schirdar, nein, Schükri töten«, und einen Augenblick lang durchschoß es ihn, daß das die einfachste Lösung aller Schwierigkeiten bedeutete. Aber es war unwürdig für einen Beni Hussein, die Tötung des Scheichs der Djebelli zu dulden, und so trat Abdallah schnell zu dem Pfleger und sagte leise: »Das Pferd kann nicht getötet werden; denn ich habe es gekauft. So du willst, kannst du es in die Stallungen meines Konaks in Beirut bringen. Berichte aber deinen Brüdern, daß ich nur so

handle, um das Pferd zu retten. Willst du so tun? Es eilt, denn es könnte sein, daß der Scheich, kaum daß er wieder ganz bei sich ist, den Befehl zum Töten wiederholt. Sage – willst du?«
Der Pfleger war sichtlich von Dankbarkeit erfüllt und erklärte den Männern, die ihn und Schirdar umstanden, kurz, was Abdallah angeordnet hatte. Es war noch niemals geschehen und völlig unerhört, daß einem Stamm sein edles Talismantier fortgenommen wurde, aber im Augenblick gab es keine andere Rettung für Schirdar, und so fügten sie sich. Daß die Angelegenheit für den Scheich Schükri damit nicht abgetan sein konnte, war sicher.
Abdallah ging hastig in das Zelt zurück, wo der Hakim des Stammes um Schükri bemüht war, der einige Rippen gebrochen hatte und offenbar beim Atemholen große Schmerzen litt, wodurch Abdallah jedoch in nichts zu Mitleid bewegt wurde. Vielmehr fühlte er eine stille Freude, denn dieser Zustand des Scheichs Schükri würde ihm das, was er weiterhin mit ihm zu besprechen hatte, wesentlich erleichtern. So wartete er im Vorraum des Zeltes, bis Schükri wieder allein sei, und dort besprach er auch mit dem Pfleger des Schirdar, wie das edle Tier gleich nach Sonnenuntergang fortzubringen sei. Der Mann ging, und Abdallah hatte genügend zu überlegen, um während des Wartens keine Langeweile zu verspüren. Kaum aber kam der Arzt aus dem Innenraum des Zeltes, stand Abdallah auf, um sich zu Schükri zu begeben – zu allem entschlossen.
Schükri lag stöhnend auf seinem niederen Lager und gebrauchte allerhand Schimpfworte für Schirdar und den Arzt, der ihm Schmerzen bereitet hatte. Als Abdallah ihn von oben her betrachtete, versuchte sich Schükri aufzurichten, sank aber gleich wieder zurück. »Ich bin froh, daß du hier bist, Abdallah, mein Freund«, keuchte er, wegen der gebrochenen Rippen am Atmen behindert, »nun kannst du mir den Gefallen tun, dieses elende Tier zu erschießen. Du findest den Revolver dort drüben in meinem Arbeitszimmer, im Schreibtisch, in der linken Schublade. Die Munition liegt daneben.«
Ohne ein Wort ging Abdallah hinüber, fand den Revolver mit der Munition, steckte beides in die Tasche seines Rockes und kam zu Schükri zurück. Er zog sich ein Eskemleh neben das Lager, setzte sich und meinte ruhig: »Ich werde Schirdar nicht erschießen, und du wirst es auch nicht tun, Schükri; denn das Pferd gehört mir. Ich habe dir den Preis genannt, und ich bleibe dabei. Du kannst es mir nicht

mehr nehmen – auch nicht durch den Tod. Hast du mich verstanden, du Elender, den ein edles Tier nicht auf seinem Rücken duldet?«
Abdallah hatte seine Stimme nicht ein einziges Mal zu größerer Lautstärke erhoben und rauchte seine Zigarette friedlich vor sich hin. Schükri starrte ihn an, als könnte er nicht verstehen, was da ein Mann zu ihm sagte, den er bisher als seinen Freund betrachtet hatte. Er wollte sich aufrichten, sank aber wieder stöhnend zurück. Den Kopf zu Abdallah gewandt, fragte er fassungslos: »Wie sprichst du denn mit mir, Abdallah, mein Freund? Wie kannst du es wagen, mich einen Elenden zu nennen, nur weil ein launisches Tier seinen Reiter nicht duldet? Seit wann folgst auch du dem törichten Glauben der Beduinen, daß ein edles Pferd nur einen edlen Menschen auf seinem Rükken trage? Albernheiten das! Erdacht von Räubern und Betrügern!« Atemlos schwieg Schükri und drückte die Hand gegen die fest verbundene Brust.
Abdallah ließ sich im Genuß seiner englischen Zigarette nicht stören und erwiderte ruhig: »Vielleicht würde ich nicht so sicher glauben, was mir mein Reiterblut verrät. Aber vor nahezu einem Jahr kam ein junger Mann zu mir, um mich, einen Freund Schükris, zu fragen, wie er sich in einer schwierigen Angelegenheit verhalten solle. Sein Vater, so berichtete mir Kasir – so hieß der Jüngling –, hatte von Schükri einen Auftrag bekommen, ehe dieser Scheich der Djebelli geworden war. Er habe den Auftrag ausgeführt, jedoch die ausgesetzte Belohnung nicht erhalten. Statt dessen war er nach der Ernennung Schükris zum Scheich nahe dem Lager tot aufgefunden worden, von Schakalen angefressen. Kasir fragte dann bei den Djebelli nach Schükri, da der bisherige Scheich von einem fremden Stamme getötet worden war, aber der ließ ihn nicht vor. Der Jüngling bekam auch nichts von dem Geld, das Schükri seinem Vater versprochen hat. Was sagst du zu dieser Geschichte? Will es dir nicht auch scheinen, als sei es manchmal nicht klug, zuwenig zu zahlen?« Schükri wälzte sich näher zu Abdallah heran, raunte heiser: »Was wurde aus dem Kasir? Warum kam er nicht nochmals nachfragen?« Abdallah lächelte ein wenig: »Wer weiß, vielleicht fürchtete er sich vor Schakalen – es gibt Leute, die eine seltsame Angst vor den eklen, feigen Tieren haben. Was aus ihm wurde, fragst du? Ich nahm ihn in meine Dienste. Er ist ein geschickter Bursche, der in meinen Stallungen beschäftigt ist und nun auch Schirdar pflegen wird.«

In seiner maßlosen Wut achtete Schükri nicht auf seine Schmerzen, fühlte sie wohl auch gar nicht mehr, schrie: »Und du willst mein Freund sein? Du bist ein Verräter! Tor und Narr, der ich dir vertraute – wie könnte jemals ein Beni Hussein Freund eines Djebelli sein?!«
Dann sank er stöhnend zurück, doch Abdallah bemerkte ungerührt: »Du sagst es, o Scheich der Djebelli, wie könnte solches geschehen? Ich war dein Freund nicht, war es nie. Ich war nur so töricht zu glauben, ich könne durch eine Zusammenarbeit mit dir beweisen, daß ich der neuen Zeit zugehöre, von der mein Stamm nichts zu wissen schien. Es war eine Dummheit und auch Verrat. Darum, o Schükri ibn Bekir, komme ich heute mit dir abrechnen und bin bereit, für meine Fehler zu zahlen – wie man es immer tun muß, nur gut, wenn man es in Geld tun kann. Höre also: Du wirst mir dein Pferd verkaufen für die von mir genannte Summe. Das Doppelte dieser Summe wirst du an dem Tage erhalten, an dem du von hier verschwindest. Du kannst fortfliegen, du kannst zu Schiff fahren, wie immer es dir lieber ist, du mußt nur verschwinden, ohne vorher wem immer eine Nachricht darüber zu geben. Ich werde dir die zweite Summe auf mein Bankhaus in Marseille überweisen. Du kannst sie dort jederzeit abheben. Solange du in unserem Lande bleibst, bekommst du nichts. Auch von der Kaufsumme erhältst du hier nur die Hälfte, das übrige ebenfalls in Marseille.«
Vorbei war es mit der Macht und Bedeutung Schükri ibn Bekirs, und auf ganz andere Weise, als er erhofft hatte, sollte sich sein Wunsch erfüllen, ein Schick-Bey in Ferenghistan zu werden.

9

In den drei Wochen, die nun folgten, schienen Ruhe und Gelassenheit aus dem Lager der Beni Hussein geschwunden. Nur an einem wurde unerbittlich festgehalten: an der Arbeit mit den Pferden. Dennoch fühlten auch die Tiere, daß etwas Besonderes in der Luft lag, waren leichter erregbar als sonst und schwerer zu beruhigen.
Die neue Telefonleitung trug mit zur allgemeinen Unruhe bei. Das Läuten erfolgte fast pausenlos, und ein von Mehmed aus Damas herbeigeholter Jüngling, der vielerlei Sprachen beherrschte, saß im ehemaligen Zelt des alten Scheichs, um den Apparat zu bedienen, denn

dorthin war die Hauptleitung gelegt worden. Verschiedene der älteren Beni Hussein vermieden es von da an, am ehemaligen Scheichzelt vorbeizugehen, denn sie fanden, daß dieses neuartige Lärmgerät ehrfurchtlos die Erinnerung an den großen Alten zerstöre. Der Jüngling, ein Armenier mit Namen Ovannes, hatte es nicht leicht, sich und seiner Arbeit Ansehen zu verschaffen, und nur recht unsanft ausgesprochene Befehle des Scheichs Hilel verschafften ihm schließlich eine gewisse Duldung.

Inzwischen arbeitete Abdallah mit Bahnbeamten und Reedern zusammen, verteilte geschickt Bakschische und hatte in der ersten Woche auch noch Schükri zu beaufsichtigen, denn er fürchtete, daß dieser aalglatte schlaue Fuchs ihn doch noch überliste. Aber nach neun Tagen flog der ehemalige Scheich der Djebelli dann wirklich ab, und nun endlich konnte sich Abdallah mit Mehmeds Unterstützung ganz seiner Aufgabe widmen. Entgegen der orientalischen Bedächtigkeit erreichte er es wirklich, daß jener Zug mit der dreisprachigen Aufschrift »Arabiens Pferde reisen« in einem Schuppen des Hafenbahnhofs von Beirut bereitstand, nicht weit entfernt von dem Ladekai des Fährschiffes.

Nun begann der Transport aller für die Fahrt notwendigen Gegenstände. Einige Eisenbahnabteile mußten zu Stallungen umgearbeitet werden. Küchenräume, Speiseräume für die Herren und für die Dienerschaft, Schlafräume, Waschräume, all das war nötig, um auf die Dauer von zwei Monaten etwa zehn Pferden und dreißig Männern mit fünf Köchen Wohnung und Heimat zu bieten. Die Köche nahmen allerlei Vorräte mit, die es ihnen ermöglichen sollten, auch in der Fremde die gewohnten orientalischen Speisen zu bereiten, und der ganze Zug und seine Umgebung glichen einem kleinen Heerlager. Mehmed Akuniyan war dabei der absolute Herrscher, und es war wirklich erheiternd, ihm zuzuschauen, wie er seine Lieferanten leitete, wie er an drei, vier Plätzen zugleich auftauchte, um immer da zu erscheinen, wo er am wenigsten erwartet wurde und wo kleine, stille Betrügereien in Vorbereitung waren.

Mit Machmud war in diesen Tagen eine große Wandlung vor sich gegangen; aber in dem allgemeinen Geschäftigsein hatte das niemand bemerkt. Selbst Saïd war die Veränderung im Gemüt seines Freundes verborgen geblieben, da die Knaben jetzt nachts getrennt blieben. Denn, wie schon gesagt, durch die Unruhe im Lager waren die Tiere erregt und unruhig, und Saïd hatte seinem Freund Ferid den Vorschlag gemacht, die Nächte im Stall neben seinem kostbaren Catoul zu verbringen. »Du weißt, ich habe als kleiner Knabe auch oft bei den Pferden geschlafen, wie es in früheren Zeiten in unserem Stamm Sitte war. Laß mich darum jetzt bei Catoul bleiben, Ferid, ich bitte dich! Hassan kann mich morgens holen, und der Tag wird dann verlaufen wie immer. Schütte mir einen Haufen Stroh neben Catoul, du wirst es erleben, wie viel ruhiger er dann ist.«

Ferid fügte sich, Hilel ließ Saïd gewähren, und so tat es denn auch Hassan. Saïd behielt recht: Nachts wurde er immer wieder von einem warmen Atem geweckt, der über sein Gesicht strich; und dann erklang ein Wiehern, so weich, so leise, als wolle Catoul singen. Schlaftrunken griff dann Saïd nach dem schönen Kopf, der sich über ihn beugte, und beide schliefen weiter. Nur auf diese Weise gelang es, das edle Pferd, das wie alle hochgezüchteten Tiere besonders empfindlich und leicht erregbar war, über eine Zeit fortzubringen, die alle anderen Pferde schwer überforderte.

Hilel hatte endlich gefragt, warum Saïd den Catoul auf die Reise mitnehmen wolle, der ja für die Zucht doch nicht in Frage kam, und Saïd hatte erwidert: »Geliebter Herr, Catoul ist seit seiner Geburt an mich gewöhnt. Trenne ihn von mir – mich von ihm –, keiner wird ihn reiten können, und ich werde kein Reiter mehr sein. Wir sind eins, und der Großvater, der ihn mir schenkte, wußte gut, was er damals sagte: ›Saïd, mein Kind‹, sagte er, ›Catoul, der junge, gehört dir, der du jung bist – verlasse ihn nie, so wird er dich niemals verlassen.‹ So ist das, geliebter Herr.« So war das, und so würde das bleiben, solange sie lebten, Saïd und Catoul.

Einer aber litt unter dieser Regelung, denn ihm waren dadurch die Abende mit Saïd genommen, jene Stunden des Dämmerns, in denen man Dinge sagen konnte, die sonst im tiefsten Innern verschlossen blieben. Seit Machmud gehört hatte, wie sie den Mörder seines Vaters fortbrachten, seit Saïd ihm gedankenlos die Worte Abdallahs wiederholt hatte, die seinen Verdacht bestätigten, gab es für ihn nur noch einen Gedanken: Schükri zu töten!

Dieser Wunsch ging nicht etwa aus einer großen Liebe und Verehrung für den Vater hervor, denn Machmud war ja trotz aller äußeren Fürsorge in innerer Verlassenheit aufgewachsen. Er hatte Gram und Zorn verspürt darüber, daß sein Vater, der Scheich, nichts von ihm

wissen wollte, weil seine Geburt der Mutter den Tod gebracht hatte. Nicht Liebe also verlangte nach Rache. Es gab da etwas anderes: Machmud stammte aus einem alten Herrschergeschlecht, in dem sich die Würde des Scheichs seit vielen Jahrhunderten vom Vater auf den Sohn vererbt hatte, und plötzlich hatte dann einer, der nichts anderes war als der Sohn eines der Ältesten des Stammes, die Macht an sich gerissen. Einer, der als Dieb gebrandmarkt war, nannte sich Scheich, tat es durch Mord und Verrat. Dieser Schänder uralter Gebote und geheiligter Sitte, auf der die Stellung eines ganzen Stammes von Pferdezüchtern beruhte, mußte irgendwann für seinen Frevel büßen. Wer aber hatte dieses Urteil zu vollziehen? Wer anders als der Sohn des ermordeten Scheichs, der allein bestimmt war, einstmals über den Stamm zu herrschen.
Nach alledem blieb für Machmud nur noch eines zu erdenken: Wie konnte er des Schükri habhaft werden? Wann und wo?
Das Wo war nicht so schwer zu entscheiden, denn es war sicher, daß der Djebelli zunächst die Hälfte des Kaufpreises für Schirdar, danach dann eine größere Summe bei der Bank in Marseille abheben würde, um damit völlige Bewegungsfreiheit zu gewinnen. Es galt nur, das betreffende Kreditinstitut Abdallah ibn Fasals festzustellen. Zu diesem Zweck allein wollte Machmud mit dem Pferdezug reisen.
Endlich kam der von allen Beni Hussein gefürchtete Tag, an dem die Pferde, die einem jeden ans Herz gewachsen waren, den Weg durch die Wüste nach Beirut antreten sollten, wobei es kaum einen gab, der zurückbleiben mochte, und alle erdenklichen Gründe angeführt wurden für die Notwendigkeit, ein seit vielen Jahren gepflegtes Pferd zu begleiten. Hilel fiel es schwer, seinen Leuten klarzumachen, daß er nicht völlig verlassen im Lager zurückbleiben konnte. Nun gut, aber die geliebten Pferde wenigstens bis zum Zuge geleiten – das durfte man doch? Ja, das durfte man, aber es war kein froher Reiterzug, der sich nun bildete, denn keiner der Männer freute sich. Sie verstanden nicht recht, warum das beste Blut der Pferde Arabiens in Pferden Ferenghistans leben sollte. Mußte man denen da drüben etwas zuteil werden lassen, was Arabiens Stolz war und bleiben mußte?
So zogen sie denn dahin, einem Trauerzuge gleich; und Saïd, der neben Hilel auf seinem schönen weißen Catoul daherkam, mußte für sich ein wenig lachen bei dem Anblick, den die Männer boten. Hilel selbst war das Herz schwer wegen dieser ersten Trennung von Saïd,

und er hatte Sorge, wie die Pferde, an stete Bewegung gewöhnt, die Tage überstehen würden, da sie eingeschlossen waren in den fahrenden Stallungen. Aber was half's, die Sache war ja nun nicht mehr aufzuhalten. Täglich hatte Abdallah dem Bruder Bericht erstattet über seine durch Baron Lautrecs Vermittlung aufgenommene Verbindung zu Lord Earlborough, dem Manne in England, der offenbar am meisten an der Araberzucht interessiert war. Um die Seereise abzukürzen, hatten sie sich entschlossen, in Marseille zu landen, dann sollte Frankreich eiligst durchfahren und von Boulogne sur Mer aus das große Fährschiff genommen werden, das der Lord für den Pferdezug gechartert hatte. Das abermalige Umladen wollte man nun doch in Kauf nehmen, denn der Transport würde – gutes Wetter vorausgesetzt – in nur fünf Tagen durchzuführen sein. Aber diese fünf Tage bereiteten Hilel große Sorge.
Saïd sah den Vater von der Seite forschend an, sagte schließlich: »Es will mir nicht gefallen, geliebter Herr, daß du so schwere Gedanken hegst, jetzt, wo der Plan zur Ausführung kommt, den du doch selbst erdacht hast. Was bedrückt dich, geliebter Herr? Sage es mir, ich bitte dich!«
»Torheit ist es, mein Saïd, und du hast recht, mich darob zu schelten. Aber: Du gehst fort, von den Pferden kommen nicht einmal alle wieder. Und – sieh dich um! – Machmud bleibt allein hinter uns zurück, tief bedrückt wie jetzt immer. Was ist mit ihm? Auch er hat irgendeinen Kummer; und meine Männer sind kaum noch wiederzuerkennen – sieh sie dir nur an!«
Saïd hielt Catoul zurück, bis Machmud neben ihm anlangte, bat leise und eindringlich: »Reite mit uns, mein Vater wünscht es, und nachher wirst du mir sagen, was es ist, das dir allen Frohsinn raubte.«
Machmud fügte sich schweigend; aber die Trauer wich nicht von seinem Gesicht. Achselzuckend wandte sich Saïd freudig an Hilel: »Herr, es ist Kismet, daß ein Sohn sich einmal vom Vater trennen muß, um desto glücklicher zurückzukehren. Heute schon freue ich mich auf die Rückkehr zu dir und der verehrungswürdigen Mutter und darauf, zu sehen, wie die Brüder und Leila größer wurden. Dann werden wir wissen, wie wir des Großvaters Willen, ein moderner Staat der Pferdezüchter zu werden, am besten erfüllen können. Die kurze Lehrzeit in Ferenghistan ist nötig und wird zu überstehen sein. Ist es nicht so, geliebter Herr?«

Hilel antwortete seinem Sohn voll Liebe und Verstehen: »Sei Allahs Schutz befohlen, mein Saïd, der du mein Stolz und meine Zukunft bist!« Saïd senkte den Kopf, des Vaters Worte hatten ihn zutiefst bewegt. Schweigend ritten die drei eine Weile dahin, da packte es Saïd: »Noch sind wir in der Wüste, noch ist Freiheit um uns. Laßt uns noch einmal wirklich reiten! Kommt!« Und mit dem weiten Galoppsprung Catouls flog er davon. Da hielt es auch Hilel und Machmud nicht mehr, aller Unmut schwand, wie es nicht anders möglich ist, wenn ein Reiter ein edles Tier zwischen den Schenkeln und die Weite vor sich hat.
So langten sie denn doch voller Vorfreude in Beirut an. Der Pferde wegen mieden sie den Verkehr der Stadt und erreichten auf weiten Umwegen den Hafen. Abdallah ritt ihnen auf einem herrlichen schwarzen Tier entgegen, dessen Fell glänzte wie Stahl. »Schirdar!« schrie Machmud und wurde totenbleich. Abdallah klopfte beruhigend den Hals des Rappen, wandte sich freundlich an Machmud: »Schirdar, du sagst es, Machmud, deines erhabenen Vaters Pferd. Ich habe es hierhergeritten, um es dir zu zeigen; denn es ist dein. Ich verwahre es nur für dich, verstehst du; und wenn du zurückkehrst, werde ich es dir bringen, da du nun ein Beni Hussein wurdest. Ist es dir so genehm, o Machmud ibn Muled?«
Machmud war tief beschämt, ritt nahe zu Abdallah, den er in falschen Verdacht gehabt hatte, sagte ernst und ehrfürchtig: »Ich danke dir, Herr, für deine Güte und Großmut. Ob ich nun zurückkehre oder nicht – ich danke dir!« Abdallah sprang ab, warf dem Diener die Zügel zu und redete heiter: »Warum solltest du nicht zurückkehren, Machmud? In drei Monaten, so Allah es erlaubt, werden wir an dieser gleichen Stelle wieder zusammen sein, wir, die Pferde und alles, was wir inzwischen lernten, mit uns. Jetzt an die Arbeit! Wir haben nur zwei Stunden Zeit zum Einladen. Der Zug, seht ihr, steht schon nahe der Laderampe des Schiffes. Dann in Allahs Namen, ihr, seine Pferde – hinein in eure Ställe!«
Dieser ganz verwandelte Abdallah, voll Heiterkeit, weil er wieder zu den Seinen gehörte, steckte mit seiner Freude auch die Beni an. Das Einladen der Pferde, die sorgfältig die Rampen zu ihren Stallungen hinaufgeleitet wurden, ging reibungslos vonstatten. Ein jedes wurde einzeln von dem ihm vertrauten Pfleger beruhigt und angetrieben. Hilel hatte den Zug vorher noch nicht besichtigt, und er war nun voll

Bewunderung für die getroffenen Einrichtungen. Er ging von Wagen zu Wagen und drückte seinem Bruder Bewunderung und Freude aus. Endlich waren alle eingeladen. Langsam, ganz langsam rollte der Zug auf die Brücke des Fährschiffes zu, was nicht ohne viel Geschrei abging, und die allgemeine Anteilnahme war groß. Viele, die gar nichts damit zu tun hatten, standen freundlich schreiend dabei und gaben laute und gänzlich überflüssige Anweisungen. Trotzdem ging alles glatt, und kaum, daß der Zug stand, stieß das Schiff mit dem verheißungsvollen Namen *En avant* – Vorwärts – einen mahnenden Pfiff aus. Das sollte bedeuten: »Nun kommt schon, ihr, die ihr noch zögert, wir sind fertig!«

Nur Hilel, Abdallah, Saïd und Machmud standen noch am Kai. Ferid und Hassan, auch der alte Achmed waren schon an Bord, lehnten an der Reling und warteten geduldig. Da wurde es Saïd erschreckend klar, daß er nun Hilel Lebewohl sagen müsse, daß er seinen geliebten Herrn viele Tage lang nicht mehr sehen würde. Und plötzlich schämte er sich der vernünftigen Worte, die er vorhin gesprochen hatte, denn er fühlte einen wilden Schmerz. Er packte Hilel, drückte ihn heftig an sich, legte den Zipfel des Turbans um sein Gesicht und raste zum Schiff. Hilel starrte ihm nach, wußte nicht, wie scharf sein Gesicht zugleich Kummer und Freude widerspiegelte. Aber in diesem Augenblick war ihm Abdallah ein wirklicher Bruder: Er wollte vermeiden, daß ein Unberufener den Schmerz des Scheichs bemerkte, umfaßte Hilel und flüsterte ergriffen: »Gesegnet bist du, mein Bruder, da du so geliebt wirst von deinem Sohn! Sorge dich nicht um ihn, denn soweit es Allah zuläßt, werde ich über ihn wachen. Und du, mein Bruder, habe gesegnete Zeit, bis wir uns wiedersehen! Allah, ismagladih!« Dann eilte auch Abdallah davon.

Schrill ging die Schiffssirene, und die französische Trikolore stieg am Heck hoch. Arabiens Pferde fuhren – *»En avant!«*

10

Eine Hafenstadt ist mehr oder weniger der anderen gleich. Die eine ist größer, die andere kleiner. Die eine liegt im Süden, die andere im Norden. In einer herrscht mehr Ordnung, in der anderen weniger. Aber das eigentliche Wesen eines Ortes, in dessen Hafen Schiffe aus aller Welt einlaufen, bleibt sich überall gleich. Da gibt es Geschäftemacher aller Art, mehr oder weniger sauber, mehr oder weniger betrügerisch. Da gibt es scheues Gesindel, das herumschleicht und das zu jedem Dienst bereit ist, so die Bezahlung angemessen erscheint. Da gibt es auch manchen, dem aus irgendwelchem Grunde die Polizisten nicht besonders freundlich gesinnt sind.

Am Hafen von Marseille war das alles nicht anders. Und gerade der Aufenthalt in dieser Stadt sollte für die zwei Jünglinge aus der syrischen Wüste unvergeßlich werden. Zunächst war es eine reine Äußerlichkeit, die sie in Erregung versetzte: Als sie sich Marseille näherten und Saïd am Morgen von seinem unruhigen Catoul zu Machmud ins Abteil zurückkehrte, brachte Hassan halb verlegen allerlei Kleidungsstücke herbei.

»Herr«, sagte er etwas beklommen zu Saïd, »ich habe Befehl von Abdallah Bey, dir mitzuteilen, daß du dich von heut an à la franca zu kleiden hast, ebenso wie Machmud Bey. Hier sind diese seltsamen Kleidungsstücke. Sobald ihr gebadet habt, wird der französische Diener des Abdallah Bey euch zeigen, wie man diese Fetzen zu tragen hat. Abdallah Bey sagt, unsere Kleidung müsse fortgeschlossen werden bis zu unserer Rückkehr, denn es sei nicht angezeigt, daß man über uns lache.«

Hassan machte bei diesem Bericht einen so vernichtenden Eindruck, daß Saïd in helles Lachen ausbrach und sogar der immer seinem Kummer nachsinnenden Machmud mit einstimmen mußte.

Endlich waren die beiden dann mit Hilfe von Abdallahs Kammerdiener so weit, daß sie in den kleinen Speiseraum hinübergehen konnten. Abdallah erwartete sie dort bereits zu jener ihnen seltsam erscheinenden Mahlzeit, die er das »petit déjeuner« – das kleine Frühstück nannte. Sie kannten diese Einrichtung nicht; denn im Orient hält man sich frühmorgens nicht mit dergleichen auf. Zuerst ist da der Morgen-Azan, das gemeinsame Frühgebet, dann kommt der Morgenritt; und wer danach Durst verspürt, der trinkt ein wenig Ziegenmilch oder verzehrt saftiges Obst. Diese umständlichen Mahlzeiten, petit und grand déjeuner, oder wie sie sich sonst noch nennen mochten, hatten wirklich keinen Platz in der Wüste.

Vom ersten Reisetage an hatte Abdallah seinen beiden Schutzbefohlenen erklärt, er werde ihnen die Lebensweise des Europäers jetzt, während sie noch allein zusammen wären, vorführen, damit sich später

niemand über ihre Hilflosigkeit lustig machen könne.
An diesem Tage, der sich so sehr ereignisreich gestalten sollte, kamen Saïd und Machmud etwas scheu zu dem petit déjeuner mit Abdallah. Sie fühlten sich in der europäischen Kleidung mehr als lächerlich. Zwar hatten beide sich schon während der Fahrt daran gewöhnt, ohne Kopfbedeckung herumzugehen; nun aber auch noch mit diesen albernen Hosen dazustehen, die sich so eng um die Beine legten, eingesperrt in die harten Hemden, die nichts von der bequemen Weite und Weichheit der Seidengewänder hatten – das war ganz abscheulich unbequem. Und danken mußte man Abdallah auch noch dafür, denn er freute sich offensichtlich am Anblick der beiden schlanken Jünglinge.
Ahnungslos brachte Machmud während der Mahlzeit einen Ball ins Rollen, der sich erschreckend weit fortbewegte. Er fragte höflich: »Wann, Herr, werden die Tiere ausgeladen, und wohin werden wir dann fahren? Zu Baron Lautrec?« Erstaunt sah ihn Abdallah an: »Ausladen? Die Tiere? Und wir – ja, was meinst du nur, Machmud? Es wird nichts ausgeladen, das heißt, doch: Der ganze Zug wird ausgeladen, sowie alle Formalitäten erledigt sind. Ich hoffe, daß wir schon am Abend abfahren, morgen Boulogne sur Mer erreichen und übermorgen in England landen. Natürlich kommt Lautrec nachher und fährt mit uns.«
Ganz mit seinem Frühstück beschäftigt, achtete Abdallah nicht auf Machmud. Aber Saïd sprang auf, packte den Freund, der totenbleich zur Seite gesunken war, an den Schultern, rief: »Hilf mir, Herr, ich kann ihn allein nicht halten! – Machmud, mein Bruder, was ist dir nur? – Gib mir etwas von jenem seltsamen Kaffee, Herr – schnell! – Sieh nur, wie bleich er ist! – Machmud – Djanoum, mein Machmud – was ist dir, Bruder?« Aber Machmud konnte sich nur ganz verkriechen in diese sorgende Liebe des Freundes. Was hätte er antworten sollen? Vielleicht: Ich wollte Schükri töten, ihn an der Bank erwarten. Aber weiß ich denn, ob er gerade heute etwas abhebt? Vielleicht kommt er erst morgen, vielleicht den Tag danach. Täglich wollte ich ihm auflauern, bis ich ihn fände. Und nun bleiben wir gar nicht hier! Was tu ich nur? – Konnte Machmud das aussprechen? Zu genau wußte er, was Saïd erwidern, wie er seinen Plan vereiteln würde, aber das durfte nicht geschehen. Der Schreck hatte ihm einen Augenblick lang alle Kraft genommen. Nun er überwunden war, richtete Mach-

mud sich energisch auf, brachte es fertig, etwas zu lachen, und bat: »Vergib, Herr! Ich weiß nicht, wie mir wurde – vielleicht diese ungewohnte Nahrung, Herr – es verging schon, vergib, ich bitte dich. Sorge dich nicht, mein Saïd, ich bin es nicht wert! Laß mich gehen, willst du? Erlaubst du, Herr?« Und ehe noch eine Antwort erfolgen konnte, war er davongegangen.

Abdallah und Saïd sahen ihm erstaunt nach, und der ältere Mann sagte nachdenklich: »Mir gefällt dieser junge Djebelli nicht, mein Saïd – ich mißtraue ihm ein wenig. Er hat verborgene Gedanken – ist dir nichts an ihm aufgefallen, da du sein Freund bist? Nachts, zur Stunde des großen Vertrauens in der Dunkelheit, sagt er dir da nichts?« Diese Frage war für Saïd ein Dolchstich, denn er erkannte plötzlich, daß er seiner Freundespflicht nicht mehr genügt hatte. Er antwortete bedrückt: »Seit Wochen, mein Oheim, habe ich nicht mehr mit ihm im gleichen Raum geschlafen – ich war immer nur bei Catoul, der sehr erregbar ist, gerade jetzt. Du hast recht, Herr – da du es sagst, erkenne ich es auch –, er hat sich sehr verändert.« Saïd stockte, saß vornübergebeugt da, den Kopf in die Hände gelegt, überlegte. Abdallah blickte forschend zu ihm: »Könntest du dich darauf besinnen, seit wann diese Veränderung mit ihm vorging? Vielleicht finden wir dann den Grund.«

Saïd versuchte, sich alles Geschehene zu vergegenwärtigen. Da sah er sich plötzlich vor Machmud stehen, hörte sich sagen: »Mein Oheim hat ihn ausgezahlt und fortgeschickt.« Er vernahm im Geist Machmuds Schrei, fast genauso erschreckt wie beim Anblick Schirdars: »Fort –? Schükri ist fort –? Wohin?« Saïd löste sich von diesen Bildern, schaute auf und sah Abdallah geduldig warten. Er sprach gequält: »Irgend etwas mit Schükri ist es. Er weiß, daß Schükri hier an deiner Bank den Bakschisch abhebt. Er fragte mich sogar damals, welche Bank es sei – Herr – Herr! Was ist mit meinem Bruder Machmud? Was hat er vor?!« Abdallah, der um die grauenhafte Unerbittlichkeit der Blutrache wußte, war aufgesprungen. Er packte Saïd am Arm, rief, indem er ihn eilig mit sich zog: »Komm – wir müssen ihn festhalten! Er will seinen Vater rächen – komm –!«

Wieviel Zeit mochte vergangen sein, seit Machmud sie verlassen hatte? Wohin hatte er sich wohl gewandt? Abdallah und Saïd liefen eilig an den vielen Wagen des Zuges entlang, und die Diener schauten ihnen ratlos nach. Diese Hast war ihnen unbegreiflich, da sie noch nie ähnliches beobachtet hatten. Atemlos kamen die zwei vor dem Schlafabteil der Jünglinge an. Saïd riß die Tür auf – der Raum war leer! »Fort – schon fort – wohin nur?« Saïd murmelte es fassungslos vor sich hin. Aber Abdallah, weniger mit dem Herzen als mit dem Gefühl der Verantwortung beteiligt, hatte sich umgeschaut, blitzschnell etwas aufgehoben, das er Saïd hinhielt. Er rüttelte ihn heftig und weckte ihn aus seiner Versunkenheit. »Kennst du das, Saïd? Schnell, antworte, es geht um Sekunden!« Saïd nahm den zierlichen weichen Seidenbeutel zur Hand, in dem Machmud sein Geld aufzubewahren pflegte und den er im Gürtel seiner orientalischen Kleidung barg: »Sein Geldbeutel! Er hat alles Geld mitgenommen! Mein Vater gab ihm Beträchtliches bei der Abreise, damit er unabhängig sei.« Abdallah nickte, fragte hastig: »Spricht er gut Französisch?« – »Ausgezeichnet, ja!« – »In welcher Währung war das Geld?« – »Dollar.« – »So wissen wir Bescheid, gehen wir ihn suchen! Er muß zum ›Crédit Lyonnais‹ gegangen sein, den wirst du ihm genannt haben, Saïd, ja?« Saïd nickte. Er war wie betäubt; aber als Abdallah so ruhig seine Bank nannte, bei der sich das Depot für Schükri befand, packte ihn plötzlich heiß und wild eine grauenhafte Angst. Er riß seinen Onkel, der eben das Abteil verlassen wollte, zurück, schrie heiser und kaum verständlich: »Du glaubst, er geht nun dorthin, um Schükri abzufangen und ihn zu – zu ...«

»... Holla! Gibt es einen kleinen Streit hier?« erklang in diesem Augenblick von der offengebliebenen Tür her eine liebenswürdige Stimme. Ein schlanker Mann mittleren Alters blickte interessiert herein. Abdallah wandte sich um, rief wie befreit: »Lautrec, mein Freund, Sie schickt der Himmel! Wir haben keinen Streit, mein Neffe und ich – erlauben Sie – Saïd ibn Fasal – Saïd, dieses ist mein Freund Baron Lautrec –, aber er hat einen furchtbaren Schreck erlebt. Kommen Sie bitte mit! Ich erzähle Ihnen alles im Gehen. Es eilt, es eilt ganz außerordentlich. Saïd, geh voran! Sieh dich am Kai um! Wir folgen. Bleibe aber in Rufnähe, ich brauche dich sehr dringend. Frage Hassan und Ferid, ob sie etwas wissen. Berichte den Leuten, was geschah! Vielleicht können sie uns helfen. Und, Saïd, höre noch einen Augenblick! Wenn Allah will, so wird auch dieses gut ausgehen. *Will er* nicht, hat alles, was wir tun, keinen Sinn. Also bewahre Ruhe und bedenke: Wir sind nichts als Seine Diener. Nun gehe, mein Saïd!«

Zum erstenmal, seit er von seinem Oheim wußte, schaute Saïd Abdallah wirklich wie den Bruder seines geliebten Herrn an. Er verneigte sich tief und ernst, was sich in der europäischen Kleidung sehr seltsam ausnahm, und verschwand. Schon im Gang traf er Hassan und Ferid. Er nahm sie am Arm und berichtete im Weitergehen halblaut, was geschehen war und was zu befürchten stand. »Allah wolle es verhüten«, flehten auch diese zwei. So begann Saïd, mit dem dreifachen Nachklang des großen Namens im Ohr, den vielfach verirrten Freund in dieser fremden Hafenstadt zu suchen.

Wenig hätten all seine Unternehmungen genützt, wenn nicht bereits das Telefon ihres Zuges an das allgemeine Telefonnetz angeschlossen gewesen wäre. Ein Glück, daß Abdallah das gleich nach der Landung veranlaßt hatte, so konnte Baron Lautrec sofort die Polizei in Kenntnis setzen, und die Fahndung nach Machmud wurde sogleich sachgemäß begonnen. Alle Radiowagen empfingen schon nach einer halben Stunde die genauen Angaben über den jungen Araber, und die Umgebung des »Crédit Lyonnais« stand unter schärfster Bewachung.

Saïd hatte auf seinem Wege noch nichts von dem verschwundenen Freund gesehen, doch Machmud erblickte ihn. Er hatte sich, kaum daß er Zug und Schiff verließ, ganz in der Nähe einen Schlupfwinkel gesucht und verbarg sich nun hinter einem Stapel von Säcken, die mit Heu gefüllt waren und zum Einladen bereitlagen; von da aus konnte er alles beobachten, was auf der Suche nach ihm geschah. Er sah zuerst Saïd mit tief bekümmertem Gesicht daherkommen, und das Herz wurde ihm schwer. Aber nun er seinen Entschluß gefaßt hatte, sollte ihn nichts mehr zurückhalten. Dann kam Abdallah mit einem Fremden, worauf alle drei ein Auto nahmen und davonfuhren. Das brachte Machmud auf den Gedanken, ein Gleiches zu tun, und schon wollte er aus seinem Versteck hervorkriechen, als er eben noch rechtzeitig Hassan und Ferid bemerkte, die ebenfalls einen Wagen suchten, um dem ersten zu folgen.

Endlich konnte dann Machmud unbemerkt ebenfalls zum Autostand gelangen, und dem Chauffeur fiel es in keiner Weise besonders auf, daß ein gutgekleideter Jüngling in reinem Französisch verlangte, zum »Crédit Lyonnais« gefahren zu werden. Das Versteck hatte kaum Staubspuren auf Machmuds Anzug hinterlassen, und es war allgemein üblich, daß die Reisenden baldigst ihre Kreditbriefe einlösen gingen. So wollte es die Tragikomik der Geschehnisse, daß drei Wagen hintereinander den gleichen Weg einschlugen, und im letzten

Auto saß der, den die Insassen der vorderen suchten. Das Ganze aber nahm noch seltsamere Ausmaße an: Von der anderen Seite der Stadt her, von dort, wo die großen Luxushotels lagen, näherte sich in einem Wagen der, dem dies alles galt: Schükri!

Wie nicht anders zu erwarten, hatte sich dieser anmaßende Mann in einem der teuersten Luxushotels eingemietet und hatte sich als Scheich eingeschrieben, um fürstliche Ansprüche erheben zu können, womit er die allgemeine Aufmerksamkeit auf sich zog. Wie alle eitlen Menschen, redete Schükri gern von sich. Er war nicht allzu kritisch in der Wahl seiner Gesprächspartner und ließ manche Vorsicht außer acht, die ihm in seiner Wüstenheimat selbstverständliches Gebot gewesen war. So geriet er in die Netze einer Diebesbande, deren Mitglieder im Gedanken an seinen vermutlichen Reichtum auch vor einem Mord nicht zurückschreckten. Ein gewisser Henri, von dem – so glaubten sie – nichts bekannt war als eine Telefonnummer, erhielt den Auftrag, Schükris Geld mit Gewalt an sich zu bringen, wenn der es abgehoben haben würde. Dieser Henri erkannte zwar mit untrüglichem Blick jeden Polizeibeamten – auch wenn der in Zivil war –, aber er spürte doch nicht, wie dicht man ihm diesmal auf den Fersen blieb. Welche Verwicklungen sich dazu aus Machmuds Vorhaben ergaben, konnte er wirklich nicht ahnen.

Zunächst einmal hinterließ der Polizeikommissar Mathieu, der Nachtdienst gehabt hatte vor dem Tage, an dem die Autokolonne vom Kai abfuhr, seinem Kollegen vom Tagesdienst eine lakonische Nachricht:

»Henri-Telefon um halb zwölf nachts geläutet. Selbst abgehört, Botschaft lautete: ›Crédit Lyonnais. Araber gegen Mittag.‹ Botschaft aus. Alle Eingänge bewachen! Hochaktion! Wünsche Glück! Mathieu.«

Der gute Wunsch machte den Kommissar Fabreux grimmig lachen, denn er war überzeugt, daß die Großaktion wie alle bisherigen, die Henri betroffen hatten, erfolglos sein würde, aber er traf dennoch alle nur denkbaren Vorbereitungen. Fabreux war es auch, den der Anruf des Barons Lautrec erreichte. Daß sie auch den Jüngling in der Nähe des »Crédit Lyonnais« suchen sollten, machte den klugen Mann sehr nachdenklich. Er erteilte sofort seine Anordnungen, und als sich nun die verschiedenen Beteiligten ihrem Ziele näherten, waren schon um den ganzen Schauplatz herum unauffällig einige Männer verteilt, die nur ein sehr scharfes Auge als Polizeibeamte erkennen konnte.

Als Baron Lautrec, von allen Rennplätzen her eine bekannte Erscheinung, dem ersten Wagen entstieg, näherte sich im Kommissar Fabreux, wobei er jenen uralten Trick des zeitunglesend daherkommenden Mannes benützte, der so vertieft in sein Blatt ist, daß er nichts hört noch sieht und dann dummdreist in irgend jemanden hineinrennt. Lautrec sagte: »Holla!«, und Fabreux murmelte Entschuldigungen, dazwischen flocht er die Worte: »Alles bereit – passen auf.« Lautrec verstand sogleich. Als Saïd herbeisprang, um die zu Boden gefallene Zeitung aufzuheben, traf ihn ein scharfer Blick des Kommissars. Auch das verstand Lautrec. Er legte den Arm um die Schultern des Jünglings und erklärte hastig: »Der Freund des Verschwundenen.« Fabreux tat, als danke er Saïd, und zog sich zurück. In möglichst lässiger Haltung lümmelte er sich an eine Hausmauer, um scheinbar seine Zeitung weiterzulesen.
Der nachkommende Wagen brachte Hassan und Ferid, die sich sogleich zu Abdallah und Lautrec gesellten. Machmud hatte diese Gruppe rechtzeitig erblickt und fragte darum seinen Chauffeur, ob er ihn nicht zu einem anderen Eingang der Bank fahren könne. Der nickte und fuhr um den Block herum.
Gerade jenen weiter zurückgelegenen Eingang, den Machmuds Fahrer nun ansteuerte, pflegte Schükri zu benutzen, und denselben, weniger verkehrsreichen Platz hatte auch Henri für seine Tat in Aussicht genommen. Dieser geschickte, jugendlich aussehende Mann hatte sich als Stiefelputzer niedergelassen. Er hockte auf dem Boden vor einem prächtig mit blitzendem Messing und Spiegeln verzierten Kasten, er hielt zwei Bürsten in der Hand, mit denen er in Zwischenräumen aufklopfte, um die Aufmerksamkeit der Vorübergehenden zu erregen. Und es gab wirklich einige Männer, die sich vor dem Betreten der Bank von Henri die Schuhe putzen ließen, was er ausgezeichnet verstand. Von seinem ruhigen und geschützten Beobachtungsposten aus betrachtete dieser Stiefelputzer belustigt die vielen aufgestellten Polizisten, denn er durchschaute sofort jede noch so geschickte Verkleidung und fand, er habe selten noch einen so »amüsanten« Auftrag erhalten.
Henri bürstete geerade eifrig an den Hosenaufschlägen eines jungen Mannes herum, als er einen heftigen Schreck bekam, denn wenn ihn nicht alles täuschte, so stieg da soeben jener Araber, um dessentwillen er hier saß, aus einem Wagen. Henri schlug heftig mit der Bürste auf

seinen Kasten, um den zeitungslesenden Kunden zu vertreiben, bekam dessen Bezahlung nachlässig zugeworfen und beugte sich beobachtend vor. Der Araber besprach sich mit seinem Fahrer, zeigte ihm eine Geldmünze; und auf sein Achselzucken hin stieg er die wenigen Stufen zum Eingang der Bank hinauf. Niemals sollte Machmud erfahren, wie nahe er dem Tode – einem elenden und schmutzigen Tode, nicht dem eines Wüstenreiters – in diesem Augenblick war. Aber ein Dollar und die heitere Gesprächigkeit eines südfranzösischen Chauffeurs bedeuteten seine Rettung. Der Fahrer wandte sich nämlich lachend an den Stiefelputzer, der sich offenbar anschickte, sein Putzzeug zusammenzupacken, und sagte: »Diese jungen Leute von heute! Sie sind unglaublich! Denkt dieser Knabe, ich könne ihm einen Dollar wechseln! Ich bitte – einen Dollar!« Und er schüttelte in gutmütigem Spott den Kopf. Henri hatte aufgehorcht, fragte aber scheinbar gleichgültig: »Vom Hafen kam der junge Mann?« Der Chauffeur nickte, ahnte nicht, daß er gewissermaßen zum Schutzengel eines jungen Menschen geworden war: »Aber ja, vom Hafen. Ist immer gut, sich da aufzustellen, da gibt es Arbeit, ob am Tage, ob in der Nacht. François fährt allerdings immer zum Grandhotel, weil er da mehr verlangen kann. Aber dafür muß er auch oft lange warten. Übrigens – da kommt er gerade! Wen fährt er denn da? Der hat bestimmt die Taschen voll Francs! Siehst du – er zahlt gut; ich wußte es doch!« Damit war der Chauffeur für den anderen zum Gegenteil eines Schutzengels geworden: Henri wußte nun, wer der Fremde war. Schükri fand gerade noch genug Geld in seinen Taschen, um das Auto zu bezahlen, da er sich aber an einem Ort wie Marseille über keinen Diebstahl wunderte, fragte er nicht weiter. Sorglos betrat er den weiten Vorraum des großen Bankinstitutes. Zur gleichen Zeit kam Henri dahergeschlendert. Aber auch Machmuds Chauffeur war das Warten draußen zu langweilig geworden, und er war ebenfalls gekommen, um nach seinem kleinen Dollar-Fahrgast Ausschau zu halten. Machmud mußte in einer Schlange vor einem Schalter warten und hielt den Dollar fest in seiner Hand, die vor Erregung ganz feucht war. In der rückwärtigen Tasche seiner Hose steckte sein Dolch, dessen Lederhülse er deutlich spürte, und das bereitete ihm tiefstes Unbehagen. Wie sehr hoffte er im Innersten, daß er durch Allahs Güte von seinem schrecklichen Auftrag befreit würde!

Während Machmud so dastand, eingezwängt zwischen die vielen

Menschen, stieg ein fürchterliches Entsetzen eisig kalt in ihm hoch: Dort – nicht weit von ihm entfernt – dort kam Schükri, an dem er etwas Grauenhaftes zu vollbringen hatte, er, der Sohn des Ali Muled Djebel el Djebelli! Er wußte es nicht, daß er flehend murmelte – »Allah – Allah –«. Aber es war fast, als sei sein Bitten erhört worden, denn ein jugendlicher Mann, der rauchend daherkam, trat zu Schükri, sagte liebenswürdig lächelnd: »Erlauben Sie, mein Herr – da sitzt eine Wespe an Ihrem Rock –«, und stieß ihm einen kleinen feinen Dolch ins Herz. Dann wandte er sich in größter Ruhe zum Gehen. Aber so einfach war das nicht, er stieß gegen ein Hindernis, denn ohne sich zu besinnen, hielt ihn Machmuds Chauffeur eisern umschlossen, weil er gesehen hatte, wie der Mann, den Henri scheinbar nur angerührt hatte, lautlos und langsam zu Boden gesunken war. Auch Machmud hatte es bemerkt, und ein Gefühl, das stärker war als alles Überlegen, trieb ihn vorwärts, ließ ihn in Windeseile auf den Gestürzten zulaufen. Er wußte nichts, als daß er schnell, ganz schnell dort sein müsse, ehe der Kopf des Mannes, der seinen Vater getötet und der doch die gleiche Heimat hatte wie er selbst, auf dem Boden aufschlug. Er sprang, er flog förmlich, und ehe noch die erstarrten Menschen rings sich fassen konnten, kniete Machmud ibn Muled neben seines Vaters Mörder. Er hielt dessen Kopf, sah, wie sich sein Gesicht mit grauer Blässe überzog, und flüsterte: »Schükri – aman Schükri – sieh mich an – ich bin's, Machmud!« Schükri vernahm den Laut der Heimat, schlug die schwer gewordenen Lider auf, hauchte: »Du bist es, Machmud – du bist die Heimat – du bist die Wüste – die geliebte Wüste – Allah – Machmud –«, das Flüstern verstummte. Reglos saß Machmud, erschrak nur wenig, als das Schrillen der Alarmglokken erklang und mit hastigem Klicken alle Schaltergitter geschlossen wurden. Immer noch saß er am Boden, hielt das Haupt des Feindes und merkte nicht, daß die Menschen einen Kreis um ihn gebildet hatten. Auch der Kampf zwischen Henri und dem Chaffeur entging seiner Aufmerksamkeit. Als es endlich drei Polizisten gelungen war, Henri zu bändigen, wischte sich der Chauffeur den Schweiß von der Stirn und entdeckte seinen Fahrgast neben dem Toten. Schweren Schrittes ging er auf ihn zu, beugte sich herab, strich ihm über das dunkle Haar und sagte mitleidig: »Pauvre petit! – Armer Kleiner!« Er nahm als selbstverständlich an, daß der Jüngling als ein naher Angehöriger die Totenwache hielt.

Draußen aber, am anderen Eingang des Bankhauses, war die Erregung groß. Wie so oft, war inzwischen allerlei Ungenaues weitergetragen worden, Lautrec, Abdallah und Saïd lauschten erstaunt dem Heulen der Alarmsirenen, sie sahen den Kommissar Fabreux seine Zeitung fortwerfen und davonrasen, hörten Stimmen, die von Mord sprachen, und nahmen voller Schrecken an, daß Machmud seine Absicht verwirklicht habe. Abdallah packte den totenblassen Saïd und zog ihn mit sich fort, hinter Lautrec her, der voranlief und etwas zu erfahren suchte. Von allen Seiten strömten nun schon die Menschen herbei, und die wildesten Gerüchte entstanden. Lautrec, Abdallah, Saïd, Ferid und Hassan versuchten, sich einen Weg zum anderen Bankeingang zu bahnen, um sich Gewißheit zu verschaffen, aber als sie dort anlangten, verwehrte ihnen ein Polizeiposten den Eintritt, und nur mit äußerster Mühe gelang es Lautrec mit einem besonderen Ausweis, endlich Zutritt zu erlangen. Die anderen mußten draußen warten.

Lautrec fand eine Szene vor, wie sie erregender kein Film darstellen konnte. Machmud hatte seinen Wachtposten bei dem Toten immer noch nicht aufgegeben. Die Polizei war mit Henri beschäftigt. Da Lautrec weder Machmud noch Schükri kannte, verstand er das Ganze nicht, und atmete auf, als Kommissar Fabreux hinzukam. Aber auch jetzt erfuhr er nur, daß ein Mord geschehen und daß der junge Mensch dort offenbar ein Verwandter des Toten sei. Beide Personen seien unbekannt, aber offenbar habe man es mit Arabern zu tun. Endlich konnte Lautrec einhaken, konnte Fabreux an seine arabischen Freunde verweisen, die er draußen schon neben ihm gesehen habe, und erreichte, daß Fabreux sie herbeiholen ließ. Saïd flog wie ein abgeschossener Pfeil auf Machmud zu, umfaßte ihn, rief aus tiefster Seele entsetzt: »Oh, Machmud, mein Freund, mein Bruder, warum hast du es getan?!« Machmud aber schaute ruhig zu ihm auf und sagte: »Ich tat nichts, Saïd, als nur sein armes Haupt zu halten, als er zu Boden sank.«

»Nichts tatest du ihm, Machmud, mein Bruder? Du wolltest doch . . .?«

»Es war Torheit und Unrecht, was ich wollte, aber Allah ließ es nicht zu. Da steht der Mann, der mich fuhr. Ich hatte nur einen Dollar, um ihn zu wechseln, kam ich herein. Dann näherte sich Schükri, und einer stach ihn nieder. So geschah es. Es war der Dollar, der mich ret-

tete, weißt du, Saïd.«
Auch Abdallah war inzwischen herbeigekommen und rief erschreckt: »Schükri?! Doch nicht du – Machmud?«
Saïd erklärte leise: »Er war es nicht, mein Oheim. Allah ist gnädig. Er war es nicht.«
Abdallah atmete auf, wandte sich an die Polizei und erklärte ruhig, wer der Tote sei und daß der Jüngling dem gleichen Stamme angehöre. Er wies sich aus, gab an, warum sie hier seien, und stellte sich für alle Formalitäten zur Verfügung. Vielleicht, so sagte er, könnten auch seine Diener, die noch draußen stünden, den Toten fortschaffen helfen.
Man ließ Hassan und Ferid zwar daraufhin ein, aber es war doch nicht zu umgehen, daß der tote Schükri ins Polizeipräsidium gebracht wurde und sie erst einmal alle dahin folgten. Auch Machmuds Chauffeur mußte sie begleiten, und ununterbrochen verschaffte er seiner Empörung über diesen Henri Luft, der bereits abgeführt worden war.

11

James Lord Earlborough und seine Tochter saßen sich beim Mittagessen gegenüber. Sie trugen beide Reitkleidung; denn nicht nur kamen sie eben erst von der sehr ausgedehnten Morgenarbeit auf ihren weitverstreuten Gestüten, sondern sie beabsichtigten auch, unmittelbar nach Beendigung der leichten Mahlzeit wieder an die Arbeit zu gehen, die ihre Tage ausfüllte.
Lord James holte aus der Tasche seines Rocks einige Papiere hervor und sagte in seiner immer gleich ruhigen Art: »Ginny, unsre Araber kommen erst in einer Woche an. Sie werden in Marseille aufgehalten, weil es einen Mord gegeben hat und die Formalitäten naturgemäß Zeit verlangen.«
Es war keine Frage, daß diese Nachricht die junge Reiterin, die seit dem Tode ihrer Mutter in inniger Gemeinschaft mit dem Vater lebte, in helle Aufregung versetzte. Ihrem jugendlichen Überschwang war es zugute zu halten, daß sich ihre Sorge eigentlich mehr auf die Pferde als auf die Menschen bezog. Ginny – ihr richtiger Name war Ginevra – hatte zunächst keine Ahnung von diesen seltsamen »Schwarzen«, die da »aus der Wüste« gekommen waren, um ihre

schönsten Pferde nach England zu bringen. Aber Lord James verstand es sehr bald, die Söhne der Wüste, die für ihn alles andere als »Schwarze« waren, vor seiner Tochter ins rechte Licht zu rücken. Er kündigte auch an, daß sie sogar einen jungen Fürsten zu erwarten hatten, und Ginevras Begeisterung kannte daraufhin keine Grenzen. Sie war nun so gut wie möglich auf ihre Pflichten als Gastgeberin gegenüber Menschen aus einer völlig fremden Welt vorbereitet, und Lord James hoffte, daß sich alles gut anließe.

Gemeinsam ritten Vater und Tochter zu dem Gestüt, in dessen Bereich die Pferde aus Arabien kommen sollten. Jenseits der Hügel, in einer weichen Senke, vor den Unbilden der Witterung geschützt, würden die vier Stuten untergebracht werden, während für die sechs Hengste ein anderer Platz bestimmt war.

Vielleicht muß man sich an dieser Stelle vergegenwärtigen, daß die Aufzucht des Edelblutes in den englischen Gestüten seit fünf Jahrhunderten gepflegt wird. Sie war ehemals das Vorrecht der englischen Könige, und die Leidenschaft, mit der sich die großen Herren des britischen Inselreiches dieser Aufgabe hingaben, verdient wahrhaftig, studiert zu werden. Man bedenke nur, daß sogar der Erzpuritaner Cromwell einen großen Stall anlegte und erstaunlich hohe Summen für den Ankauf edler Araberpferde aufbrachte. Daß das englische »Studbook« die Ahnenfolge edler Pferde aufzeichnet, ist bekannt; und die Gestütsherren, die zusammen mit ihren Tieren darin genannt werden, sind sehr stolz darauf. Zu den wenigen, die in diesem Buch angeführt sind, gehörte James Earlborough, denn es war sein leidenschaftliches Bestreben, durch die Aufzucht edlen Blutes zum Rennsport den hierfür traurigen Auswirkungen der Technik entgegenzuarbeiten.

Kaum ein Land ist für die Pferdehaltung so geeignet wie England, denn es hat ein durch die Nähe des Golfstromes bedingtes mildes Klima und weichen Rasen auf lockerem Boden, der bei der dauernden Feuchtigkeit besonders gut gedeiht. Weite Waldungen bieten Schutz vor allzu scharfen Stürmen, und in ausgedehnten Ebenen können die Tiere einen idealen Auslauf genießen. Den Menschen dieses Landes ist das Pferd ein Gefährte, und es ist nach alldem wohl nicht verwunderlich, daß auf der grünen Insel Britannien die Mischung europäischen und arabischen Pferdeblutes besonders glücklich gedeiht.

Alles dieses muß man wissen, um richtig zu beurteilen, welche Welt Saïd und Machmud in England erwartete. Mochten sie gegenwärtig in Frankreich auch schon die erste Bekanntschaft mit einem europäischen Gestüt machen, so war das Besitztum des Barons Lautrec doch in nichts mit den weiten Gütern von Earlborough zu vergleichen. Die zwei Jünglinge, die nun wieder ganz gemeinsam lebten, da Saïd sich nach all dem Schrecklichen verpflichtet fühlte, im gleichen Raum mit Machmud zu schlafen, gewöhnten sich nur mühsam an das europäische Leben. Die enganliegende Kleidung störte sie sehr, und sie vermißten die dem Orientalen so gewohnten weiträumigen Badegelegenheiten. Daß ihre Pferde mit denen des Barons zusammen auf recht engem Raum untergebracht waren, bereitete auch einigen Verdruß. Es war eng, alles sehr eng für den, der die Weite der Wüste gewohnt war! Gewiß, es gab wohl Auslauf, aber der genügte kaum zu einem halbstündigen Galopp, und Catoul war mit dem ganzen Zustand sichtlich unzufrieden, was seine Unlust beim fremdartigen Futter bewies. Mit seinem Pferd fühlte natürlich auch Saïd bebende Ungeduld, endlich fortzukommen. Lautrec hatte von der Weiträumigkeit des Gestütes in England berichtet, und Saïd erhoffte dort Befreiung aus der jetzigen Bedrückung.
Endlich kam die Erlösung: Abdallah und Lautrec kehrten aus Paris zurück, denn alle Formalitäten waren erledigt, und was von Schükri blieb, befand sich auf dem Weg zur Heimat. Nun durften sie weiterfahren. Abdallah und Lautrec hatten auf dem kleinen Bahnhof, wo der Zug abgestellt worden war, schon veranlaßt, daß die Weiterfahrt am nächsten Tag begänne. Das Fährschiff war benachrichtigt, und es blieb lediglich noch ein Tag im Zug zu verbringen. Auch ein Telegramm nach Earlborough war schon aufgegeben. Es galt nur noch, dem Baron Lautrec für alle geleistete Hilfe zu danken, noch einmal ruhig zu schlafen und recht früh am nächsten Tag zu starten.
Abdallah sah Machmud prüfend an und fand beruhigt, er sehe jetzt wieder ganz anders aus. Weniger begeistert aber waren die Freunde über die Reitkleider, die man ihnen vom besten englischen Schneider in Paris gebracht hatte. »Ihr sollt aussehen wie richtige Schick-Beys, meine Söhne und Neffen«, verkündete Abdallah stolz und ahnte nicht, welchen Sturm der Heiterkeit und welches innige Bedauern die beiden jungen Leute am Abend in »diesen Fetzen« bei den arabischen Dienern erregten.

12

Die kleine Bahnstation Nottingfield, wenige Meilen von Earlborough entfernt, verdankte ihre Bedeutung allein den Pferden: Rennpferde wurden hier verladen oder kamen in sorgfältig ausgepolsterten großen Wagen vom Rennplatz zurück; und was immer mit Pferden im Zusammenhang stand, war für das kleine Nottingfield von höchstem Interesse. Die ganze Gegend war stolz auf das berühmte Gestüt Earlborough, und seit Lord James den jungen Stationsvorsteher über die bevorstehende Ankunft des Extrazuges aus Boulogne, der eigentlich aus Beirut kam, informiert hatte, wuchs die Spannung im ganzen Umkreis von Stunde zu Stunde. Als darum an einem Freitagmorgen die Signale von der großen Nachbarstation ihr lebhaftes Läuten begannen, lief der Vorsteher, so schnell ihn seine langen Beine trugen, zu seinem Dienstraum und vernahm schier atemlos vor Erregung die magischen Worte: »Extrazug aus Boulogne hat uns passiert, trifft in halber Stunde bei euch ein.«
Der Vorsteher raste ans Telefon, das direkte Verbindung mit Earlborough hatte, schrie nur: »Sie kommen, sie kommen!«, raste wieder zurück und machte seine wenigen Bahnangestellten gänzlich kopflos durch die eigene Aufregung.
In Earlborough selbst sah es nicht viel anders aus. Der junge Gutsbeamte Johnston, der den Hörer abgenommen hatte, raste ebenfalls hinaus und schrie: »Sie kommen – sie kommen!« In der friedlichen Nachmittagsstille des großen Gutsbetriebes verbreitete sich die wildeste Aufregung. Zunächst wurde Johnston von einem zornigen Manne ans Telefon zurückbeordert, um das Gestüt anzurufen, wo sich Lord James befand. Dann begann im Herrenhaus ein fieberhaftes Leben, denn die für die Gäste bestimmten Räume mußten von der Wirtschafterin nochmals überprüft werden. Die Aufregung griff auch auf das Küchenpersonal über, da es selbst für einen wohlgeordneten Haushalt einen Unterschied bedeutete, ob zwei sehr anspruchslose Leute wie Lord James und seine Tochter speisen oder drei weitere Gäste dabei sind, die noch dazu aus Arabien kommen.
Im Zuge herrschte keine geringere Spannung und Erregung. Es war schon ein großer Augenblick gewesen, als auf dem englischen Fährschiff die Tücher fortgenommen worden waren von jener Inschrift, die den Zug kennzeichnete: »Les chevaux arabes en voyage – Arabi-

sche Pferde auf Reisen – Arab Horses travelling«. In Frankreich war es angezeigt gewesen, die Inschrift zu verbergen, weil die Wogen der Erregung zu dieser Zeit hoch gingen im ganzen Land, alles Arabische betreffend. Als man dann aber, kaum daß der Zug in Boulogne sur Mer auf das Fährschiff glitt, auf englischem Boden stand, hatte Abdallah eine kleine, feierliche Rede auf arabisch gehalten. Er hatte die Flagge Englands, die am Heck wehte, gegrüßt, und die Sackleinwand, welche die Inschrift verhüllte, war entfernt worden. Die kleine Feier hatte die Neugier der Seeleute erregt, und daß Abdallah ihre Flagge grüßte, berührte sie sehr sympathisch. Als nun die Inschrift sichtbar wurde, begriffen die Männer, daß es sich bei diesem Zug um etwas ganz Besonderes handeln müsse. So kamen diese Seeleute heran und baten, die Pferde sehen zu dürfen, wobei sie ihre Fragen mit den seltsamsten Gebärden begleiteten, denn diese Leute hatten ja soeben in einer völlig unverständlichen Sprache dahergeredet. Als ihnen nun aber in einem Englisch geantwortet wurde, das wesentlich reiner war als das ihre, kannte die Freude keine Grenzen mehr, Saïd und Machmud mußten die beliebte europäische Anbiederungsart des Schulterklopfens am eigenen Leibe erfahren, die Pferde durften besichtigt werden, wobei allerdings streng erklärt wurde, gewarnt durch die neueste Erfahrung, daß die Tiere das Beklopfen nicht ertrügen.
Saïd hatte sich während der Landungsvorbereitungen angstvoll bei seinem Catoul gehalten, denn das Eingesperrtsein in einem Stall, der sich bewegte, hatte das freiheitsgewohnte Tier wieder sehr aufgeregt. Kaum hielt das Fährschiff, wurden nun alle Türen geöffnet, und man mußte sehr aufpassen auf die vielen Männer, die da plötzlich herbeiströmten. Da schaute auch schon einer bei Saïd und Catoul herein, aber das Glück wollte es, daß eben dieser der beste Pferdekenner unter den Reportern Londons war, dessen Bericht ein Pferd »machte« oder vernichtete.
Jimmy Lane stand und schaute und wollte seinen Augen nicht trauen, was er da sah, hatte er nicht für möglich gehalten, er erblickte das schönste Pferd seines Lebens und neben diesem Wundertier einen Jüngling, der völlig dazuzugehören schien. Saïd hatte Catoul losgebunden und zur offenen Tür hingewendet, damit er ein wenig frische Luft atmen konnte. Er stand daneben und hielt dessen Kopf umfaßt, um ihm dadurch Ruhe zu geben, wobei er leise zu dem geliebten Tier sprach, und Catoul wandte sich immer wieder zu ihm, schnaubte

weich an seine Wangen hin. Jimmy Lane konnte sich nicht satt sehen. Leise fragte er dann: »It's yours? – es ist das Ihres?« Die Antwort kam ebenso leise: »Mine – meins.« Dieses eine Wort erfüllte Lane mit Zuneigung zu dem arabischen Jüngling, denn er verstand ihn, auch seine Abweisung und seinen großen Stolz. Sehr höflich und immer noch halblaut, um das schöne Tier nicht zu erschrecken, fragte er: »Darf ich hereinkommen? Ich stelle mich dann seitwärts, um nicht zu stören.« Dieses verstand nun wieder Saïd. Er begriff, daß er es mit einem Manne zu tun hatte, der Pferde kannte. »Please, come in! – bitte, treten Sie ein!« sagte er und sprach weiter leise zu Catoul, dessen Fell ein wenig zuckte, als der Fremde zu den beiden hinaufkletterte. Jimmy Lane drückte sich ganz vorn am Eingang zur Seite und wußte selbst nicht, daß er murmelte: »Oh, you beauty – du Schönheit!« Da lachte Saïd leise, um das empfindliche Gehör seines Pferdes nicht zu verletzten, beugte sich noch näher zu Catoul und sagte ihm, daß der Mann dort ihn schön fände. Atemlos erlebte Jimmy, wie Catoul ihn ansah. Saïd erklärte halblaut: »Ich habe es ihm gesagt, und er dankt Ihnen – er sah Sie an, das tut er selten.« Jimmy nickte, fragte: »Sein Name?« und erhielt die Antwort: »Catoul, der Sechste seines Namens in direkter Folge, jetzt fünf Jahre alt.« – »Ich danke sehr, ich nehme an, er ist Ihrer seit der Geburt?« Saïd neigte den Kopf: »Und vorher?« Lane nickte, verstand auch dieses, meinte ganz nebenbei: »Sie bringen ihn natürlich nicht zur Zucht mit, nur um ihn nicht allein zu lassen, nicht wahr?« Da lächelte Saïd diesem Fremden aus seinen großen dunklen Augen ein wenig zu, gab eine seltsame Antwort: »Ich bemerke, ich traf einen Freund, meiner und meines Pferdes. Wäre es anmaßend, Sie zu bitten, mit uns zu kommen? Es wäre gut, wenn Sie uns ein wenig behilflich wären, hier in der Fremde, und Menschen, die Pferde verstehen, sollten immer beisammenbleiben, finden Sie nicht?«

Jimmy Lane war schon viel herumgekommen und erkannte sofort die Gesinnung des vornehmen Orientalen. Er verbeugte sich ein wenig und dankte: »Ich komme gerne mit Ihnen, Prinz, und werte die Ehre. Wann werden wir fahren?« Saïd zuckte mit den Achseln, man solle die Seeleute fragen. Es könne wohl noch Stunden währen, bis der Zug fahrtbereit sei bei all diesen seltsamen Formalitäten hier. Gewiß, ja, das fand Lane auch und fügte an, er wolle dann telefonieren, daß sein Diener, der eigentlich der Stallbursche für seine zwei Pferde sei,

ihm einiges Gepäck bringe – nach Earlborough, nicht wahr? Saïd erwiderte fröhlich, das sei ein Name, an dem man sich die Zunge zerbreche, aber so heiße es wohl, und er sei glücklich, wenn ein Engländer mitkomme, ihnen allein einiges von den fremden Sitten und Gewohnheiten zu erklären, die so schwer zu begreifen seien. Jimmy Lane dachte sich, daß die vollendete, ruhige Höflichkeit dieses jungen Wüstenfürsten gewiß manchen Europäer in Erstaunen setzen würde. Dann sprang er leicht aus dem Wagen, verbeugte sich noch einmal und verschwand im Gewühl.
Wenig später schon telefonierte Jimmy Lane mit seinem Diener, dann rief er Lord James an, erreichte aber nur Ginevra, die ins Herrenhaus geeilt war, um zur Hand zu sein. Erfreut, eine weibliche Stimme zu hören, fragte Jimmy Lane vorsichtig: »Lady Earlborough?« Ein heiteres Lachen antwortete: »O nein, nur die Tochter von Lord James, Ginevra. Mit wem spreche ich?« – »Lane hier.« Jimmy wollte eben weiterreden und alles über sich erklären, als ein heller Ausruf ihn schweigen ließ. »Doch nicht etwa Jimmy Lane, der große Pferdemann? O wie fein, daß Sie anrufen! Wissen Sie, was und wen wir erwarten?« – »Weiß ich, Lady Ginevra, denn ich habe sie eben alle gesehen auf der Fähre und das herrlichste Pferd der Welt auch. Und der Prinz, dem es gehört, hat mich gebeten mitzukommen. Ich frage also hiermit an, ob ich das darf. Ich warne Sie übrigens, Lady Ginevra, er ist der richtige Märchenprinz!« Wieder antwortete das unbeschwerte Lachen, und die junge Stimme sagte: »Vielen Dank für die Warnung! Sie müssen unbedingt herkommen, Mr. Lane, und mich schützen helfen.«
Jimmy Lane wußte nicht, wie freudig seine Antwort klang. Er hängte ein und ging nachdenklich weiter. Da Ginevra ihrem Vater versprochen hatte, zunächst auf jede Teilnahme an Rennen zu verzichten, hatte der Reporter sie noch nie getroffen. Ein seltsames Schicksal wollte es nun – oder war es das Kismet? –, daß gerade Saïd die beiden zusammenführen sollte.

Im Zuge, der die Pferde und die Menschen brachte, herrschte frohe Erregung. Alle sehnten sich danach, der Enge endlich zu entkommen. Sie waren auf vielen Bahnhöfen Englands auf Nebengleise geschoben worden, und wenn dabei auch die Menschen sich die Füße hatten vertreten können, so doch nicht die Pferde, die immer unruhiger wurden.

Auf einem dieser Bahnhöfe war übrigens ein prächtiger Wagen dahergebraust gekommen, und ein eleganter Herr hatte »Prince Abdallah« verlangt, und ein mitgekommener Diener hatte einige Pappschachteln herbeigeschleppt. Saïd und Machmud, die gelangweilt rauchend auf dem Bahngelände herumschlenderten, ahnten nicht, daß diese Pappschachteln, deren Aufdruck den berühmtesten Schneidernamen Londons nannte, neue »Marterwerkzeuge« für sie enthielten. Als sie weiterfuhren, eröffnete ihnen Abdallah dann, daß es in England Sitte sei, abends zum Essen einen Frack zu tragen, und solche Anzüge hatte er den beiden nun anfertigen lassen. Er war sehr stolz darauf, denn er hatte dafür viel Geld ausgegeben und sich selbst zugleich neu ausgestattet. So stolz war Abdallah, daß er, kaum daß der feine Herr katzbuckelnd mit einem Scheck abgezogen war, sich in sein Abteil zurückzog und den eigenen neuen Frack anlegte. Er, der schon so oft in Europa gewesen war, fand nichts Besonderes mehr an diesem Kleidungsstück, als er aber nun so geschmückt zu den beiden Jünglingen zurückkehrte, war er fassungslos, denn die zwei vergaßen nicht nur jedes Erfordernis guter Sitte, nein, ihr Verhalten hatte nichts, aber auch gar nichts mit Bewunderung zu tun, denn sie wanden sich vor Lachen. Zornig rief Abdallah sie zur Ordnung. Aber nach langem Lachen erst brachte Saïd endlich mühsam die Worte heraus: »Wie der Mann, der uns in dem Speisehaus bediente! Aman, mein Oheim, was für ein großartiger Spaß! Aber warum nur hast du dich so verkleidet?« Tief entrüstet darüber, daß er für einen Kellner gehalten wurde, erklärte Abdallah den zweien, daß auch sie sich künftig allabendlich so kleiden müßten, wenn sie an der Tafel teilnehmen wollten. Unerschütterliche Ablehnung wurde ihm zuteil: »Wir werden dann eben gar nicht erscheinen, mein Oheim, und du wirst uns in irgendeiner Art entschuldigen – ist es nicht so, Machmud?« Der stimmte lebhaft zu und meinte: »Wir können doch mit unsren Dienern speisen, das ist ehrenvoller, als sich so töricht zu kleiden, Abdallah Bey.«
Die Auseinandersetzung um das, was Saïd »neue Fetzen à la franca« nannte, war noch nicht abgeklungen, als ein Bahnbeamter meldete, man lange nunmehr in Nottingfield an.
Saïd und Machmud standen an den Fenstern ihres Schlafabteils, sahen gespannt hinaus und wußten selbst nicht, was sie erwarteten. Als erstes erblickten sie einen schlanken Mann, der mit leichtem Schwung von seinem Pferd sprang, das nicht einmal erregt schien über das

Schnaufen der einfahrenden Maschine. Es warf nur ein wenig den Kopf zurück und versuchte mehr spielerisch, dem Reitknecht die Zügel zu entreißen. Lord James hatte gerade noch den Anschluß erreicht und war nun sehr gespannt auf das, was zuerst aus dem Zug herauskommen würde. Dieses erste aber war Jimmy Lane, den Saïd verblüfft betrachtete, denn er wußte nicht, daß der waghalsige Reporter den Zug eben hatte einholen können, als er von der Gepäckrampe in Dover abgedampft war. Des Geschreis der entrüsteten Bahnbeamten nicht achtend, war er auf die Plattform des Küchenwagens gesprungen, des letzten im Zuge. Aus eben diesem Küchenwagen sprang also Jimmy Lane jetzt fast unmittelbar vor die Füße von Lord James:

»Hallo, Lane, woher kommen Sie denn? Toller Kerl, daß Sie sich hier schon eingefädelt haben!« Lord James kannte Lane – wie jeder, der in England etwas mit Pferden zu tun hatte. Jimmy lachte freundlich, antwortete aber ernsthaft: »Ich reise einer Liebe nach, Lord James, konnte sie nicht aus den Augen lassen. Das schönste Pferd meines Lebens – da drin ist's. Der Besitzer lud mich ein mitzukommen, ich hätte es aber auch ohne dem getan. Lady Ginevra weiß schon von meinem Kommen. Ich hatte angerufen und hoffe nur, Sie werfen mich nicht noch 'raus. Wenn Sie es tun, breche ich ein, denn diesem Tier muß ich nahe sein!« Lord James wußte, daß Lane über Pferde niemals Witze machte, und die Worte erfüllten ihn deshalb mit großer Spannung. »Solch herrliches Tier ist dabei? Auch für mein Gestüt? Wo ist es denn?« Lane lachte ein bißchen spöttisch, erklärte, da er gerade Saïd aussteigen sah: »Gewiß nicht für Ihr Gestüt. Der junge Wüstenfürst da ist der Besitzer und sagte mir, er trenne sich niemals von seinem Pferd, dem Sechsten in unmittelbarer Ahnenfolge –. Hallo, junger Prinz, wollen Sie ein wenig zu uns kommen?«

Saïd, der sich gerade bemühte, Ferid und Hassan zu finden, kam herbei, grüßte höflich und fragte Jimmy, womit er ihm dienen könne. »Ich wollte Sie nur mit Lord James Earlborough bekannt machen, unserem Gastgeber.« Lane wollte noch dieses oder jenes anfügen, wurde aber gänzlich aus dem Konzept gebracht durch die tiefe und feierliche Verneigung, die der junge Araber ausführte vor dem Manne, in dessen Haus er zu Gast weilen würde. Auch Lord James murmelte verlegen etwas Unverständliches vor sich hin. Saïd richtete sich auf und sprach nun in seinem vorzüglichen Englisch: »Ich bin, my Lord,

Saïd ibn Fasal, und in mir grüßt Sie der Stamm der Beni Hussein, den mein Vater beherrscht. Er dankt Ihnen für die Gastlichkeit, die seinen Pferden und seinem Sohn zuteil wird, und ist Ihnen tief ergeben.« Die Verlegenheit von Lord James wuchs, als der junge Araber sekundenlang seine Stirn auf dessen Schulter legte und dann einen Schritt zurücktrat, die Hände vor der Mitte ineinander gelegt.

Jimmy Lane fand, es sei der rechte Augenblick für ihn, einzuschreiten, ehe Lord James vielleicht ahnungslos unabsehbares Unheil anrichtete. Er hatte einmal einen Pferdetransport nach Kairo begleitet und kannte die Verhaltensweise orientalischer großer Herren. Hastig flüsterte er Lord James zu: »Höchste Ehrfurchtsbezeigung Arabiens, Vorsicht!« Lord James verstand. Er verbeugte sich tief und sagte halblaut: »Ich bitte, Ihrem zu verehrenden Vater meinen Dank und meine Ergebenheit auszusprechen und hoffe, sein Sohn wird sich wohl fühlen bei uns.« Saïd grüßte ernsthaft, aber er spürte wohl, wem er dieses Verhalten des Engländers zu verdanken hatte, und er vergaß Jimmy Lane diese Hilfeleistung niemals. Der seinerseits vergaß nicht, was der junge Araber eben von der Gastlichkeit gesagt hatte, die seines Vaters Pferden und seines Vaters Sohn zuteil werde. Die Reihefolge der Worte verriet ihm, wie der Orientale seine edlen Pferde einschätzte.

Zu der kleinen Gruppe gesellte sich nun Abdallah. In aller Form stellte Saïd ihn Lord James vor, ebenso wie den langsam herbeikommenden Machmud, den Saïd als einen künftigen Scheich bezeichnete. James Earlborough, ein einfacher und natürlicher Mensch, fühlte sich diesem feierlichen Gebaren gegenüber etwas hilflos und war darum dankbar, als jetzt seine Tochter dahersprengte. Auch die beiden jungen Männer blickten ihr entgegen, Lane, der jeden Reiter mit kritischem Kennerblick betrachtete, bemerkte ihren federnden Sitz im Kleingalopp und die ruhige Hand, mit der sie das Pferd lenkte. Saïd aber starrte ein für ihn peinliches Wunder an, denn er wußte zwar, daß in Ferenghistan auch die Frauen ritten, aber er hatte das noch niemals mitangesehen. Als er daher die schlanke Mädchengestalt in dem schnittigen Reitdreß erblickte, wußte er nicht recht, was er denken sollte. Eigentlich müßte er entrüstet sein. Aber warum? Weil auch sie Hosen trug? Immerhin waren das ganz andere Hosen, als sie jene Mädchen in Frankreich getragen hatten, waren eines Reiters Hosen. Er hörte Machmud leise sagen: »Schamlos!« und bemerkte zu seinem

Erstaunen, daß er ihn am liebsten für dieses Wort geschlagen hätte. Abgesehen von allem, was sonst an dieser leichten Gestalt erfreute, war sie wirklich eine Reiterin. Das hatte Saïds geübtes Auge sogleich erkannt. Wenn sie hier auch anders ritten als in seiner Heimat, daß Ginevra und ihr Pferd eins waren, das konnte niemand verkennen. Und plötzlich griff sich Saïd an den Kopf – hörte auch schon Machmud lachend feststellen: »Sie hat die gleichen Haare wie du, Saïd! Sieh nur das Licht darin! O diese Schamlose!« Da übermannte Saïd ein unverständlicher Zorn, und er wandte sich um, hauchte wild: »Red nicht von Dingen, die du nicht verstehst, und hüte deine Zunge!« Verblüfft starrte Machmud den Freund an. Ganz einer Meinung waren sie bisher gewesen, auch was die Lautrec-Töchter anging – und jetzt plötzlich so?
Inzwischen hatte sich Jimmy Lane bereits Ginny vorgestellt und ihr zugeraunt, wer die Araber seien. Abdallah winkte seinem Neffen und dessen Freund, worauf sich beide Jünglinge leicht verneigten. Da fiel Lane auf, was Saïd so erschreckt hatte, und er sagte heiter: »Seltsam, daß in Arabien und in England die gleichen Haare auf zwei jungen Köpfen wachsen – sehne Sie, Lady Ginevra, das ist Ihr Haar, das der junge Prinz mit sich herumträgt!« Diese Bemerkung erreichte ihren Zweck, sie löste Heiterkeit aus, und alles Weitere ergab sich dann auf ganz natürliche Art.
Das jede Aufmerksamkeit beanspruchende, schwierige Ausladen der Pferde begann, was immerhin in Nottingfield noch verhältnismäßig einfach war, denn hier wußte man mit Pferden umzugehen. Obgleich keine sprachliche Verständigung möglich war, arbeiteten das Bahnpersonal und die arabischen Pferdepfleger gut zusammen. Die Ausladerampen waren bald an die Stallwagen angelegt, und Saïd verschwand, um bei Catoul zu bleiben. Vorher aber bat er Jimmy Lane: »Bitte geben Sie bekannt, daß ich mein Pferd selbst reite, und veranlassen Sie, daß auch unsere Männer die Tiere reiten dürfen. Wenn Sie selbst kein Tier dahaben, kann man Ihnen eines von uns geben. Möchten Sie das, mein fremder Freund?« Lane versprach alle Hilfe und erklärte sich glücklich, ein Pferd zu bekommen. »Wird ein Stück Arbeit sein, das Reiten, jetzt, wo sie alle so lange eingesperrt waren, nicht wahr?« Saïd sah den anderen prüfend an, mit dem messenden Blick des Reiters, erwiderte ruhig:
»Ich bin sicher, Sie wissen, was Reiten ist, und bitte nur, nicht ganz

auf europäische Art das Tier zu behandeln. Bis nachher.« Und fort war er – gefolgt von Machmud.
Lane war erstaunt über den ruhigen, gleichmäßigen Schritt, bei dem die Füße den Boden nur leicht zu berühren schienen. Welch ein Genuß mußte es sein, diesen geschmeidigen jungen Menschen auf seinem herrlichen Pferd zu sehen!
Jetzt brachten sie die großen Wagen herbei, die das Gepäck aufnehmen sollten; die Bereiter kamen, der Trainer und einer der Verwalter, der die Unterbringung der Dienerschaft leitete. Ein ganz großes Gebäude war völlig geräumt worden, damit alle Araber beisammen wohnen und ihre eigene Küche behalten konnten. Die Stallungen schlossen unmittelbar an, und ein gedeckter Gang führte von einem Gebäude zum anderen. Man war sehr stolz auf diese Einrichtung und versprach sich dadurch ein ungestörtes Zusammenleben. Langsam kamen die Pferde jetzt die Rampe herunter, ein jedes von seinem Pfleger geleitet, der Sattel und Zaumzeug über dem Arm trug. Rechts und links der Rampe standen Lord James, Ginevra und Lane, tauschten leise Bemerkungen aus und waren voll von Bewunderung für die Schönheit der edlen Pferde. Lane sagte leise: »Alles vortrefflich und sehr gutes Blut dabei; aber warten Sie, bis mein junger Prinz kommt! Da – passen Sie auf!«
Langsam, ganz langsam, als letzter kam Catoul. Saïd führte ihn, ging unmittelbar neben seinem Kopf, sprach immerzu leise murmelnd auf ihn ein. Regungslos standen die drei, hielten den Atem an; und Ginevra wußte nicht, daß sie die Hände gefaltet an den Mund gedrückt hatte in hellstem Entzücken. Sie hauchte einmal ein leises »Oh!«, getraute sich kaum zu atmen, schaute nur. Jetzt setzte Catoul die zierlichen Füße auf den festen Boden, und im nächsten Augenblick – niemand hatte recht gesehen, wie es geschehen war – saß Saïd auf seinem Rücken. Er fühlte sich zwar durch die europäische Kleidung beengt, überwand aber dieses Hindernis und beugte sich ein wenig vor, ein ganz klein wenig nur, während seine Füße sich weich an seines Pferdes Flanken legten. Lane rief: »Ohne Sattel, ohne Zügel – bei Gott, ja!« Ginny wollte irgend etwas sagen, brachte aber nichts mehr heraus, denn da waren die zwei schon fort.
Saïd hatte nur den einen Gedanken, der langen Gefangenschaft seines geliebten Tieres ein Ende zu bereiten und der eigenen zugleich. Er sah eine weite Ebene vor sich, und die wollte er durchreiten und

dann zu den anderen zurückkehren. Der Trainer Nichols hatte nicht weit entfernt von der Laderampe gestanden und Lanes Ausruf gehört. Jetzt wandte er sich um und sah – hier in Surrey, am hellen Tag – das vollkommenste Bild, das ihm als Reiter jemals vor die Augen gekommen war.

Catoul war nicht der einzige, der tagelang eingesperrt gewesen war. Er hatte Stallgefährten. Sie alle standen und sahen ihn fortlaufen. Sollte man das dulden? Durfte man es ertragen? Nein, und vielmals nein! Gut nur, daß die Männer, die ihre Tiere führten, Wüstenreiter waren! Gut, daß sie alle von frühester Kindheit an auf den blanken Rücken ihrer Tiere geritten waren, denn es war nicht auszudenken, was sich sonst begeben hätte! Im Heben und Senken eines Augenlides waren die Sättel und das Zaumzeug fortgeworfen, und ehe noch die Pferde zum ersten Sprung ansetzten, saßen die Männer schon auf ihren Rücken, mitten unter ihnen Machmud. Keiner rief, keiner gab auch nur den leisesten Laut von sich; dies hier war ja keine Fantasia, kein lautes Fest, sondern nur eine kleine Erholung nach tagelangem Eingesperrtsein. Und außerdem sollte – falls das überhaupt jemals möglich wäre – Catoul eingeholt werden. So brauste die Reiterei Arabiens dahin, nicht wild, nein, geordnet, immer etwa vier nebeneinander, und weit, weit vor ihnen das weiße Pferd.

Reglos stand Jimmy Lane, fühlte beglückt, daß dieser Augenblick einen Höhepunkt im Leben jedes Reiters darstellte, da spürte er eine leichte Berühung am Arm, wandte sich zunächst unwillig zurück, blickte aber fast unmittelbar in eines Pferdes große Augen. Ferid, der das gesattelte, unruhige Tier am Zügel hielt, murmelte: »Saïd Bey«, und wies abwechselnd auf den Braunen und auf Lane. In dem stieg eine Freudenwelle hoch, und er war voll frohen Dankes dafür, daß ihn der Märchenprinz nicht vergessen hatte; zwar bemühte er sich, Ferid seinen Dank zum Ausdruck zu bringen, aber der lachte ihn nur freudig an, und das genügte ja auch. Mit einem leichten Schwung saß Jimmy auf, fühlte, wie weich und empfindlich das Maul dieses Tieres war, und beschloß zu versuchen, auch nur mit dem Gewicht zu lenken wie die Orientalen. So ließ er die Zügel fast ganz lose liegen, neigte sich vor, wie es die Männer alle getan hatten, und schon schoß der Braune mit ihm davon, daß die Luft Jimmys Wangen peitschte, hinter den Stallgenossen her.

Es wurde für Lane einer der unvergeßlichsten Ritte seines Lebens, denn bald war auch er einer der vielen arabischen Reiter, mitten unter ihnen. Es ging in einem wunderbar gleichmäßigen Galopp auf dem elastischen Boden dahin. Nicht lange danach hörte Lane den Anruf von Lord James, der offenbar den Versuch machte, die ganze Reiterei zu den Ställen zu führen, gleich darauf flog Ginevra auf ihrem Fuchs neben ihnen dahin. Sie rief lachend ein jubelndes »Glorious!«, und das war genau das, was auch Lane empfand: Ja, wahrhaftig glorreich war dieses Erleben! Es war Lord James nicht gelungen, sich an die Spitze der Hauptgruppe zu setzen, aber Lane versuchte nun, das Wunderpferd mit dem Märchenprinzen einzuholen, wenn er auch sehr an einem Erfolg zweifelte.

Ginevras Pferd blieb weit hinter den ruhig und stetig galoppierenden Arabern zurück, da verhielt Lane sein Pferd und rief: »Welche Richtung die Ställe?« Sie wies nach links, und es war ein kleines Stück großartiger Reitkunst, daß Lane den Braunen diesen Augenblick lang nur mit einem Schenkeldruck am Stehen hielt. Kaum aber, daß der Druck sich lockerte, erreichte es das Tier, die Stallgenossen einzuholen. Lane war das recht, denn er wollte die Führung übernehmen, weil diese großartigen Reiter doch schließlich nicht gleich stundenlang hier in Surrey spazierenreiten konnten. Durch eine wahrhaft meisterliche Führung seines Pferdes brachte Lane es fertig, in einem weiten Bogen um die geschlossene Gruppe der Araber herumzusprengen und sich an die Spitze zu setzen. Diese großartige Leistung vermag nur der richtig zu beurteilen, der es selbst einmal versuchte, eine geschlossene Gruppe galoppierender Pferde zu umrunden. Da in allen Ländern der Erde Reiter neidlos das Können eines anderen würdigen, riefen sich die Araber allerlei Anerkennendes über diesen Ferenghi zu, der mit ihrem Ketir so schnell einig geworden war. Sie folgten ihm willig, als er sich, eine Hand auf des Braunen Kruppe gestützt, umwandte und nach vorn wies, und sie verstanden, daß er sie zu den Ställen führen wollte.

Die wenigen Stallburschen, die zurückgeblieben waren, hörten das Dröhnen vom Galopp vieler Pferde und eilten hinaus, zu sehen, was da so gewittergleich heranrollte. Sie hatten eine gezwungen ruhig dahertrabende Gesellschaft erwartet, nicht aber dieses kraftvolle Heranbrausen in solcher Ruhe und Ordnung. Bisher hatten sie sich nämlich orientalische Reiter als hoch in die Steigbügel gestellte schreiende Kerle vorgestellt, deren Tiere keuchend daherstürzten. Und nun jagten sie so heran, schnell zwar, aber geordnet und ganz in der Hand ihrer Reiter, von denen gewißlich kein einziger Schrei zu hören war! Von Anfang an hatten sich die arabischen Gäste damit den Respekt der englischen Stallburschen erworben.

13

Ebensowenig, wie Saïd das Reittier für den, den er »den fremden Freund« nannte, vergessen hatte, war ihm auch die Sache mit der Abendkleidung zum Speisen im Herrenhaus in Vergessenheit geraten. Während er mit Machmud und Ferid Catoul von seinen Decken befreite und vorsichtig zum Ausgang des Stallwagens geleitete, bat er Machmud, mit den Pferden zugleich bei den neuen Stallungen zu sein und dort alle Vorbereitungen zu treffen, um für sie beide einen geeigneten Wohnraum herrichten zu lassen. Machmud war mehr als einverstanden, denn er hatte den Aufenthalt in der Familie des Barons Lautrec in recht unangenehmer Erinnerung und fürchtete zudem, daß Saïd ihn wegen des reitenden Mädchens wieder so hart anfuhr, wie es schon geschehen war, und so etwas erschreckte ihn immer sehr. In der Gemeinschaft der Diener und der Pferde aber würden sie das Hosenmädchen wohl kaum zu Gesicht bekommen, hoffte er, und da könnten sie sich heimisch fühlen. So legte sich Machmud alles nach seinen Wünschen zurecht, er hatte überdies das Herumreisen gründlich satt und sehnte sich heim mit aller Kraft. Das war nicht zu verwundern, stand es ihm doch nun, nach Schükris Tod, bevor, sich als Oberhaupt seines Stammes ein neues Leben und Wirken aufzubauen. Da er dieser Entwicklung mit Ungeduld entgegensah, ersehnte er lebhaft die Beschleunigung der hier abzuwickelnden Gestütsgeschäfte und eine baldige Heimfahrt.
Während für Saïd eine neue Entwicklung in der Aufnahme von Beziehungen zu Europa begann, während er von Anbeginn den Boden Englands als freundlich empfand, drängte Machmud fort, nur fort und hörte in sich Tag und Nacht das Wort des sterbenden Schükri: »Geliebte Wüste . . .«
Machmud hatte Jimmy Lane allein der lehrreichen Beschäftigung des Wartens überlassen und beteiligte sich mit Hassan und Ferid eifrig an der Einrichtung des Raumes für sich und seinen Freund. Erschrocken

fuhr er herum, als eine ihm noch fremde Stimme in Englisch hinter ihm heiter fragte: »Was machen Sie denn da, mein arabischer Prinz? Möbelschieben?« Und da stand jenes schreckliche Etwas, das Hosenmädchen! Machmud war tief entrüstet über das, was er als eine höchst ungebührliche Einmischung in den männlichen Bereich betrachtete; und es wurde ihm schwer, die erforderliche Höflichkeit aufzubringen. Er wußte nicht, wie feindlich sein Blick war, und antwortete knapp: »Ich richte mit unseren Dienern einen Wohnraum ein für mich und meinen Freund und hoffe, es ist erlaubt?« Hinter Ginevra blickte Jimmy Lane amüsiert auf den erregten jungen Araber. Er wartete gespannt, was nun weiter geschah. Auf die mehr rhetorische Frage Machmuds erwiderte Ginevra recht bestimmt und erstaunt: »Sie tun *was?* Für sich und Ihren Freund sich hier einrichten, bei der Dienerschaft und dem Stallpersonal?! Ja, wie kommen Sie denn darauf? Das ist natürlich nicht ›erlaubt‹, wie Sie sich ausdrükken. Sie wohnen beide oben im Herrenhaus, wie sich das gehört, und überlassen diese Räume hier Ihren Leuten. Ist ja unglaublich, so was!« Jimmy Lane wunderte sich, daß zwischen den beiden jungen Leuten nicht wie bei Katzen, die eine Auseinandersetzung haben, ein deutliches Zischen hörbar wurde.

Nun muß aber Machmud zugute gehalten werden, daß es ein Orientale durchaus nicht gewohnt ist, in dieser Art von einer Frau angeredet zu werden. Selbst Jimmy Lane konnte nicht erkennen, daß es hier nicht nur um ein etwas gereiztes Gespräch, sondern gewissermaßen um die Begegnung von Ost und West ging. Wäre Machmud älter gewesen, hätte er sich nicht zum ersten Male in Europa befunden und hätte er nicht um dieses Mädchens willen schon von seinem geliebten Saïd eine harte Abfuhr erfahren, so wäre die Sache auch anders ausgegangen. So aber geschah es, daß der junge Djebelli angesichts dieser – wie ihm schien – anmaßenden Art eines fremden weiblichen Wesens, das ungefragt und unentschuldigt in einen Raum eindrang, den er als den seinen betrachtete, in hohen Zorn geriet. Er machte einen Schritt auf Ginevra zu, die vor seinem entrüsteten Blick unwillkürlich zurückwich, und forderte in seinem korrekten, etwas altmodisch anmutenden Englisch: »Wollen Sie bitte diesen Raum, in dem ein Mann wohnt, verlassen und nicht zurückkehren – ich ersuche Sie ernstlich darum.« Sprachlos vor Verblüffung gehorchte Ginevra. Jimmy Lane zog sie von hinten sanft, aber unwiderstehlich fort, schloß leise und

sorgfältig die Tür und flüsterte behutsam: »Bitte, Lady Ginevra, haben Sie die Güte, in der Sattelkammer auf mich zu warten. Ich werde ein kleines Wörtchen mit diesem Knaben sprechen und komme dann zu Ihnen herunter. Sagen Sie ihrem Vater noch nichts über die Sache, denn ich bringe das schon in Ordnung – und ärgern Sie sich nicht, das Ganze ist nur ein Mißverständnis, glauben Sie mir.«
Als Ginevra um die Biegung des Ganges verschwunden war, trat Jimmy Lane, ohne anzuklopfen, wieder bei Machmud ein – Warte, mein Bürschchen –! dachte er, aber äußerlich war er die Freundlichkeit selbst. »Mein junger Prinz, sie müssen mir erlauben, Ihnen einige Hinweise zu geben darüber, wie man sich in diesen Landen Frauen gegenüber verhält. Ich weiß, es erscheint Ihnen seltsam, wenn ein Mädchen bei Ihnen eintritt, ohne sich vorher dazu die Erlaubnis Ihrer Diener geben zu lassen. Aber bitte bedenken Sie ein wenig, daß es auch anders herum seltsam sein kann. Wollen Sie? Die junge Dame, die Sie soeben hinausgewiesen haben, ist neben ihrem Vater die Gastgeberin. Sie hat im Herrenhaus Räume bereitgestellt und findet Sie nun an der Arbeit, sich hier einzurichten. Und als sie ganz heiter fragt, was Sie da machen, wird sie von Ihnen aus ihren eigenen Räumen hinausgeworfen. Finden Sie, daß sich ein junger orientalischer Fürst so verhalten sollte?« Ehe noch der völlig überraschte Machmud antworten konnte, erklang ein leichter Schritt, und Saïd trat ein.
Er blieb beim Anblick Lanes erstaunt stehen, konnte aber nichts mehr fragen; denn eine Flut arabischer Worte ergoß sich über ihn. Die große Erregung Machmuds brachte es mit sich, daß er zum zweiten Male alle Höflichkeit vergaß und in Gegenwart eines Fremden eine diesem nicht verständliche Sprache sprach. Saïd bat den neuen Freund mit einem Lächeln um Entschuldigung und erhielt ein verstehendes Kopfnicken zur Antwort. Jimmy Lane zündete sich eine Zigarette an, lehnte sich an die Tür und war bereit zu warten, denn er hatte zu diesem Jüngling, der ein so vollendeter Reiter war, volles Vertrauen und war sicher, der würde das Ganze in Kürze wieder in Ordnung bringen. Darin sollte sich Jimmy auch nicht getäuscht haben. Nach kurzer Zeit kamen einige knappe Worte aus Saïds Mund, und der Redestrom des jungen Sünders versiegte. Beschämung malte sich auf Machmuds Zügen, und er sah sehr verlegen zu seinem ruhigen Freund hin, der die Lage völlig beherrschte.
Saïd wandte sich jetzt an Lane: »Bitte sagen Sie mir, fremder Freund:

Wie redet man die Gastgeberin an? Ich möchte mich bei ihr für meinen Freund entschuldigen. Vergeben auch Sie ihm, Freund, ich bitte Sie, denn die Sitten dieses Landes sind uns noch fremd, und es fällt uns schwer, uns darein zu finden, daß die Frauen hier anders leben als bei uns. Aber wir werden lernen und es in Demut tun – wie are going to do it humbly –« sagte Saïd und setzte dadurch Jimmy in tiefe Verlegenheit. Er merkte, daß man hier nicht entrüstet sein durfte, sondern nur vorsichtig mitfühlen und helfen mußte. Er benützte die Gelegenheit, um gleich Verschiedenes zu erklären: »Die Tochter eines Edlen, die wie Lord James den Rang eines Grafen hat, wird ›Lady‹ genannt. Der Lord selbst ›Lord‹ – also ›Lord James‹. ›My Lord‹ sagt nur der Kammerdiener, und auch die Anrede ›Sir‹ ist in diesem Falle nicht angebracht. Also ›Lady Ginevra‹ – nicht wahr? Sie befindet sich unten in der Sattelkammer, darf ich Sie hinführen, Prinz? Und wo ist Ihr herrliches Pferd? Ich würde es so sehr gerne noch einmal sehen.«
Freundlich miteinander redend, gingen Jimmy und Saïd davon. Machmud blieb zurück, zum zweitenmal war er an diesem Tage wegen des Hosenmädchens getadelt worden. Das Konto, das er gegen die ahnungslose Ginny aufstellte, wuchs und wuchs.
Saïd strich im Gehen über seine Kleidung, die natürlich durch den Ritt gelitten hatte. Er sagte etwas verlegen zu Lane: »Wissen Sie, Freund, diese Kleidung ist mir fremd, und ich fühle mich in ihr nicht wohl. Niemals werde ich darin so ordentlich aussehen wie Sie, und das ist mir sehr, sehr peinlich. Darf ich das ›Lady Ginevra‹ – so war es recht, ja? – sagen, oder verstößt es gegen die hiesigen Sitten? Bitte, sagen Sie mir etwas darüber, denn ich muß mit ihr sprechen, weil es damit zusammenhängt, daß wir uns hier einrichten wollten!«
Lane schien das alles doch etwas bedenklich, und er zog Saïd schnell in einen der Ställe und sagte: »Sehen Sie, Prinz, das ist nun auch wieder eine Frage unserer Sitten. Kommen Sie, setzen wir uns hier auf die Futterkisten, und reden Sie über diese Kleiderfrage mit mir! Ich verstehe mehr davon als Lady Ginevra, wenn sie auch Reithosen trägt. Also was ist's damit? Im übrigen möchte ich Ihnen nun endlich meinen Namen nennen, damit Sie nicht immer Freund zu mir sagen müssen – ich heiße Jimmy.«
Saïd versuchte, den Namen auszusprechen, so etwa, wie man ein fremdes Getränk über die Zunge gleiten läßt – sagte langsam: »Jihimmih – ist's das, Freund?« Lane lachte und meinte, so ungefähr sei es

recht. Und dann bekam er die traurige Sache mit den Fräcken zu hören, wie es unmöglich sei, sich in der gleichen lächerlichen Kleidung herumzubewegen, die die Diener in Speisehäusern von Marseille trugen. Das war für Lane eine neue »orientalische Lektion«, und er lernte Schwierigkeiten in Dingen zu sehen, an denen es für den Abendländer gar keine Probleme gab, ja auf die er sich womöglich noch etwas einbildete.

Ehe Jimmy auf Saïds Darstellung einging, fiel ihm blitzartig das Erlebnis eines älteren Offiziers im Sudan ein, der während eines Aufstandes zu der Zeit, da die Gegend noch von Engländern beherrscht wurde, von den Seinen abgeschnitten, in Gefangenschaft geriet und einem häßlichen Tode entgegensah; um gewissermaßen feierlichen Abschied vom Leben zu nehmen, legte er zu den wenigen Abendmahlzeiten, die ihm noch blieben, jedesmal seinen Frack an, der sich versehentlich in seinem Gepäck befunden hatte. Der Mann wurde gerettet, trug aber späterhin niemals mehr seinen Frack, der für ihn eine ganz eigene Bedeutung gewonnen hatte, sondern verzichtete lieber auf jede Gesellschaft, bei der dieses Kleidungsstück unerläßlich schien.

Sehr behutsam erzählte Jimmy diese Geschichte, und Saïds dunkle Augen ruhten fest auf ihm. Als er geendet hatte, sagte der Jüngling gedankenvoll: »Ich danke Ihnen, Jihimmih, ich habe verstanden. Diese Kleidung hat für euch hier einen tieferen Sinn, wenn auch in Frankreich drüben nicht mehr« – ein Irrtum, dem nachzugehen Lane sich hütete, da die Sache ohnedies schwierig genug zu erklären war –, »wir werden uns euren Sitten fügen. Ich bitte, bringen Sie mich nun zu Lady Ginevra, ich werde mich bei ihr entschuldigen.«

Jimmy Lane hat später erzählt, er sei niemals Zeuge einer eigenartigeren und lehrreicheren Unterhaltung gewesen. Der junge Araber kam, in seiner gewohnten Art leise schreitend, zu der Sattelkammer, wo Ginevra rauchend auf einem Haufen von Sätteln hockte, die noch nicht auf ihre Blöcke geordnet worden waren. Sie sah wenig erfreut auf, glaubte, wieder den ungezogenen Jüngling von vorher vor sich zu haben, bemerkte aber dann jenes Haar, das dem ihren so sehr glich, und erhob sich langsam von ihrem unbequemen Sitz. Saïd verneigte sich feierlich und sagte, ohne sie anzusehen: »Lady Gihenevra, ich komme, demütig Vergebung zu erflehen für meinen Freund und Bruder Machmud ibn Muled, der so unglücklich war, die erhabene Lady zu beleidigen. Er tat es in Verkennung der Sitten, die es in diesem Lande einer Lady erlauben, auch den Raum eines Mannes zu betreten, ohne irgendeines Menschen Erlaubnis dafür erbitten zu müssen. Mein Freund, Machmud ibn Muled, erbittet die Verzeihung der Lady und wird in Zukunf keinen ähnlichen Fehler mehr begehen. Kann ihm in ein oder zwei Tagen Vergebung gewährt werden?«

Ginevra hatte während dieser feierlichen Rede mehrmals zu Jimmy Lane hingesehen, aber der hatte sie durch Zeichen immer wieder zur Aufmerksamkeit aufgefordert. So ließ sie denn diese Ansprache über sich ergehen und fand es nur sehr unhöflich, daß sie dabei niemals angesehen wurde. Sie wußte nicht, daß das für den Orientalen ein Zeichen der Ehrfurcht war einer Frau gegenüber, auch nicht, daß Saïd selbst gern gesehen hätte, wie das ihm seltsam erscheinende Mädchen mit dem schwierigen Namen seine Worte aufnahm. Sie begann: »Mein Prinz, sehen Sie mich erst einmal an, denn man hat es gern, jemandem, mit dem man spricht, in die Augen zu blicken. Was Ihren Freund angeht – daß er Ihr Bruder ist, wußte ich nicht...«

Hier hob Saïd ruhig die Hand, und zu ihrem Erstaunen unterbrach Ginevra willig ihre Rede. Leise erklärte der Jüngling: »Er ist nicht von Blut mein Bruder, gehört einem anderen Stamme an, aber wir sagen von einem Menschen, den wir lieben, mein Freund und Bruder.«

»Das finde ich sehr schön. Danke für die Erklärung, und lassen wir jetzt die ganze Sache, denn es war wohl meine Schuld, weil ich unwissentlich gegen Ihre Sitten verstieß. Ich bin es also, die um Vergebung zu bitten hat. Aber, Prinz, sagen Sie mir, was sollte das heißen, daß Ihr Freund erklärte, Sie wollten dort wohnen und nicht im Herrenhaus? Es ist doch drüben alles für Sie vorbereitet, und Sie haben zwei Räume zum Schlafen, einen Baderaum und ein kleines Wohnzimmer mit einer Terrasse hinaus zum Wald. Es ist still und schön dort, während hier bei den Ställen immer Lärm herrscht. Wollen Sie nicht doch zu uns herüberkommen? Es würde mich wirklich sehr freuen.«

Gespannt wartete Lane, was der junge Araber entgegnen würde, und bemerkte dann erstaunt, wie der ganz versunken und wie träumend auf Ginevra blickte. Nichts Zudringliches lag in diesem Anschauen, zu dem Ginevra ihn ja selbst aufgefordert hatte, und leise kam es über Saïds Lippen: »Wie schade, daß Sie nicht meine Schwester sind, da wir doch das gleiche Haar haben und beide reiten! Wie sehr schade!«

Wieviel Jimmy jetzt daran lag, daß Ginnys Antwort die einer Reiterin sei, nicht die eines noch sehr jungen Mädchens! Und da geschah es: Ginevra streckte ihre kleine feste Hand aus, die sogleich von Saïds Reiterfingern umschlossen wurde, und sagte leise: »Freund und Bruder.« Die dunklen Augen sahen in die hellbraunen, Saïd hob langsam Ginnys Hand, legte sie kurz an seine Stirn und murmelte etwas auf arabisch – es war ein Segenswunsch. Dann sahen sie sich an und lachten leise. Das Reiterblut hatte Ost und West zusammengeführt.
Ginny faßte sich als erste: »Ich denke, jetzt gehen wir alle zusammen zu dem armen Jungen, der sich sicher grämt, und dann kommt Ihr doch beide hinüber, ja?« Saïd lächelte: »Wie könnte ich zu dem ersten Wunsch meiner Schwester nein sagen? Wir werden kommen und drüben die Stille genießen.«
Es ist auch für Europäer anderer Länder nicht leicht, sich in die Lebensform des englischen Landadels zu finden, ohne je Anstoß zu erregen. Einerseits ist es vielleicht sogar für einen Orientalen noch einfacher als etwa für einen Italiener oder für einen Deutschen, weil jener schon von seiner Heimat her an eine starke Betonung alles Formellen gewohnt ist. Andererseits aber gibt es in Großbritannien auch so viel scheinbare Formlosigkeit, daß gerade der Orientale besondere Mühe hat, immer das Richtige zu treffen. Saïd und Machmud oblag es nun, sich nach jeder Richtung hin dieser fremden Lebensart einzufügen. Saïd tat es mit der ihm eigenen Ruhe dem Unabwendbaren gegenüber, zudem erfüllt von einer Art Wissensdurst, dieses neue Leben wirklich kennenzulernen. Er hatte das reitende Mädchen, dessen Haar dem seinen glich, »Schwester« genannt, und diese Bezeichnung bedeutet sehr viel für einen Mohammedaner, denn sie gewährt Schutz und Ehrfurcht und verlangt einen hohen Grad von Fürsorge. Da Saïd in der Gleichheit der Haarfarbe einen Wink des Kismets erblickte, war er bereit, die Verantwortung auf sich zu nehmen – so seltsam das auch klingen mag – und einer Ferenghi Rechte einzuräumen, wie sie später seine kleinen Schwester Leila von ihm beanspruchen durfte. Deshalb nahm Saïd Ginevra zuliebe die Unbequemlichkeit des Lebens in diesem Hause à la franca auf sich. Er hatte es darum viel leichter als Machmud, der sich gewissermaßen von dem Freund verraten fühlte, aber auch er mußte zugeben, daß es in den weiten Räumen, die ihnen für einige Zeit gehören sollten, schön sei, und der große Baderaum beglückte die zwei Jünglinge ebenso wie jene Ter-

rasse zum Walde hin. Daß der Druck auf einen Knopf in der Wand Ferid herbeibrachte oder Hassan, das machte das Ganze noch erträglicher, und die zwei Getreuen berichteten zudem, daß man sehr freundlich zu ihnen sei und die Verständigung Fortschritte mache. Ferid bedauerte sogar, daß er nicht in dem erstaunlich geräumigen Bett in seinem Zimmer schlafen konnte, weil er – wie es sich von selbst verstand – bei Catoul wachte. Saïd erklärte darauf, daß sie sich bei der Wache abwechseln könnten, und Machmud ergriff begeistert die Gelegenheit, um der ihm aufgezwungenen Umgebung zu entgehen, und übernahm ebenfalls eine Nachtwache. Natürlich bestand auch Hassan auf seinem Recht, und so konnte oder mußte denn ein jeder drei Nächte lang ungestört im Herrenhaus schlafen, während er die vierte bei Catoul im Heu verbrachte.

Jetzt, an diesem ersten Abend, nachdem Saïd und Machmud ihr Bad beendet hatten, standen sie alle vier vor den beiden Fräcken, die die kundige Hand von Abdallahs höchnäsigem Kammerdiener bereitgelegt hatte. Da klopfte es:

»Geh sehen, wer es ist und was man will, Hassan«, befahl Saïd. In der Tür stand Jimmy Lane, bereits umgekleidet, und blickte erheitert auf die vier. In ihrer tiefen Hilflosigkeit wirkten sie wie Trauernde, die ergriffen irgendwelche Andenken betrachten. Ein tolles Lachen packte ihn, er rief: »Hier kommt der Freund und Helfer, oh, ihr armen Opfer, um euch in die Opferkleidung zu hüllen.« Mit einer seiner frohen Bewegungen, die manchmal seine ernste Gemessenheit ablösten, lief Saïd auf »Jihimmih« zu, packte ihn bei den Schultern, schüttelte ihn, rief: »Wirklich, ein Helfer – o Freund Jihimmih, sei uns vielfach willkommen! Hier stehen wir, um dir zu gehorsamen!«

Wenn seine englische Sprache von den jungen Arabern so sorgfältig gesprochen wurde, mit den vielen altmodischen Redewendungen, auf die der Professor in Damaskus so stolz gewesen war, dann fiel Jimmy Lane die Schönheit seiner Muttersprache immer erst richtig auf; und auch für diese Entdeckung war er Saïd dankbar. Er verbeugte sich jetzt spaßhaft feierlich, kreuzte die Hände auf den Schultern und sagte mit düsterer Stimme, als spräche er aus einem Kellerloch:

»Erhabener Scheich, dein Diener kam, dich einzukleiden, wolle es ihm erlauben, an die Arbeit zu gehen.« Saïd streckte die Hand gnädig gewährend aus, erklärte tiefernst: »Tu es, Niederer!« Hier mußte sogar der noch immer düster gestimmte Machmud lachen; und so be-

gann die gefürchtete Zeremonie unter Scherz und Heiterkeit, wobei Ferid und Hassan nur noch stumme Zuschauer waren.
Nach dem soeben Erlebten war Lane doppelt froh, daß er noch daran gedacht hatte, Lord James darauf aufmerksam zu machen, daß den Arabern kein Wein eingeschenkt werden dürfe, und so wurde eine Karaffe mit Wasser neben ihre Gedecke gestellt. Noch ahnte Jimmy nicht, daß er trotz aller Bemühungen eine Schwierigkeit übersehen hatte.
Der Schock erfolgte, als Ginevra in einem einfachen schwarzen Abendkleid – wie üblich dekolletiert, eine Blume am Ausschnitt – erschien. Machmud starrte voller Entsetzen auf das Mädchen. Nur einmal hatte er ähnlich »schamlose Weiber« – wie er sie bei sich nannte – gesehen, die sich so unverhüllt zeigten. Das war in jenem Restaurant in Marseille gewesen, in das sie Abdallah damals geführt hatte. Er packte Saïd am Arm, flüsterte ihm zu: »Gehen wir, o mein Bruder, laß uns fort von hier!« Aber Saïd schüttelte ihn ab, und so, als werde er gezogen, ging er auf Ginny zu, die ihn erst erfreut, dann aber bange kommen sah. Er blickte zur Seite, sah auf einem kleinen Tisch ein Seidentuch liegen, riß es an sich und legte Ginevra mit einem wirklich zärtlichen Lächeln das Tuch um den Hals, flüsterte: »Erlaube, daß ich dich verhülle, meine Schwester.« Zwar konnte sie die arabisch gesprochenen Worte nicht verstehen, aber es stand etwas für Ginevra Earlborough völlig Neues und Fremdes in Saïds Blick, das sie veranlaßte, das Seidentuch mit einer Hand am Halse festzuhalten und ebenfalls leise zu sagen: »Danke, Freund und Bruder!« Saïd verneigte sich und trat lächelnd zurück.
Starr vor Staunen hatten Lord James und Jimmy Lane dieses außerordentliche Geschehen mit angesehen. Diejenige, die die Situation beherrschte, war Ginevra. Sie wandte sich zu einem Diener um: »Bitte, Soames, lassen Sie sich von Kitty eine dunkle Brosche geben, und bringen Sie sie mir dann.« Zu ihrem Vater gewendet, bemerkte sie: »Daddy, ich habe mich heute beim Reiten etwas verkühlt, das wußte mein Freund und Bruder hier, daher seine Fürsorge.« Dabei legte sie ihre Hand in den Arm von Saïd, der als der höchstgestellte Gast die Tochter des Hauses zu führen hatte und sich von ihr nach einem erstaunten Seitenblick auch willig führen ließ. Lord James begriff gar nichts mehr, denn niemals noch hatte Ginny in all den langen Jahren etwas wie eine Erkältung gehabt. Und warum nannte sie den Araber

»Freund und Bruder«? Jimmy Lane aber begann, Ginevra gerade in diesem Augenblick zu lieben, mit einer tiefen und ruhigen Liebe, die geboren wurde aus der Bewunderung für einen überlegenen Herzenstakt, gepaart mit erstaunlicher Geistesgegenwart. Es war eine Liebe, die ein langes und reiches Reiterleben hindurch bestehen bleiben sollte.

14

Saïd und Machmud hatten geglaubt, nach diesem ersten Tage schon etwas vom Leben der Europäer kennengelernt zu haben. Sie bemerkten aber bald, wie sehr sie sich getäuscht hatten, denn immer wieder ereignete sich Neues und Fremdes. Zunächst aber setzte sich die Freude des schönen, stillen Abends auf ihre Terrasse für Saïd am nächsten Morgen fort: Hassan brachte ihm einen Brief des Vaters, den der hochnäsige französische Kammerdiener Abdallahs »vergessen« hatte weiterzugeben. Mit diesem Schatz auf der bloßen Brust unter dem leichten Seidenhemd lief Saïd in aller Morgenfrühe zu seinem Catoul, und Hassan, der die Nacht über bei dem kostbaren Tier gewacht hatte, ging in seine Kammer, den verlorenen Schlaf nachzuholen. Nun begrüßten sich Tier und Mensch wie jeden Morgen mit Wort und Gebärde. Darauf holte Saïd den kleinen Gebetsteppich aus dem Versteck in der Haferkiste hervor, breitete ihn neben Catoul aus und verrichtete sein Morgengebet. Es war noch sehr früh am Tage, vielleicht rief der Imam daheim gerade den Morgen-Azan aus. Saïd war glücklich, den Tag auch hier auf die gleiche Art beginnen zu können wie in der Wüste, und glaubte sich unbeobachtet. Doch darin irrte er. Ein kleiner Stallbursche war neugierig herbeigeschlichen, um das berühmte Pferd zu betrachten, aber was er sah, ließ ihn alles andere vergessen. Da lag der fremde Prinz, wie sie ihn nannten, auf den Knien, erhob die Arme, beugte sich wieder nieder und machte allerlei seltsame Bewegungen. Der Bub aus Surrey in England erkannte, daß der Fremde betete, wenn er es auch auf seltsame Art tat. Versteckt hinter dem Futterkasten, rührte sich der kleine Bursche nicht, und so fremd ihm auch alles vorkam, so spürte er doch etwas wie Andacht, denn im Gesicht des Fremden bemerkte er einen Ausdruck tiefen Ernstes und völliger Entrücktheit. Der Bub schlich sich scheu wieder fort und sprach zu niemandem von dem, was er belauscht hatte, denn ihn hatte etwas angerührt, wovon zu sprechen er sich scheute.

Saïd, der sich noch immer unbelauscht glaubte, erhob sich freudig aus seinem Gebet, sattelte Catoul und sprengte mit ihm in die Morgenfrühe hinaus, erfreut, daß das Land hier doch immerhin eine gewisse Weite bot. Saïd hörte nichts von dem fernen Pfiff des ersten Zuges, der auf der kleinen Station in Nottingfield ankam, und er wußte nichts davon, daß sich ein großer Teil von Jimmys Kollegen in den zwei Wagen des Frühzuges zusammendrückte, nichts davon, daß sich außerdem auf der Landstraße eine lange Wagenkolonne herbeischlängelte.

Als Saïd nach einer Stunde friedlich im Schritt zurückgeritten kam, um sich auf der Terrasse irgend etwas zum Frühstück geben zu lassen, sobald Catoul abgerieben, gestriegelt und nochmals gefüttert wäre, glaubte er den Weg verfehlt zu haben, denn das Volksgewimmel, das sich auf ihn stürzte, erschien ihm völlig fremd, um so mehr, als sich dieses Mal unter den Reportern nicht nur Pferdekenner befanden, sondern auch solche, die nur Sensationen einfangen wollten. Wenn aber sehr viele Menschen plötzlich laut reden und Schreibblöcke in den Händen schwingend vor einem hoch empfindlichen Pferd auftauchen, das bereits allerlei Nervenproben hinter sich hat, so kann es nicht ausbleiben, daß dieses Tier sich seiner Haut wehrt, und das tat Catoul. Er stieg, und das trieb bereits einige der unternehmungslustigen Herren in die Flucht, aber dann sprengte er mitten unter sie, so als sei der Platz völlig menschenleer, und ein unbeschreibliches Durcheinander entstand. Saïd hatte alle Mühe, ein tolles Lachen zu bezwingen, aber sehr wohl war ihm trotzdem nicht zumute, denn es konnte ja immerhin sein, daß jemand verletzt worden war, und das wäre Saïd zwar vom Standpunkt des Reiters aus ganz erwünscht gewesen, mußte aber von dem des Gastes aus anders angesehen werden. Zum Glück war nicht viel geschehen, außer daß verschiedene der meist jungen Zeitungsleute sich unsanft auf den Boden gesetzt hatten, von wo sie lachend wieder aufstanden. Über die Art aber, wie der Reiter bei alldem förmlich auf seinem Pferd geklebt hatte, gab es nur eine Stimme der Bewunderung auch derer, die wenig vom Reiten verstanden.

Die Journalisten standen dann beisammen und berieten, was sie unternehmen könnten, als Lane gemütlich vom Herrenhause hergeschlendert kam, pfeifend, die Hände in den Taschen, ein glücklicher Mann, der soeben mit Ginny und ihrem Vater ausgiebig gefrühstückt hatte. Natürlich war er bald von seinen Kollegen eingekreist und sollte berichten.

Hinter einer Stalltür versteckt, hatte Ferid das alles beobachtet und ließ Saïd sogleich melden, er könne jetzt unbemerkt hinter den Ställen entlang zum Herrenhaus zurückgelangen, während er, Ferid, Catoul in seine Box brächte und versorgte, Jimmy würde wohl allein mit den Zeitungsleuten fertig werden. Saïd gelangte auch wirklich unbemerkt bis zum Herrenhaus und war erfreut, Machmud auf der Terrasse beim Frühstück anzutreffen. Er nahm gern eine Tasse Tee mit ihm, wandte sich aber reichlich entsetzt von den vielen Schüsseln ab, die auf einem rollbaren Tisch bereitgestellt waren und unter ihren Silberdeckeln allerlei enthielten, was dem Muslim zu essen nicht erlaubt ist. Schon die ihm fremdartig erscheinende Butter ist dem Orientalen unerfreulich, und so blieb den beiden hungrigen Jünglingen von all der reichen Auswahl kaum etwas übrig, ihre Eßlust daran zu stillen.

Saïd beruhigte den etwas unzufriedenen Machmud: »Ich werde mit Jihimmih sprechen; und morgen wird man uns viele Früchte bringen, die uns sättigen, für jetzt essen wir nur helles Brot und denken an die Heimat dabei, dann kann es uns genügen. Ich muß dir einiges berichten, darüber du lachen wirst.«

Und Saïd erzählte von den Männern, die Catoul umgeritten hatte. »Wie sind diese Menschen hier erheiternd, mein Bruder Machmud – sich – was ist das!? Gib acht – ein Kopf ist dort!«

Machmud wandte sich schnell um, rief etwas, doch Saïd drückte ihm die Hand nieder, die den Dolch schon hielt, den Machmud so unfehlbar zu werfen verstand. Der große Unterschied zwischen diesen beiden Freunden war wieder einmal deutlich geworden, denn der eine verstand zu lachen, der andere dagegen nahm alles ernst und befand sich immer in Gegenwehr. Diesmal schien die Auflösung leicht, denn Saïd ging auf den Kopf zu, der sich über die Balustrade der Terrasse geschoben hatte, reichte seine Hand hinunter und erlaubte lachend: »Kommen Sie herauf! Machmud, hilf an der anderen Seite! Sie sind gerade zur rechten Zeit erschienen für das Frühstück, das wir nicht aufessen. Sie sind sicher schon sehr früh von London fortgefahren und sind hungrig, ja? Setzen Sie sich dorthin, da können Sie sehen, ob noch mehr von Ihren Kollegen desselben Weges kommen wie Sie.

Machmud, läute doch, ich bitte dich, daß man noch eine Tasse für unseren Gast bringe. Rauchen Sie inzwischen? Oh, Machmud, da sind doch irgendwo diese englischen Zigaretten, die geben wir ihm, ja?«

Saïd hatte seine Rede so ausgedehnt, um dem jungen Manne, der nicht viel älter sein konnte als Ginevra, alles Unbehagen zu nehmen, und das war ebenso klug wie gütig gedacht.

Der junge Gilbert Hayes war übrigens heute nur eben so mitgekommen und war bis jetzt überzeugt gewesen davon, daß ihm die älteren Kollegen kein Krümchen von dem hier vorhandenen prächtigen Kuchen lassen würden. Dabei kam es doch so sehr darauf an, daß er den Posten bei der »Abend-Zeitung« bekam, für den er heute eine Probe seines Könnens liefern sollte! Und nun bemühte sich wahrhaftig dieser ganz bezaubernde Prinz mit dem leuchtenden Haar selbst um ihn!

Said lächelte: »Ich irre doch nicht, wenn ich denke, daß Sie einiges von mir erfahren möchten, ja? Nun, ich will es Ihnen erzählen, das ist besser, als wenn Sie fragen. Also hören Sie mir zu, und schreiben Sie sich alles auf, dann sind Sie der erste von allen anderen – ist das gut, ja?« Gilbert Hayes konnte nicht antworten, er nickte nur. Diese Güte überwältigte ihn, sie bedeutete die erste wirkliche Hilfe, die ihm in seinem Beruf zuteil wurde. Es war dann alles so einfach: Saïd sprach vor sich hin, er gab sich auf diese Art selbst Rechenschaft über das, was sie eigentlich taten und was sie wollten; Gilbert Hayes, ein vorzüglicher Stenograf, kam ausgezeichnet mit.

Saïd berichtete von des Großvaters Plänen, die zu dem Unternehmen geführt hatten. Er bekannte sich zu der Notwendigkeit, daß sich die Wüstenbewohner trotz der alten Sitten und Gebräuche der neuen Zeit anpaßten, und nannte drei Möglichkeiten dafür: entweder sie stiegen in das Ölgeschäft ein, oder sie verkauften Autos, oder aber, und das war das Naturgemäße, sie widmeten sich der Pferdezucht, und so hatte es der Große alte Scheich genial vorausbestimmt, daß wie in längstvergangenen Jahren wieder die Mischung mit dem Edelblut der Pferde Englands angestrebt werden sollte. Daß man diesmal einen besonders kenntlich gemachten Pferdezug zum Transport benutzt hatte, bedeutete natürlich nur eine Reklame, die beim erstenmal nötig schien; ein andermal müsse eben dann von England aus etwas unternommen werden, sagte Saïd, denn sie kämen bestimmt nicht so schnell wieder her. Erstens strenge eine solche Reise die Pferde viel zu

sehr an, und zweitens sei die Sache äußerst kostspielig – auch wenn, wie diesmal, die Regierung sich an den Kosten beteilige. Davon, wie quälend das Leben in Europa auf dem engen Raume dieses Kontinents für die Wüstenbewohner sei, solle nicht gesprochen werden, nicht von den fremden Sitten, nicht vom Lärm und der Hast. Das alles sei schrecklich und kaum zu ertragen!
Hier endlich fragte Gilbert dazwischen, scheu, da er den Orient nur aus Büchern kannte: »Ich glaubte, Prinz, gerade im Orient herrsche viel Lärm, werde viel gerufen und geredet – ist dem denn nicht so?«
Saïd lachte: »O ja, man redet viel bei uns, wenn es um den Handel geht, wenn eine Karawane entladen wird oder wenn Kamele aufstehen sollen. Auch in den Basaren herrscht lärmendes Treiben. Aber wir haben Zeit, mein Freund. Hier ist der Lärm voll Hast, bei uns ist er gemächlich. Einer, der unsere Sprache nicht versteht, meint oft, wir zürnten einander, wir hätten Streit – aber nein – wir freuen uns nur daran, lebhaft miteinander zu reden. Und wir hasten nicht. Bei einem Handel reichen wir einander Kaweh, rauchen zusammen, tun zwar, als seien wir Gegner, während wir nur miteinander spielen – ein kleines Spiel geschickter Wortwendungen, das ist's, und das Zeithaben dafür. Hier wird man müde, ohne etwas erreicht zu haben, weil die schreckliche Eile zu spüren ist bei allem, was betrieben wird. Das, mein Freund, ist der große Unterschied zwischen Ihnen und uns.«
Saïd schwieg. Gilber Hayes saß noch einen Augenblick reglos da, starrte diesen Jüngling an, der ihm einen der besten Artikel vermittelt hatte, den ein Journalistenherz sich wünschen konnte, und sprang dann hastig auf. Saïd sah erschreckt hoch, erhob sich dann ebenfalls und bemerkte lachend: »Sehen Sie, mein Freund, nun packt auch Sie die Eile – was ist's? Sie wollen ans Telefon, nicht wahr? Kommen Sie, ich bringe Sie hin.« Auf dem Wege durch das weitläufige Haus zu einem der zahlreichen Telefone stotterte Gilbert seine heiße Dankbarkeit hervor, Saïd wischte das alles mit einer leichten Geste beiseite, freute sich aber an des jungen Menschen Glück und legte sonst dem Ganzen keinen besonderen Wert bei. Er wußte nicht, daß er durch diesen Bericht, der dem jungen Gilbert die ersehnte Anstellung verschaffte, zu einer Berühmtheit wurde. »Der Pferdeprinz« hieß er von da an, und die drei Wochen in Earlborough verlangten von Saïd manchen listigen Plan, um den Reportern aller Art zu entgehen.
Doch das lag alles noch in einiger Ferne, während für die nächsten

Tage den beiden Jünglingen eine freudige Aufregung bevorstand. Zunächst konnte nun endlich der schon lang geplante Ritt mit Ginny stattfinden. Das »Jihimmih« mit von der Partie war, erfreute Saïd besonders, denn es bot ihm Gelegenheit, mit diesem die verschiedenen Arten des Reitens zu besprechen und zu erproben, wie sie in Europa und Arabien geübt wurden. Da waren der andere Sitz, die weichere Zügelführung, ja und hauptsächlich eben die Tatsache, daß die vertrauten Pferde auf des Reiters Wort achteten, sich davon führen und beeinflussen ließen. Saïd zeigte seinen beiden Begleitern, wie Catoul, ohne daß er den Zügel berührte, alle seine Befehle ausführte. Reglos auf ihren Tieren sitzend, sahen Ginevra und Jimmy Lane zu und konnten vor Bewunderung für Pferd und Reiter kein Wort hervorbringen. Der weitere Ausritt wurde ein beglückendes Erlebnis für sie alle drei.

Am gleichen Abend noch telefonierte Lane seinem Blatt einen Bericht über die verschiedenen Ereignisse und Beobachtungen, und am Morgen darauf herrschte in einem nicht sehr weit entfernten internationalen Jugendlager größte Aufregung. Es entwickelte sich für Machmud und Saïd ein Erlebnis, das sie für kurze Zeit Europa vergessen ließ und ihnen die ersehnte Heimat näherbrachte.

Noch immer hatte Saïd keine Gelegenheit gefunden, mit dem Freund Jimmy über all das zu sprechen, was er nach jenem ersten Nachtessen empfunden hatte, da er die innige Übereinstimmung zwischen ihm und seiner »Schwester« Ginevra erspürte. Endlich, am nächsten Morgen dann, gelang es ihm, Jimmys bei den Ställen habhaft zu werden, und zwar in der Box von Catoul. Saïd und Machmud hatten das Frühstück mit ihren Leuten zusammen eingenommen, und eben wollte Saïd Catoul zum zweiten Ritt satteln, als er Jimmy sah. Wenn Saïd die Absicht hatte, mit dem Manne, den er als Freund empfand, über eine Heiratsmöglichkeit mit dem Mädchen zu sprechen, das er »Schwester« nannte, so war das übrigens für ihn in keiner Weise etwas Außergewöhnliches, denn über derartige Absichten und Pläne zu reden, bedeutet für den Moslim eine Selbstverständlichkeit, sofern eine nähere Beziehung zu einem der Beteiligten besteht. Sahen zwar Ginny und Lane die plötzliche Schwesternschaft als einen liebenswürdigen Scherz an, so war es Saïd damit doch sehr ernst. Er wollte in diesem Augenblick nichts anderes, als Lane seine Freude zum Ausdruck bringen, und hatte keine Ahnung, was er damit anrichtete.

Jetzt rief er Lane an, sagte halblaut: »Ich freue mich so sehr, mein Freund, daß wir uns bald noch näher sein werden, wenn Sie die so liebenswerte Schwester zu Ihrer Frau machen. Sie müssen dann bald zu uns hinauskommen, damit Sie dort mein Gast sind mit Ihrer Frau und wir zusammen in der Wüste reiten können. Wollen Sie mir das versprechen, Freund?«
Lane starrte den jungen Araber fassungslos an und wollte ihn eben zurechtweisen für das, was er bei sich anmaßende, unverschämte Einmischung nannte, als er noch einen Blick in das Gesicht Saïds tat. Dort lebte so viel ruhige Freundlichkeit, daß der Europäer unsicher wurde. »Was meinen Sie denn, Prinz? Wie kommen Sie darauf?«
Saïd lächelte und gab mit einem alten arabischen Sprichtwort Antwort: »Dem Dürstenden, der zur Quelle eilt, sieht auch die Ameise, die seinen Weg kreuzt, den Durst an – wie ebenso der Falke, der über ihn fortfliegt, o Freund.«
Da konnte Jimmy nicht mehr zürnen. Er fühlte die fremde Welt, wie sie Ginevra schon gefühlt hatte, und antwortete einfach: »Wir werden kommen, Prinz, und zusammen durch die Wüste reiten. Ich danke Ihnen.«
Saïd murmelte auf arabisch: »Sei dein Weg gesegnet«, und wandte sich ab. Dieses Gespräch war für ihn beendet, und er schickte sich nun an, sein Pferd zu satteln.

Etwa zur gleichen Stunde fand Lord James in der Halle von Earlborough einige höfliche junge Männer vor, noch Jünglinge fast, die ihn in ihrer zurückhaltenden Ruhe an Saïd erinnerten. Sie verneigten sich so tief, wie der es zu tun pflegte, und einer von den sechs oder sieben trat vor und sagte in ähnlichem Englisch, wie Saïd es sprach:
»Vergeben Sie, my Lord, aber es stimmt doch, daß Saïd ibn Fasal von den Beni Hussein sich mit seinem Pferd Catoul hier bei Ihnen befindet?« Lord James, der Saïds vollen Namen und auch den seines Stammes noch niemals gehört hatte, sah den Jüngling etwas ratlos an: »Wenn Sie den arabischen Prinzen Saïd meinen, ja, der ist hier. Wollten Sie ihn sprechen? Sind Sie befreundet?« Der Jüngling lächelte höflich, gab zur Antwort: »Wir kommen auch aus Arabien und befinden uns gegenwärtig in dem internationalen Jugendlager nicht weit von London. Wir lasen heute früh in der Zeitung, daß Saïd ibn Fasal hier sei und sein berühmter Catoul mit ihm, so machten wir uns so-

gleich auf, ihn zu besuchen. Erlauben Sie, my Lord, daß wir Ihnen damit lästig fallen? Es ist ein so großes Glück für uns, in der Fremde einen Landsmann zu finden. Und das Pferd, o dieser berühmte Catoul! Um ihn zu sehen, reist man bei uns viele Tage, my Lord. Welch ein großes Glück!« Während der junge Mensch sprach, waren seine Freunde näher gekommen, und ihr Gesichtsausdruck, ihr Lächeln, alles an ihnen unterstützte dic Worte ihres Sprechers. Lord James erkannte jetzt deutlich, daß diese Fremden die gleiche Heimat haben mußten wie Saïd. Etwas aber überraschte ihn besonders, denn er wußte zwar, daß Catoul von erlesener Schönheit war, aber von seiner Berühmtheit selbst in der fernen Wüste hatte er nichts geahnt. Das Herz des Pferdemannes begann heftig zu kloppfen, und eine hohe Erregung stieg in ihm auf. Er wies auf die vielen Stühle, die in der großen Halle herumstanden, sagte liebenswürdig: »Aber bitte, setzen Sie sich doch erst einen Augenblick! Ich werde Prinz Saïd gleich suchen lassen, glaube aber, er ist ausgeritten. Sie müssen mir erst noch etwas von diesem Pferde erzählen. Ich wußte das alles nicht so genau, was Sie da erwähnten. Oh, George! Lassen Sie doch den Prinzen Saïd suchen, bitte. Ja, also – über Catoul – ich höre!«
Und nun berichteten eifrige junge Araber begeistert von der großen Saga über jene Pferde mit dem Namen Catoul, wie sie durch die Generationen immer weiterging; und besonders von diesem hier, dem Sechsten seines Stammes. Sie erzählten auch von Saïds Großvater, dem letzten der großen Wüstenrichter. Dieses Treffen im fremden Lande, dieser herrlichste Gruß der fernen Heimat: der Anblick Catouls, des Wunderbaren – das alles sei fast zuviel der Freude!
Ein guter Zufall wollte es, daß der junge Sprecher eben seinen Bericht beendet hatte, als Machmud die große Freitreppe herabkam. Er blieb wie angewurzelt stehen, als er immer wieder den Namen Catoul vernahm, und auch die Sprechart des Englischen schien ihm irgendwie bekannt, sein Herz hämmerte plötzlich wild. War es möglich, daß er hier Landsleute sprechen hörte? Nicht auszudenken, wie herrlich das wäre! Machmud stieß einen einzigen arabischen Anruf aus, und sogleich wandten sich alle Köpfe zu ihm. Die höflichen Jünglinge vergaßen alles, was sie der Anwesenheit des Hausherrn schuldig waren, sprangen auf und stürzten auf Machmud zu. Hatte die ehrwürdige Halle von Earlborough schon jemals so viel arabische Freude erlebt innerhalb der uralten Mauern? Es ist mehr als zweifelhaft. Lord Ja-

mes war für den Augenblick vergessen, aber er verübelte es den Jünglingen nicht.
Saïd war zu dieser Zeit auf der Koppel und ließ Catoul springen. Er hatte Lane und Ginny allein gelassen und ahnte kaum, wie gut das für beide war und wieviel Freude es ihnen brachte. Auf dem Weg zu einem kleinen See nämlich, der zu Füßen der sanften Surrey-Hügel eingebettet lag in lauter Blühen und Sprießen, sagte Jimmy Lane ganz ruhig: »Wissen Sie, Ginny, daß ich eine Einladung bekommen habe, auf der Hochzeitsreise in Saïds Wüste haltzumachen?«
Die Wirkung dieser Worte bestand zunächst darin, daß Ginnys Pferd einen wilden Satz zur Seite machte, weil ein gänzlich ungewohnter Tritt es in die Flanke traf. Dann sagte Ginevra mit eisiger Stimme: »Wie nett für Sie! Und viele Glückwünsche! Ich wußte es ja gar nicht, daß Sie verlobt sind.«
Jimmy Lane, unbewußt grausam und das als witzig empfindend, gab zur Antwort: »Wußte ich auch nicht. Bin's noch nicht, werde es aber, so denke ich, bald sein. Daß heißt, nur dann, wenn Sie mit mir auf die Hochzeitsreise kommen – wollen Sie, Ginevra?«
Ginny, die Schneidige, die Sichere, verlor alle Beherrschung. Sie legte der Stute die Zügel auf den Hals, schlug die Hände vors Gesicht und brach in Tränen aus. Zu Tode erschrocken packte Lane zuerst die Zügel der braven Stute Elaine, die erschreckt stehengeblieben war, und beugte sich dann von seinem Pferd herüber: »Um Gottes willen, Ginny, was ist denn? Ist das so beleidigend, was ich gesagt habe – ist es so schlimm? Oh, Ginny, ich wollte doch nichts Schlechtes! Bitte nicht weinen! Was habe ich denn nur getan? So schau mich doch an, Ginny, bitte!«
Da löste ein ganz leises, kaum vernehmbares Lachen die Tränen ab, und Ginny ließ die Hände sinken, griff nach den Zügeln, strahlte: »Danke schön, Elaine, daß du stehengeblieben bist – und du, Jimmy Lane, du grauenerregendes Ungeheuer, das Freude daran hat, ein armes Mädchen zu erschrecken, du wirst verurteilt, zur Buße deiner Untaten in die Wüste – hörst du – in die Wüste zu gehen, zur Buße!«
Jimmy beugte sich schnell herüber und küßte ihr Haar. »Dieser Kuß galt eigentlich Saïds Haar, denn er, der sich zu deinem Bruder erklärt hat, gab mir heute früh den Stoß – er hatte das von uns eher gewußt als ich, der Gute, der Gesegnete!« Dann gaben sie beide ihren Tieren die Zügel frei und ritten lachend dahin, einem Leben der Freude entgegen, zwei Reiter und ein Gedanke!

15

Saïd genoß die wunderbare Ruhe von Catouls Sprüngen. Er sprach zu ihm, halblaut, nahezu singend: »Fliege, mein schönes Tier, ja, fliege mit mir! Bald sind wir wieder in der Heimat und haben die Wüste vor uns – noch einmal: Fliege, o mein Catoul!« Der Reiter sah nicht, daß am Rande der Koppel junge Menschen standen, deren Herzen mit jedem Heben und Senken des weißen Pferdeleibes schlugen, deren Augen keine seiner Bewegungen verloren. Machmud hatte die Landsleute zur Koppel gebracht, und Lord James war mit ihnen gekommen; denn nun sah auch er das berühmte Pferd mit noch ganz anderen Augen an und begriff jetzt erst ganz, was so ein Tier bedeuten konnte und wie sehr glücklich er sich schätzen mußte, daß es sich hier unter seinem Schutze befand. In diesem Augenblick kam James Earlborough ein Gedanke, der seinen Namen auf lange Zeit berühmt machen sollte bei allen denen, die etwas vom Reiten verstanden und Pferde liebten. Er wandte sich an den ihm zunächst stehenden Jüngling: »Sie reiten?«

Der nickte erstaunt: »Gewiß, welcher Araber täte es nicht?«

Lord James nickte auch, fragte, wie vor sich hin sprechend: »Halten Sie es für möglich, daß Sie und Ihre Freunde auf den Pferden, die mitkamen, hier ein arabisches Reiterfest veranstalten könnten mit Catoul als Mittelpunkt?«

Der Jüngling starrte den Lord erst sprachlos an, schrie dann in Arabisch ausbrechend, wild begeistert: »Fantasia – Fantasia!«

Diesem Ruf antwortete zunächst vollkommenes Schweigen, dann aber ein Ausbruch so maßloser Begeisterung, daß Lord James kaum mehr wußte, ob er sich in England oder in der Fremde befand.

Der beseligte Schrei der Sehnsucht nach der Heimat hatte Saïd erreicht, mochte er noch so sehr mit Catoul beschäftigt sein. Er traute seinen Ohren nicht, wandte sich zurück, sah unverkennbare Landsleute, die winkten und riefen, hörte endlich wieder die heimatliche Sprache und brachte Catoul mit einigen kurzen Galoppsprüngen an das Koppelgitter heran. Strahlend sah er sich um: »Was habt ihr gerufen, Freunde und Brüder? Fantasia rieft ihr? Und wie kommt es, daß ihr so gesegnet hier seid, in der kalten Fremde, oh, Freunde und Brüder?!« Denn war es auch ein besonders warmer Tag für Surrey, so hatte Saïd doch eine andere Kälte im Sinn; und sie alle verstanden ihn. Zwar drängten sie sich an die Umzäunung; aber sie bewiesen, daß sie Reiter waren, und versuchten nicht, das Pferd zu berühren und dadurch etwa zu erregen, aber eine Flut arabischer Worte ergoß sich über Saïd. Er neigte den Kopf, so wie man es tut, wenn man sich eine warme Welle über den Nacken fließen läßt – ihm war wohl, o wie wohl ihm war!

Fremd und vergessen stand Lord James auf seinem eigenen Grund und Boden dabei, dann fragte Saïd genauer: »Was war es, Brüder, daß ihr von einer Fantasia rieft? Einer nur spreche, ich beschwöre euch, denn so verstehe ich euch nicht, und ich wüßte gern, was ihr sagtet und woher mir der Segen eurer Anwesenheit kommt.«

Jetzt trat der Jüngling vor, der bereits dem Engländer gegenüber Sprecher gewesen war, erklärte freudig: »O Saïd ibn Fasal, wir lasen am heutigen Morgen in einer Zeitung, du seiest hier mit Catoul, dem Berühmten, der unser aller Stolz ist; und so kamen wir dich suchen. Soeben aber sagte der Herr dieses Bodens, wir sollten hier alle zusammen eine Fantasia abhalten. Was meinst du, ginge es und hättest du genug Pferde für uns alle dabei? Und wärest du bereit, mit Catoul zu reiten?« Saïd suchte Machmud mit den Augen, rief ihn heran, denn er wußte nur zu gut, wie leicht der Freund sich zurückgesetzt fühlte, fragte ihn behutsam: »Was haltst du davon, Machmud? Wie viele Pferde, nachdem du dir eines erwähltest, hätten wir für diese unsre Brüder?« Machmud verstand wohl, warum er gefragt werde; denn niemand als Saïd wußte besser um die Anzahl der verfügbaren Pferde, aber er war dankbar, sah den Freund strahlend an und gab zur Antwort, was sich geziemte: »Besser als ich, o Saïd ibn Fasal, kennst du die Anzahl deiner Tiere. Bestimme du!« Saïd dankte, stieg vom Pferd, öffnete das Koppeltor und ließ Catoul folgen. Einem treuen Hunde ähnlich kam das edle Tier ihm nach, ohne Führung, immer in Fühlung mit seiner Schulter.

Als die feierliche Begrüßung der Jünglinge erfolgte, hatte Lord James sich im Bewußtsein seiner völligen Überflüssigkeit bereits still entfernt. Namen wurden genannt, an denen die verschiedensten Stämme Arabiens zu erkennen waren, und Saïd sprach ruhig, seinem Wesen gemäß: »Meine Brüder, wenn wir hier vor den Fremden wirklich eine Fantasia veranstalten sollen, sei sie auch noch so bescheiden und einfach, weil ich nur zehn Pferde habe, deren eines Machmud ibm Muled gehört, so müssen wir die besten Reiter dafür benennen, und ihr

wißt selbst, welche sie sind. Da es um die Reiterehre Arabiens geht, seid behutsam in eurer Wahl, die nicht nach Freundschaft, nur nach Können erfolgen darf. Jene aber, die ihr unter euch erwählt habt, sollten dann hierbleiben, denn wir müssen täglich üben. Ihr versteht, ist es nicht so?«
Er wurde sogleich verstanden, und es war seltsam, daß man ihn auch unter diesen Jünglingen, von denen viele älter waren als er, als den Führenden anerkannte. War es seine Ruhe, die das überall bewirkte? Oder war es, daß stets zu spüren war, wie wenig er an sich selbst dachte, wieviel mehr er bei allen Entscheidungen der Sache zu dienen suchte? Wie dem auch sei, nach kurzer Zeit waren sich die Jünglinge schon einig und berieten, wie sie noch zwei aus ihrer Gemeinschaft nachkommen lassen könnten, die besonders gute Reiter waren. Dann standen die jungen Araber beisammen, Catoul ruhig mitten unter ihnen, und Saïd wie Machmud berichteten abwechselnd von ihren verschiedenen Erlebnissen in Ferenghistan, worauf auch die anderen allerlei zu erzählen wußten.
Machmud erinnerte besorgt: »Oh, mein Saïd, mir fällt ein, man wird unsere Freunde jetzt einladen, oben im großen Hause zu speisen. Ginge es nicht, daß wir einmal alle mit unseren Leuten gemeinsam die Mahlzeit einnähmen? Ihr müßt wissen, Brüder und Freunde, wir haben unsere Köche mitgebracht, und sie bemühen sich, auf unsere Art zu kochen, so schwierig das in diesem Lande auch oftmals ist.«
Helle Begeisterung löste die Hoffnung aus, endlich einmal wieder nach heimatlicher Art zu speisen, dann aber kam die Frage, auf die die zwei Freunde nach eigener trüber Erfahrung schon gewartet hatten: »Wenn wir hier wohnen sollen, dann wird man von uns erwarten, daß wir uns am Abend der hiesigen, törichten Art nach kleiden. Oh, Brüder, könnten wir nicht lieber mit euren Leuten zusammen wohnen und schlafen? Wie heimatlich wäre das für uns alle nach so langer Zeit in der Fremde!« So wurde es beschlossen; und wenn auch die Jünglinge von vielen erfreulichen Dingen aus dem Jugendlager berichteten, so war doch zu erkennen, wie fremd sie dort trotzdem alles berührte. Erst bei den Stallungen, wo sie mehr Arabisch als Englisch hörten, fühlten sie sich dann ganz heimisch. Die Begrüßungen waren freudig und ehrerbietig zugleich, die Einladung zum gemeinsamen Essen herzlich, als die Pferdepfleger aber gar von dem Plan der Fantasia hörten, herrschte auch bei ihnen helle Begeisterung. Sie sehnten

sich alle nach der Heimat und zählten die Tage bis zur Rückfahrt, denen es noch etwa neunzehn sein sollten, wie Hassan bemerkte, der täglich einen Tag am Kalender abstrich.
Die zwei als besonders gute Reiter gerühmten Jünglinge kamen also ihren Freunden nachgereist und brachten mit ihren und der anderen Reisebündeln auch die Gebetsteppiche, sie wollten nämlich alle gar nicht mehr in das Jugendlager zurückkehren, da der Aufenthalt dort zu Ende gehen sollte, sondern sich gleich von hier aus ihrer Heimat zuwenden, zusammen mit Saïd und Machmud und allen, die dazu gehörten.
Die Überschriften der Zeitungsberichte, die teils Jimmy Lane, teils Gilbert Hayes, der oftmals kam, um Saïd zu besuchen, herausbrachten, lauteten in diesen Tagen etwa so: »Araberlager in Earlborough« – »Bevorstehendes arabisches Reiterfest in Earlborough! Anwesenheit von Prinz Christian erwartet« – »Großangelegte Zuchtversuche mit den arabischen Hengsten aus Earlborough« – »Arabische Köche bereiten in Earlborough arabische Speisen« – »Zahlreiche arabische Jünglinge eingetroffen zur Teilnahme an arabischen Reiterfest in Earlborough« und so weiter. Es kam so weit, daß Ginny eines Morgens die Zeitung beiseite legte und zu ihrem Vater bemerkte: »Weißt du, Daddy, ich fand unseren Namen bisher recht hubsch. Aber ich muß dir gestehen, daß ich ihn jetzt einfach nicht mehr sehen kann.« Und Lord James erging es ebenso.
Für die jungen Araber waren die Tage jetzt reichlich angefüllt: Vom ersten Morgenschein bis zum letzten Abendlicht übten sie für die Fantasia. Die Tribünen waren bereits teilweise aufgestellt worden, denn die Pferde mußten beizeiten an diese hölzernen Ungeheuer gewöhnt werden. Der Platz, wo der Prinz Christian sitzen würde, war besonders gekennzeichnet, weil sich hierhin die große Levade richten sollte. Es war schwer hier, viel schwerer als im Wüstensand, die erforderlichen Reiterstücke auszuführen, sogar für Saïd und Machmud, die sich daheim schon immer gemeinsam geübt hatten. Aber es gab doch einen kleinen Lichtblick, denn zu den Reiterstückchen war unbedingt die heimische Tracht erforderlich, das sah sogar Abdallah ein, und so gab er Hassan und Ferid die Schlüssel zu den Kisten, in denen er die Kleidungsstücke vor Marseille hatte verschließen lassen. Saïd und Machmud ließen sich an diesem Abend von der Abendtafel entschuldigen, denn sie fühlten sich viel freier, seit die arabischen Jüng-

linge im Pferdelager wohnten. Es hatte sich auch herumgesprochen, daß die Araber in einer der im Sommer unbenutzten Reitbahnen gemeinsam ihr Gebet verrichteten; und Lord James hatte dafür Sorge getragen, daß sie dabei durch keinerlei Neugier belästigt wurden. So schlich sich nach und nach die Heimat immer näher zu ihren Söhnen heran; und als Hassan verkündete, jetzt seien es nur noch neun Tage bis zur Abreise, da packte sie alle der Übermut.

Aber auch in diesen fröhlichen Tagen stand Machmud wieder einmal abseits, scheinbar in traurige Gedanken versunken. Saïd nahm ihn beiseite, befragte ihn ernsthaft und mußte erfahren, daß der Eid, den er den Beni Hussein geschworen hatte, ihn als Djebelli schwer bedrückte. »Es ist doch so, mein Saïd, daß ich nun von meinem Erbe abgetrennt bin und niemals meines Vaters Platz in meinem Stamme werde einnehmen können. Was soll nur aus mir werden? Ein nichtiges Anhängsel werde ich bei euch sein, und wer weiß, welcher Fremde Oberhaupt meines Stammes wird. Das ist's, was mich bedrückt.« Saïd verstand das völlig und schrieb darüber an seinen Vater, mit Luftpost über Beirut. Das Glück wollte es, daß Hilels Antwort gerade am Tage der Fantasia eintraf; Saïd war sicher, nun würde bei diesem Fest niemand so gut und freudig reiten wie Machmud. Der Vater schrieb: »Sage Machmud, mein geliebter Sohn, daß der Imam mir erklärte, ein Eid, der nicht vor ihm geleistet wurde, sei nicht bindend. Es genüge, wenn wir Machmud freigeben, dann sei er frei, seinen ihm bestimmten Weg zu verfolgen. Ich habe bereits mit den Älteren der Djebelli verhandelt, sie sind bereit, den Sohn Ali Muleds als ihren künftigen Scheich anzuerkennen. Glücklich bin ich und zähle die Tage, bis ich dich, mein Saïd, wieder in die Arme schließe. Reise zu mir unter Allahs Hand.« Das war der Brief, und er versetzte Machmud in einen wahren Freudentaumel. Endlich war diese letzte Last von seiner Seele genommen, und auch für ihn lag nun der Weg in die Zukunft frei, und er war rein von aller Schuld, die er in seinen Gedanken durch den Plan zum Mord an Schükri auf sich geladen hatte, denn er hatte das Haupt des sterbenden Frevlers mitleidig in seinen Armen geborgen.

Der große Tag kam, der Tag der Fantasia von Earlborough. Es waren zahlreiche Sonderzüge eingesetzt worden, abgesehen von dem Extrazug des Prinzen Christian. Vom Morgen an herrschte ein stetes Gehen und Kommen.

Von den Arabern zeigte sich niemand, weder von den Menschen noch von den Tieren, denn sie hielten einen ruhigen Tag ein, und das war für alle erforderlich, die höchste Reiterleistungen vollbringen sollten, besonders aber für die Pferde. Abdallah war schon am frühen Morgen wie immer nach der Art eines englischen Gentleman gekleidet und sah überwältigend fein aus, und er blickte mißbilligend auf Saïd und Machmud wie auch auf die anderen Araberjünglinge in ihren heimatlichen Gewändern herab. Doch diese waren glücklich, endlich wieder die leichten Seidenburnusse über ihren losen Anzügen zu tragen. Die Pferde waren schon geschmückt: Sie hatten einen winzigen Sattel aufgelegt bekommen und ganz leichte Zügel aus Seidenschnüren, die je nach des Pferdes Farbe im Ton wechselten. Catoul trug Rot, und sein weißes Fell leuchtete in der Sonne eines vollendet schönen Sommertages. Eitel wie alle schönen Pferde hatte er sich ruhig verhalten, als Saïd ihn schmückte, und es war fast, als erkenne er die gewohnte Kleidung seines Herrn wieder, so nachdrücklich preßte er seinen schönen Kopf an dessen weißen Burnus.
Saïd war freudig erregt. Ein großes Reitererlebnis stand ihm bevor, und in zwei Tagen folgte die Heimreise, nahte das Wiedersehen mit Hilel. Besonders froh stimmte Saïd dazu das Glück der selbsterwählten Schwester. Und Dankbarkeit erfüllte ihn, wenn er an Machmud dachte. Dazu kam das befriedigende Bewußtsein, daß diese Tage nun gut überstanden waren, und auch die geldlichen Ergebnisse, die Abdallah ihm angedeutet hatte, waren befriedigend, außerdem brauchten sie nur zwei Hengste hierzulassen, die am nächsten Tag abgeholt werden sollten. Die Stuten nahmen sie alle wieder mit in die Heimat, auch das war erfreulich. Saïd hoffte, selbst niemals mehr nach Ferenghistan reisen zu müssen, weder mit noch ohne Pferd, denn was künftig vom Lager daheim aus zu tun war im Verfolg dieses großangelegten Geschäftes, das konnten die Beauftragten Abdallahs erledigen – so dachte Saïd jedenfalls für sich. Sie alle wollten mit dem allem nichts mehr zu tun haben, sondern wieder ganz nur die Reiter der Wüste sein. Und jetzt – zu Pferd!
»Komm, mein Catoul, laß uns zeigen, was man in Arabien reiten nennt!« Saïd sprach wie immer zu seinem Pferd, stieg auf und wartete, bis die anderen neun herbeikamen. Die Araber hatten keine

Ahnung, welch überwältigenden Anblick sie den Engländern boten. Das englische Stallpersonal starrte reglos auf dieses Schauspiel des Ausrittes. Fast bewegungslos blieben die edlen Pferde unter ihren Reitern, und diese selbst saßen in ihren leichten Mänteln droben, als seien sie eins mit ihren Tieren. Kaum merkte man irgend etwas von Anspannung, man sah keinen Schenkelschluß, keine feste Zügelhaltung – wie leicht, wie einfach wirkte das alles!

Voran, als erster, ritt Saïd, der endlich wieder seinen Turban tragen durfte mit den lose herabfallenden Zipfelteilen, die man bei Staubritten vor den Mund nahm. Wie schlank wirkten alle diese jungen Gestalten, wie stolz blickten die dunklen Gesichter, wie edel war ihre Haltung!

Und jetzt kam das erwartete Signal: Weit genug entfernt, um die Pferde nicht zu erschrecken, wurde eine blaue Fahne geschwenkt, die Saïd sogleich erblickte. Er hob ein wenig die Hand, und leises Murmeln verriet, daß er verstanden worden war. In langsamem, etwas spielerisch tänzelndem Schritt ritten sie hintereinander in das durch die Tribünen gebildete Rund. Keiner von ihnen schaute auf, keiner grüßte. Für eines Augenblickes Dauer standen sie still. Durch die Zuschauer ging ein Aufatmen, es hörte sich an wie ein großer Seufzer, denn der Anblick, der sich bot, war wahrhaft erhebend. Dann hob Saïd wieder leicht die Hand, und sie stellten sich in einer Reihe neben ihm auf, dorthin gewandt, wo sich der Sitz von Prinz Christian befand. Ein kurzer Ruf ertönte. Die Schenkel drückten sich in die Flanken der Pferde. Die Reiter flüsterten ihren Tieren etwas zu – die Pferde stiegen, hoben sich aus dem Stand, grüßten gewissermaßen mit den Vorderfüßen zu dem Prinzen und sanken dann langsam, ganz langsam zurück. Nur leicht berührten sie den Boden, wie tanzend, und in langen Galoppsprüngen zogen sie durch die große Bahn – in einem Rhythmus, der in Musik umgesetzte, fast ruhige Bewegung war. Gleich darauf saßen die Reiter nicht mehr oben, sie sanken zur Seite, drehten sich unter dem Pferdeleib nach der anderen Seite wieder zur Höhe, ordneten mit einigen kleinen Bewegungen Burnus und Turban, saßen in aller Ruhe wieder oben und begannen nun den Schwertritt.

Schmale, lange Waffen hatte Abdallah ihnen zu beschaffen gewußt, mit denen ein Kampf gezeigt wurde, ein Kampf mit unendlich verschlungenen Figuren. Nur die Schwertspitzen berührten sich, und die

Reiter hoben sich hoch aus den Sätteln. Mit einem hellen Ton stießen die Klingen aneinander; und nach diesem Ton schienen sich die Pferde zu bewegen, leicht, tänzelnd, von ihren Reitern kaum geführt, die die Zügel nur ganz lose hielten.
Die Zuschauer rührten sich nicht, sie blickten atemlos auf das herrliche Schauspiel, und obgleich viele große Reiter unter ihnen waren, gestand sich einer wie der andere ein, daß er bisher nicht geahnt hatte, was Reitkunst war. Anschließend ritten die Jünglinge wie zu einem Kampf in zwei Reihen aufeinander zu, wobei die Pferde gegeneinander stiegen. Das war das Schwerste von allem, denn dabei konnte leicht ein Reiter oder ein Pferd verletzt werden. Nur die leisen Stimmen der Araber, die beruhigend zu ihren Tieren sprachen, machten diesen Akt völliger Selbstbeherrschung möglich.
Jetzt bereitete sich Saïd vor, Catoul allein zu zeigen, während die anderen eine Reihe bildeten. Er hatte seinem Pferd schon vor langer Zeit beigebracht, nach einem leichten Pfeifton zu tanzen. Dieses bezaubernde Kunststück führte er jetzt vor, die Lippen kaum gespitzt, gab er dabei das leise Flöten eines verschlafenen Vogels wieder. Leicht, leicht hob Catoul die zierlichen Hufe, wiegte sich hin und her, und sein Reiter unterstützte jede Bewegung mit der Verlagerung seines geringen Gewichtes. Ein Weilchen ging das so, dann beugte sich Saïd grüßend vor, und im gleichen Augenblick sank Catoul vor dem Sitz des Prinzen Christian in die Knie. Der junge blonde Mann war aufgesprungen, er wußte sich vor Begeisterung nicht mehr zu halten. Wie herbeigezaubert stand plötzlich Lane neben ihm, der diese Reaktion erwartet hatte, hielt ihm einen mit Blumen gefüllten Korb hin. Der Prinz griff hinein, warf die Blüten mit Bravorufen hinunter, und Saïd richtete sich mit Catoul langsam auf, redete seinem Tier leise zu, damit es nicht erschrecke. Dann wendete er sich um, rief ein Wort, und noch einmal stiegen all die schönen Pferde hoch, grüßten mit den Vorderfüßen, sanken langsam zu Boden und schritten in ruhiger Haltung davon, ein Reiter nach dem anderen, genau wie sie eingeritten waren. Die Zuschauer schrien und tobten, konnten sich nicht beruhigen. Saïd wollte nicht, daß die Pferde durch diesen Lärm erschreckt würden, und ließ alle Reiter absitzen. Als das Schreien nicht aufhörte, winkte er seine Freunde zu sich, sagte halblaut: »Gehen wir hin, einer nach dem anderen, wie wir ritten, stehen wir still und grü-

ßen den Prinzen – kommt!« So geschah es. Und der Zug der jungen Araber in ihren weißen Burnussen, die in ruhiger Haltung daherkamen und nebeneinander standen vor dem Sitz des Prizen, war ein fremdartig edler Anblick. Einige Damen warfen den Jünglingen wieder Blumen zu; aber keiner der Araber bückte sich, keiner schien diesen Gruß zu bemerken. Sie wandten sich ab und gingen im gleichen ruhigen Schritt hinaus, einer hinter dem anderen. Die Fantasia war vorbei.

Der letzte Tag zog herauf, und mit ihm brach noch einmal die Welle der Berühmtheit über Earlborough herein, aber die Araber kümmerten sich nicht darum. Saïd und Machmud kehrten nicht mehr in das Herrenhaus zurück, sondern blieben im Stallager mit den Landsleuten beisammen. Dort wurde in freudigster Geschäftigkeit gepackt und geräumt und einiger Spaß gemacht über diese zahme Fantasia »à la franca«.

»Laßt nur, bald veranstalten wir sie daheim nach unserer Art – dort gibt's Raum – und der ist unser!« Glückselig fuhren sie von Nottingfield ab, umjubelt von allen, froh aber auch abzureisen, was sogar für den stolzen Abdallah zutraf, der nichts mehr dagegen hatte, daß die heimatliche Tracht auf der Reise beibehalten wurde.

Diesmal ging die Fahrt schnell vorbei, wenigstens kam es ihnen so vor, ihnen allen, es schien sogar, als wüßten auch die Pferde, daß es heimwärts ging, so willig zeigten sie sich in allem, ganz anders als auf der Herfahrt. – Endlich landete das Fährschiff im Hafen von Beirut, und Saïd entdeckte trotz der Freudentränen die Gestalt des geliebten Vaters und hinter ihm den getreuen Mehmed Akuniyan. Er setzte, noch ehe das Schiff festgemacht hatte, mit einem sausenden Sprung über die Brüstung und flog Hilel in die Arme. Sie hielten sich umschlungen, als wollten sie sich niemals mehr loslassen. Dann gab es Fragen und Reden, zusammenhanglos noch vor Freude; und schließlich sahen sie sich nur noch an, prägten sich die geliebten Züge wieder ein. Langsam kam Machmud herbei. Er wußte nicht, ober er sich dazurechnen durfte. Aber auch ihn umarmte Hilel, mahnte: »Dort, sieh, Machmud, warten einige der ältesten Djebelli, um dich zu begrüßen!« – »Mich?« fragte er scheu. »Aber ja«, lachte Hilel, »ist es nicht Sitte, den heimkehrenden Scheich zu empfangen?« Glückselig wandte sich Machmud zu den Männern seines Stammes.

Und endlich war das Ausladen beendet, endlich waren die unruhigen Pferde draußen, die Diener begrüßt, und man konnte aufsteigen. »Vater, geliebter Herr.« jauchzte Saïd. »Jetzt wieder Wüstensand unter den Hufen – zur Mutter zurück – in die Zelte – in die Weite – komm, Catoul – Fantasia – Fantasia!«